China NonProfit Review Vol. 15 2015 No.1

本刊编辑部地址：北京市海淀区中关村东路1号院5号楼文津国际公寓807
电话：010-82423075
投稿邮箱：nporeviewc@gmail.com
英文版刊号：ISSN：1876-5092；E-ISSN：1876-5149
出版社：Brill出版集团
英文版网址：www.brill.nl/cnpr

中国非营利评论

清华大学公共管理学院NGO研究所
明德公益研究中心　主办

第十五卷　2015　No.1

社会科学文献出版社
SOCIAL SCIENCES ACADEMIC PRESS (CHINA)

本刊得到增爱公益基金会的赞助

理事长胡锦星寄语本刊：增爱无界，为中国公益理论研究作出贡献！

增爱无界

胡锦星

增爱公益基金會
More Love Foundation

卷 首 语

2014 年即将过去，这一年我的最大改变是走起来。

年初，例行体检发现血压、血脂、体重等多项指标偏高，我选择"管住嘴、迈开腿"：继续素食并加大每日锻炼强度。日行量从 1 万步逐步提高到 1.5 万步、2 万步，健康状况逐渐好转。暑假期间，我进一步将日均步数提高至 2.5 万步，并从漫步改为疾步，血压等指标回归正常。入秋以来，我将每日可用的几乎所有时间都花在长走上，无论出差去美国、新加坡，还是在机场候机、课间休息，我把学生谈话、来客访问等各种可能的活动都搬到了操场，甚至戴着口罩也在雾霾天夜行，平均每周步行达 200 公里。如今，长走成了我每日生活的中心内容。我也动员周围的学生和同事们，一起走起来。

走起来，我的健康状况全面好了起来。不仅血压等各项指标恢复正常，肠胃好了，睡眠好了，腿脚好了，连我去年开始出现的老花眼，也不知什么时候恢复了正常。我探访台湾的中医名师张钊汉先生，问其中原委。他告诉我：这是你的身体在感谢你，因为身体是最好的医师。我明白：原来健康是走出来的。

走起来，我的思想更活跃，学习和研究进步更大。我边走边听，用另一种方法研习了孔子、孟子、墨子、王阳明、曾国藩等古圣先贤的思想；我边走边想，创新的观点和系统的思考随着欢快的脚步不断迸发，完成了多篇得意之作；我也边走边交流，在操场健走中指导学生开展研究、修改论文、思考人生，也加深了师生情谊。我明白：原来思想乃至情感，也是走出来的。

这一年中国的非营利组织发展和社会治理，也在全面深化改革中走起来。全国人大内司委主持的《慈善法》起草工作 3 月份启动，我们和北大共同发起了"慈善立法半月谈"，邀请"各路大侠"共商国是，至 12 月中旬共举办 14 期，并联袂向立法机关提交了《慈善法专家建议稿》；我们紧紧围绕"社会共治"在全国范围内开展深入的实证调研，于 8 月底在清华举办专题研讨会，并开始出版《社会共治系列丛书》。

（以上成文于 2014 年 12 月 11 日。忙碌终日，不慎拖过了新年！）

2015 年元旦。NGO 所香山登高会来了 50 多位新老师生，好不热闹！阳光明媚的初日，我们在欢谈中登上香炉峰，感受京城尤霾的美景。第二天，我发起的长走峰会挑战日行百公里。报名的不多，但志愿参与的不少。我们凌晨 4 点出发，先在各自小区和操场中顶着夜色星光健走，然后从不同的地方到颐和园会合。微信群里传达着我们彼此的进程和激励。6 点 30 分，我们进入绕园行走阶段。晨曦中的皇家园林肃穆优雅，远山逶迤，冷月高挂，寒风凛冽，宣示着冬的严峻和萧条。我们每走一圈就留下一张合影。会师的队伍渐渐壮大，场的张力和冬日暖阳终于驱散了寒冷，热情洋溢在行走的空气里。送走了一个又一个志愿者，送走了灿烂的冬阳，在走行中我们迎来了赭色的黑夜和一轮新月。离开颐和园，第三阶段是走行海淀公园和附近的两个小公园。当我们拖着疲惫的双腿回到起点的小区里，在极度疲劳中，终于实现了日行百公里的目标，共耗时 23 小时！

挑战极限，令我感受到健康之美、健康之力、健康之自信。略做休整之后的身体，有如脱胎换骨一般奇迹般地恢复了活力。过去的一年，我告别了徘徊在亚健康状态、带有许多不良症状的忙碌，找回了放下，找回了健康。我已能终日长走不歇，为喜欢健康的身体放假并冲击极限。还有什么不能放下？还有什么比健康更重要?！

令人骄傲的是：8 岁的那路昨天也走行百里！耗时不到 10 小时，创造了他的人生新高度，用他的话说，是"史前最高纪录"。果然后生可畏啊！2015 年，进入第八个年头的"评论"，在读者诸君和我们大家的共同努力下，一定能够创造她的"人生新高度"！

王 名

2015 年 1 月 4 日

于北京飞往温州的航班上

目　　录

CONTENTS

3

中国购买服务进程中的政府—非营利组织关系：类法团主义和类多元主义的实践及其挑战

韩俊魁[*]

【摘要】 政府透过非营利组织提供公共服务成为当前公益研究的热点。由于我们忽视了中国非营利组织的多元结构类型以及非营利组织在多行政层级开展活动的特征，多元主义和法团主义的解释框架均大大简化了中国社会的复杂性。通过竞争、非竞争、组织合法性高以及组织合法性低四个维度进行的矩阵划分，我们可以发现当前东部沿海地区的购买服务热潮以及江西购买案例属于类似多元主义的购买方式，而中央财政专项支持项目、透过枢纽型组织购买服务以及艾滋病领域透过伞状组织购买服务属于类似法团主义的购买方式。之所以多元主义和法团主义很难解释中国当前购买服务的实践，是因为这两种理论均基于西方的自由主义，而中国国家—社会关系很难用自由主义

---

* 韩俊魁，北京师范大学社会学系副教授。本文是作者参与中国民政部民间组织管理局与德国 Gesellschaft für Internationale Zusammenarbeit（GIZ）合作的 "Sino-German Project on Government Procurement of Public Services from Social Groups" 政策对话项目的成果之一。在此，对民政部民间组织管理局执法办主任刘宁宁女士、GIZ 的 Anja Weckwert 女士及她们率领的执行团队表示诚挚谢意！

去解读。但无论未来在何种路径中开展购买服务活动，我们都必须高度警惕目前购买服务中政府与非营利组织之间的特殊主义交易。

【关键词】购买服务 非营利组织 多元主义 法团主义 特殊主义

一 政府购买非营利公共服务的背景

政府购买非营利组织①服务是递送公共服务的重要手段，是政府治理的复杂政策工具之一。20世纪90年代，中国出现了零星的、并非严格规范的购买非营利组织服务现象（韩俊魁，2009a）。2007年以来，尤其是在2013年9月出台《国务院办公厅关于政府向社会力量购买服务的指导意见》后，全国尤其是东部沿海地区出现了大量的购买服务实践，研究成果不断涌现。但是，大部分成果聚焦于购买服务实践及其程序的案例研究，而很少探讨购买服务中政府—非营利组织的复杂关系。对当前购买服务政策研究来说，仅锚定于建立购买流程远远不够，更根基的问题在于，到底试图在政府—非营利组织之间建构怎样的关系。因为，购买非营利组织服务要以政府职能转移为前提，这必然涉及关系本位的考量。换言之，政府—非营利组织二者关系的塑造应当居于我们思考的中心。作为手段，购买服务必须为目的服务，目标不明就无法正确使用手段。

谈及解释政府与非营利组织关系的理论框架，学界熟知的首先当属政府失灵理论与第三方治理学说。前者将非营利组织定位于政府职能拾遗补阙的角色（Weisbrod，1974）；而为了克服非营利组织慈善供给不足、特殊主义、业余主义、家长作风等弊端，后者将前一种解释框架翻转过来，从而使得政府处于弥补和完善非营利组织服务供给的地位（Salamon，1995）。但严格说来，这两种"理论"仅仅是解释模型，很难包括理论的旨意。

对此，意涵更为丰富、更为深刻的理论是多元主义和法团主义。自20世纪90年代以来，尤其是东欧剧变后，很多国内外学者运用这两种理论，围绕中国社会变迁展开了大量研究（White，1993；Whyte，1992）。之所以一改以往的极权主义视角，是因为研究者认为，随着政府从经济领域和社会领域中逐步撤离，

---

① 本文对"非营利组织"与个别行文中使用的"公益组织""社会组织"未作详细区分。

中国社会出现了一定的自主性。这种自主性形成了一股独立的力量，为政府决策带来某种挤压、制约或平衡。但也有人认为，中国在出现某种法团主义趋势，政府正试图将游离于体制之外的社会力量重新整合进其威权影响范围之内。①

多元主义和法团主义一直是解释西方发达国家的复杂话语体系。本文无意对中外相关文献进行细致梳理和类分，社会自主性以及购买服务的绩效也不是本文关注的主题，本文试图证明，对于中国这样一个有着悠久历史且百年来变革剧烈的国家来说，若忽略了传统文化/社会结构②以及马克思主义的视角，多元主义和法团主义就无法真正从嵌入性上把握中国社会变迁的动因。此外，多元主义和法团主义的经验研究往往忽视了中国非营利组织的多元结构类型以及非营利组织在多行政层级开展活动的特征，将其解读为奠基于单一结构的同质主体，或转型中的工厂，或民间经济组织，或地方草根社团，从而大大简化了中国社会的复杂性。一个显而易见的结果是，这些研究成果之间充满冲突（张静，2005：176~178）。本文试图克服多元主义和法团主义面临的困难，从政府购买非营利组织公共服务的实践出发，对中国政府—非营利组织关系予以分析。

二　政府从社会领域撤离以及购买服务中政府——非营利组织的多种结构关系

（一）政府从社会领域的主动撤离

大规模的西方非营利组织购买服务实践源自新公共管理思潮的影响。伴随着两次石油战争引发的福利国家转型，非营利组织大量涌现，形成全球结社浪潮。公共选择理论为购买服务中的政府—非营利组织关系的形塑提供了强大的理论支撑。不论是最初的实践还是著名的公共理论学派奠基人，均来自信奉多元主义的英美国家（缪勒，2010：4），并给传统的法团主义国家乃至斯堪德纳维亚半岛典型的社会民主主义国家带来不小的冲击（Wijkstrom & Zimmer，2011）。

从静态的角度审视，在中国政府人力资源呈倒三角结构的部门（扶贫、公

---

① 可惜的是，从马克思主义视角看待政府与非营利组织关系的研究在中国至今并未深入开展。

② 中国素有慈善传统，明清出现了新的变化（参见周秋光、曾桂林，2006；夫马进，2005；梁其姿，2001；秦晖，2010）。

共卫生等部门）对应的领域当中，非营利组织最为活跃。因为这些部门对于基层的社会问题力所未逮。从动态的视角看，中国非营利组织发展与购买服务①均源于市场转型以及政府在社会领域的主动撤离。需要追问的是，政府为何要主动撤离？撤离之后又为何要采取向非营利组织购买的方式递送服务？难道是在重复英美 20 世纪 80 年代的新公共管理改革？

2008 年 2 月 27 日，中国共产党第十七届中央委员会第二次全体会议通过的《关于深化行政管理体制改革的意见》中提出，"深化行政体制改革要以政府职能转变为核心。加快推进政企分开、政资分开、政事分开、政府与市场中介组织分开，把不该由政府管理的事项转移出去，把该由政府管理的事项切实管理好，从制度上更好地发挥市场在资源配置中的基础性作用，更好地发挥公民和社会组织在社会公共事务管理中的作用，更加有效地提供公共产品"。我们注意到，这里提及的仅仅是行政体制改革。"不该由政府管理的事项"意指政府的越位；"把该由政府管理的事项切实管理好"则意味着政府在某些方面的缺位；最后则强调市场和社会组织在公共服务提供上的积极性和有效性。

2012 年 3 月 19 日，温家宝在第十三次全国民政会议上的讲话中提出："政府的事务性管理工作，适合通过市场和社会提供的公共服务，可以以适当的方式交给社会组织、中介机构、社区等基层组织承担，降低服务成本，提高服务效率和质量。"同一天，回良玉更是明确地提出了购买服务的设想："推动政府部门向社会组织转移职能，开放更多的公共资源和领域，扩大税收优惠种类和范围，建立政府资助社会组织参与社会服务的有效机制，推行政府购买社会组织服务。"

这三段话意味着政府承认其在某些公共服务提供上的低效，即政府失灵。因此，只有政府从失灵的领域中退出，将部分提供公共服务的职能交给市场和社会组织，才能解决政府低效问题。这与新公共管理的思路何其相似！其实，中国政府改革开放之初即提出"小政府、大社会"理论。为何近几年又提出政府职能转变？关键在于，改革开放三十多年后的中国行政体制，反而出现了管制加剧与利益寻租、机构膨胀与成本难以控制、中央与地方关系混沌等诸多惊人的问题，其可能直接致使社会活力的丧失（周天勇等，2008：164～191）。从改革开放以来中国的三次大讨论（韩俊魁，2009b：15～20），可以看出社会公

---

① 购买服务的界定在中西方存在一定差异，本文未将补贴以及提供优惠办公条件作为购买服务的一部分。

众对公共服务提供的公平、透明的渴求。由此看来，中国与西方购买服务的兴起有着大致相同的目的，即降低政府运作成本，以及提高公共产品的供给效率。但不同的是，中国购买服务在客观上会培育和壮大社会，从而产生一定的分权作用。

（二）购买服务中政府—非营利组织的多种结构关系

根据购买服务的方式，笔者曾将中国购买服务分为竞争购买模式、体制内吸模式和体制外非正式的按需购买模式三类政府购买 NGO 服务模式。进而笔者提出，前者遵循的是多元主义理念，是在外力推动下进行的试点；后两种则是法团主义的思路，是为了解决一些社会服务领域的问题而采取的内生型策略（韩俊魁，2009a）。基于购买服务中政府—非营利组织结构性关系，本文对当前实践进行了细分（见表1）。需要注意的是，表1中的典型案例在不同行政层级展开，下面分别予以分析。

表1　购买非营利组织服务的不同实践类型

		组织合法性高 （民政登记注册）	组织合法性低 （工商登记或草根组织）
竞争	类似多元主义的竞争	Ⅰ 当前的热潮（东部沿海地区）； 江西购买案例（全国招标）	
	类似法团主义的有限竞争	Ⅱ 中央财政专项支持项目（全国）； 透过枢纽型组织购买服务（个别省市）	Ⅲ 企业成立的非营利组织； 艾滋病领域（疫情高发省份，主要活动集中在社区层面）透过伞状组织购买服务
	非竞争	Ⅳ 指定、委托（全国）	Ⅴ 指定、委托（全国）

1. 民政登记注册的组织之间类似多元主义的竞争（Ⅰ类型）

这是当前购买服务最常见的类型。当前中国购买非营利组织服务实践主要分布在经济较为发达的东部沿海地区。相关文件的密集出台集中在 2007 年之后。截至 2012 年底，"关于政府向社会组织购买服务的专门政策，省级层面的有广东和辽宁，省会城市层面的有杭州、成都和贵阳，地级市（含直辖市所属区）层面的有浙江的嘉兴和金华市，上海的浦东新区、静安区、闵行区、卢湾区、松江区和长宁区，江苏的无锡市、宜兴市、邳州市和扬州市，广东的珠海市，安徽的铜陵市，四川的遂宁市等，共 19 个地方。同时，南京市、徐州市、盐城市、镇江市、芜湖市、宁波市、舟山市、温岭市、杨浦区（上海市）、德阳市等地方也将出台专门的政策。此外，北京、上海、江苏、辽宁、山东等全国大部分地方有政府向社会组织购买公益服务、养老服务、社区服务、社工服务的文件，大部分省（区、市）在党委、政府（办公厅）出台的关于加强社会组织管理发展的综合性文件中都对推动政府向社会组织购买服务提出原则性要求"（刘振国等，2012）。

笔者通过对 2013 年 9 月底之前出台的大量政策文件的文本分析发现，购买服务均强调契约管理、公开透明以及绩效管理等原则。此外，除了少数文件将营利性组织作为潜在的招标对象外，① 绝大多数都将参与招投标的主体限定为民政登记注册的非营利组织。例如，广东不仅将服务的供应方限定为在民政部门登记注册的非营利组织，还对其设置了必要条件和优先条件，② 其中"有 3 个以上专职工作人员"以及诸多优先性规定潜在地排除了很多组织的进入。③ 2013 年 9 月，《国务院办公厅关于政府向社会力量购买服务的指导意见》是涉及购买非营利组织服务的首个国家层面的政策文件。但是，对非营利组织的要求依然是民政登记注册或经国务院批准免予登记。此外，该意见仅仅是指导意见，并不对地方构成强制性约束。

---

① 例如，《成都市人民政府关于建立政府购买社会组织服务制度的意见》规定，"服务提供机构既可以是非营利性社会组织，也可以是营利性社会组织"。

② 《关于确定具备承接政府职能转移和购买服务资质的社会组织目录的指导意见》中规定的必要条件包括：1. 依照有关法律法规登记注册，具有独立承担民事责任的能力；2. 具有健全的法人治理结构，完善的内部管理制度，信息公开制度和民主监督制度；3. 具有独立的财务管理、财务核算和资产管理制度，以及依法缴纳税收、社会保险费的良好记录；4. 有符合要求的固定办公场所及合法稳定的收入来源，有 3 个以上专职工作人员；5. 具备提供公共服务所必需的设备、专业技术人员及相关资质；6. 在参与政府购买服务项目前两年年检合格，因故未能参加等级评估或因成立时间不足而未能连续参加最近两个年度年检的，应自成立以来无违法违规行为，社会信誉好；7. 政府购买服务主体提出的其他专业方面的合理资质要求；8. 其他。优先条件包括：1. 评估等级在 3A 以上；2. 获得捐赠税前扣除资格和非营利组织免税资格；3. 曾多次承接政府职能转移和购买服务；4. 在国内或本地区内具有较大影响力，在行业内具有较高的公信度和声誉，曾获得部、省、市级荣誉；5. 枢纽（联合）型社会组织。

③ 江西村级扶贫规划试点项目竞争性很强，且向全国非营利组织招标，但依然局限在登记注册的非营利组织。唯一中标的国际非营利组织——国际小母牛，也是和另一家组织联合投标（韩俊魁，2008a）。但该项目只进行了一期试点便告结束。

双重管理体制使很多非营利组织无法获得合法身份。能够得到业务主管单位的同意，对非营利组织来说意味着合法性高，非营利组织因而获得"授权"，正式进入登记环节。也就是说，大量政策文件中的契约关系局限于政府与政治合法性较高的组织之间，因而购买非营利组织服务是低限度或不完全的竞争。另一个有说服力的证据是购买服务中的行政成本与税收。当前不少领域的购买服务未覆盖非营利组织的核心费用（主要包括人力资源费用和办公行政费用），主要因为很多服务承接方具有官方背景，其人员有固定收入，且办公行政费用由政府或事业单位支付。另外，在税收方面，国家税务总局规定政府购买服务资金不得免税，这导致的结果是，要么是有官方背景要么是有企业背景的非营利组织强势介入，从而为购买服务中的特殊主义埋下隐患。

由此，看似多元主义的购买服务方式其实并非真正的多元主义，而是将草根组织的民政登记注册作为提供购买服务的交换前提。一方面，不少有能力的组织无法登记注册，而登记注册的组织又没有足够的能力提供购买服务。这就面临竞争不足的问题。例如，"目前阶段公益服务类社会组织总量还不是很大，出现了有些项目只有一家组织投标的现象，因此有的项目我们只能采取评分是否合格的方式来确定中标与否。同时，评标的过程中，我们发现目前参与竞标的社会组织大多还比较弱小，以成立两至三年的组织居多，社会组织的专业化程度不高"。①

2013 年十二届全国人大第一次会议通过的《国务院机构改革和职能转变方案》中指出："除政治法律类、宗教类等社会组织以及境外非政府组织在华代表机构外，成立行业协会商会类、科技类、公益慈善类、城乡社区服务类社会组织，可直接向民政部门依法申请登记，不再需要业务主管单位审查同意。"②但事实上，四类组织的直接登记工作直到目前仍进展缓慢。因此，政府购买服务中的非营利组织充分竞争仍有待时日。

2. 民政登记注册的组织之间类似法团主义的有限竞争（Ⅱ类型）

这种有限竞争的实践可分为以下两类。

第一，中央财政专项支持项目。③ 2012 年，中央财政首次安排 2 亿专项资

---

① 王莉静（上海市杨浦区民政局局长）在"民政部中德专家组考察活动"上的讲话，2013 年 4 月 19 日。

② 参见中国社会组织网：http://www.gov.cn/2013lh/content_2350848.htm。

③ 本部分数据来自国家民间组织管理局副局长刘振国在 2013 年 4 月 22 日"推进政府购买社会组织公共服务中德国际研讨会"上的发言。

金，透过登记管理机关对非营利组织予以支持。该项目资助的对象是在民政部门登记注册的社团、民办非企业单位以及基金会。申报项目的社会组织应当具备下列资格条件：在民政部门登记成立，且2010年年检合格；有完善的组织机构；有健全的财务制度和独立的银行账号；有健全的工作队伍和较好的执行能力；有开展实施社会服务项目的经验，并具有良好信誉。

在实施架构上，民政部会同财政部制定年度项目实施方案，负责统筹协调，制定项目总体规划；会同有关部门协调解决项目实施中的重大问题，检查、督导项目执行进度，监管项目资金使用情况；成立项目领导小组，下设办公室，负责项目的具体实施和日常管理，包括组织专家对项目进行评审，指导并监督社会审计、社会评估、资金绩效评价等。财政部会同民政部制定项目资金管理办法，确定资金年度预算，对项目资金使用情况、项目执行情况进行监督检查。各省（自治区、直辖市）和计划单列市民政部门负责申报项目的初审、上报，指导项目实施，参与项目监管和绩效评价等，并协助解决项目执行中出现的困难和问题。

在项目工作流程方面，民政部于2012年3月份面向社会发布项目公告。地方非营利组织将项目报给本级登记管理机关，本级登记管理机关汇总后上报省级民政部门，省级民政部门对申报材料的真实性、合规性、可行性进行初审后汇总报送民政部项目办公室。民政部登记的组织的项目申报材料直接报送项目办公室。初审通过的申报项目由评审委员会进行评审。获得评审委员会通过的项目由项目领导小组批准立项。立项后开始项目实施，除不可抗力因素外，所有项目均应于当年完成。民政部组织和实施督导检查。

支持的项目类型包括四类：发展示范项目（A类）主要面向西部地区的非营利组织。承接社会服务试点项目（B类）支持社会救助、扶贫救灾、社会福利、社区服务的活动，主要面向社会团体和民办非企业单位。社会工作服务示范项目（C类）支持社会救助和社工服务活动，主要面向基金会和有社会工作服务职能和经验的社会团体和民办非企业单位。人员培训示范项目（D类）主要由各级登记管理机关联合具有培训职能和经验的培训机构申报。

是年，非营利组织共提交申报项目书2万余份，申报资金超过200亿元，配套资金达到160亿元。经各级登记管理机关初审，项目办汇总和初审，共向评审委员会提交901个项目，申报资金11.61亿元，配套资金16.94亿元。最终，共立项 377 个，申报总资金 1.94 亿元，配套资金 7.85 亿元。项目立项方面，援助西部地区的项目共有 266 个（占全部项目的 71%），拨付资金 1.35 亿元（占全部项目资金的 70%），配套资金 4.22 亿元。

该项目存在以下不足：首先，在申请主体方面，非民政部门登记注册的非营利组织被排除在外。其次，程序采取层层上报，集中评审的方式。这种方式基于的假设是：能够节省时间、提高效率，当地民政部门对社会组织及其申请进行把关。但实际的弊端是：周期长，执行成本高，靠行政命令很难充分、长久地调动地方参与的主动性和积极性。最后，项目执行所必需的交通、通信、印刷、会议、劳务、宣传及设备等费用不得列入申报资金预算，而是由配套经费支付。从表 2 看出，A、B、C 三类项目的社会配套资金实际上是非常高的。这里有疑问的是，如果社会资金如此充沛，还需要购买服务资金吗？如果需要社会配套如此高比例的资金，那么政府购买服务的目的又是什么？什么样的非营利组织才能拿出配套资金？这些非营利组织参与中央财政专项支持项目的动机何在？这样的支持方式是否有可持续性？显然，这些问题不解决，该项目就将一直面临质疑。

表 2   中央财政专项支持项目分类表

项目类型	项目数量	中央财政资助（万元）	社会资金（万元）	地方财政资金（万元）	资金带动比（%）
A 类	152	4725.00	3836.93	654.03	95
B 类	102	6680.00	4656.07	1098.41	86
C 类	86	6650.00	12382.68	1127.71	203
D 类	37	1369.00	143.39	93.99	17
合计	377	19424.00	21019.07	2974.14	124

第二，透过枢纽型组织购买服务。2007 年底，北京市成立了中共北京市委社会工作委员会、北京市社会建设工作办公室。2008 年 9 月 25 日，北京市社会建设大会公布的"1+4"系列文件中，首次出现"枢纽型社会组织"这一词语。这一政策旨在透过同类型并在同领域中开展活动的联合型社会组织（主要依托的是人民团体等具有官方背景的组织），对相关社会组织实行分类管理、分级负责以及提供集约式服务。在分类的基础上，"然后分层，从市'枢纽'到区'枢纽'，这样一层一层下来，建立分类分层服务管理网络"。紧接着，北京

市建立社会组织党建工作委员会、社会组织联合党委。"但不能在人民团体外另起炉灶，搞'两张皮'，政治上有问题。从中国国情来说，在工会之外再搞一个民办的工会，这是不行的，准出问题，所以必须把它结合起来，像改造国有企业一样改造"（杨丽，2012：101~102）。此后，有多地效仿北京力推枢纽型组织的发展。但由于目前枢纽型组织定位于管控而非服务小的非营利组织，此举引发颇多争议。

一些地方政府正通过枢纽型社会组织进行购买服务。例如，"按照北京市总工会《关于发挥工会枢纽型社会组织作用引导社会组织服务职工群众的工作方案》（京工发〔2013〕11号）的通知要求，为更好发挥工会枢纽型社会组织作用，联系更多的社会力量和社会群体形成工作合力，为全市职工提供更多更好的服务，[①] 北京市温暖基金会[②]拟在2012年度'职工服务公益孵化'项目的基础上，继续向职工服务类社会组织购买职工服务项目，通过公益项目招标的形式，推动社会各界的公益意识，倡导对职工生活的关注；通过资助筹备中或开展中的职工服务公益项目，为项目提供实现与展示的平台；通过对项目的招标、评审、跟踪与评估，挖掘有潜力、有价值、可持续的项目，为职工服务提供有益帮助，引导社会组织服务广大职工群众"。[③] 该项目资助额度为3万~8万元，实施周期为2013年4月至2014年3月，在购买服务项目申请条件方面规定："凡是能够直接、有效、广泛地作用于全市职工，能够在职工生产、生活、文化、职业发展等方面提供良好服务的工会体系内外各级各类社会组织均可申报，以工会体系外的社会组织为主，类型上包括在民政部门注册的社会团体、民办非企业单位、基金会和工商部门注册的非营利组织等。申报单位应具备在北京市依法登记注册，具有独立法人资格和健全的财务管理制度等条件。"

这是一种以"民"管民的思路。此外，还有一些地方政府成立支持性公募

---

① 服务具体包括以下五类：生产服务类，职工技术创新与交流、创新成果转化、技能人才培养、劳动保护等；生活服务类，各类职工公益服务、人文关怀和心理健康服务、婚姻家庭建设、子女教育、特殊群体关怀等；职业发展服务类，就业指导、职业生涯规划、技术人才培训与培养、职业道德教育等；文化服务类，各文化门类培训、文化公益活动项目、体育健身项目开发、文化高端人才引领、职工文艺作品创作与推广等；专业支持服务类，课题研究、专业咨询、社会组织管理信息化等。小额资助项目重点向环卫、家政、保安、出租车等农民工较多的行业和区域倾斜，向工会工作相对薄弱的职工群体和区域倾斜。

② 该基金会是隶属于北京市总工会的公募基金会。

③ 参见《北京市温暖基金会"职工服务公益孵化"项目招标》，http://www.wnjj.org。

基金会，并通过这些基金会以招投标的方式向其他非营利组织购买其服务。这种类似法团主义的做法试图将大量分散的组织中重新整合在政府周围。但是，枢纽型社会组织的服务能力有限，社会合法性不强，一些草根组织不愿与其绑定一处受其制约。由于资助资金少以及"为资助而资助"的简单理念，支持性公募基金会的影响力也不强。在当前登记注册和税收优惠并不直接挂钩的情形下，一些非营利组织对挂靠枢纽型组织更不感兴趣了。

3. 企业成立的非营利组织尤其是草根组织之间类似法团主义的有限竞争（Ⅲ类型）

笔者在调研中发现一个值得关注的现象，即企业以另外登记注册的民办非企业单位名义参与政府购买服务。这在地方不仅被默许，甚至得到政府的大力支持。这种购买多集中在养老服务领域。"市场资本嗅到了其中的商机，而一些政府官员则急于见到政绩，因此一拍即合。其实，这严重背离了政府购买社会组织公共服务精神。且不说互益性行业协会的公益外溢性与公共服务之间的衔接，仅仅资本与官方资源的结合就足以将许多势单力薄的公益组织排除在外，而且这些所谓的社会组织的营利性动机相当强烈"（韩俊魁，2012）。

按照政府现已出台的购买服务的相关政策文件精神，草根组织被排除在外。但是，为了解决迫在眉睫的社会问题，政府在一些失灵的领域，不得不采取和草根组织合作的策略，这在艾滋病防治领域中最为典型。

据卫生部统计，中国自1985年出现第一例艾滋病病人以来，截至2013年9月30日，全国共报告现存活艾滋病病毒感染者和艾滋病病人约43.4万例。起初，艾滋病在国内被视为纯医学范畴，国人认为只要避免不洁性行为甚至拒国外感染者于国门之外，就可以轻松地从感染源角度控制该疾病的传播。然而，人们很快发现，在艾滋病蔓延的三种主要途径中，只有母婴传播纯属传染病医学范畴。随着对娱乐行业从业人员、"同志群体"、吸毒人群的深入了解，艾滋病防治成为跨生物医学、人文社会科学的综合问题。艾滋病把中国的社会问题连根拔起，使生命权、伦理权、健康权、知情权、受教育权等联系起来，使公共卫生问题、贫困问题、教育问题、经济问题、城市化问题等叠加起来，使弱势群体、少数民族群体等形成同构关系，从而建构出复杂的社会问题（韩俊魁，2010）。

通过多年努力，中国的艾滋病防治工作取得了不小的成绩，已形成政府主导、多部门协作和全社会参与的防治工作局面。但社会参与始终是防艾工作中的一块短板，而制约社会充分参与的关键又在于政府与非营利组织很难形成坦诚、有效的合作。对于疾控中心的工作人员来说，很难接触到高危人群，即使能接触也很难利用工作之外的时间开展"防艾"工作。大量的非营利组织却具备这些优势。长期以来，国内的草根组织很难从政府得到资金支持而不得不依赖于境外机构。[①] 如果这种资源依赖关系长时间得不到改变，则会产生很多负面影响甚至冲突。2010 年第四季度，全球基金秘书处以中国艾滋病项目经费支持非营利组织的比例不足为由中断拨款。2011 年夏天，全球基金秘书处再次以非营利组织参与不足以及财务管理问题为由冻结了全部 3 个在华项目的经费。尽管 2011 年 8 月底项目解冻，但还是引起热议。

目前，艾滋病防治领域的购买服务主要有以下特点：许多草根组织由于未能获得合法身份而不能严格按常规方式购买；小范围内精英推动的按需购买，一些卫生部门官员意识到草根组织的优势并向其开放资源，但这种购买服务仍限于小范围之内，而且并未形成一种经常性的机制；购买数额极小；购买服务的临时性和过渡性。这些特点影响了民意表达机制的顺畅性以及防治艾滋病工作的深入性（韩俊魁，2008b）。

除了云南模仿中央财政专项支持项目的购买方式外，长沙、青岛、广州等地也有零星试点。为了规避风险以及贯彻以"民"管民的思路，卫生疾控部门还委托本级性病艾滋病协会或预防医学会对本区域的防艾草根组织实施招投标以及能力建设工作。但令人忧虑的是，为了增强合法性和可靠性，疾控部门找卫生部门的退休官员或自己信赖的人牵头成立非营利组织承接政府购买服务，缔结的"利益团体"在很大程度上限制了其他有能力但没关系的组织的进入，进而阻碍了社会的自我成长。

4. 非竞争性购买服务（Ⅳ和Ⅴ类型）

不论是民政登记注册、工商登记注册的非营利组织还是草根组织，非竞争

---

① 清华大学公共管理学院 NGO 研究所课题组 2006 年对艾滋病领域的 68 家草根组织的调查数据显示，资金欠缺的组织占全部调查对象的 83.33%。草根组织经费的主要渠道是境外（包括港澳台）NGO 或国际组织（占 56.06%），而政府对草根组织资助的资金所占比例较低（占 16.67%）。从草根组织的资金需求来看，"非常需要政府资金"、"需要"（31.25%）或"比较需要"（1.56%）的比例很高（67.19%）。这表明，在草根组织的实际需求和政府的供给之间存在巨大反差。

性购买服务的方式都普遍存在。资金对于非营利组织来说毕竟是稀缺资源，因此利用特殊主义的关系寻求合作成为一些组织的生存之道。而且，有些政府官员也想把资源交到自己放心的组织手中，以免出现风险。

按照《中华人民共和国政府采购法》以及《中华人民共和国招标投标法》，Ⅳ和Ⅴ类型所代表的指定、委托等购买服务方式在特定情况下是可以使用的。但是，在某些地方可以发现，购买服务资金通过这些方式进入与发包方有特殊关系的非营利组织囊中。虽然当前出台的所有政策文件均强调平等、公开竞争，但在关系本位的中国社会，这种现象还是很难杜绝。该实践与其说是法团主义，倒不如说是特殊主义。

综上，Ⅰ类型中的案例看似都强调了竞争原则，但实际上大量未民政登记注册的组织以及未工商登记注册的组织被排除在外，因此面临参与方竞争不足的问题。双重管理体制体现的是有偏好的有限结社。因此，很难说中国此类实践是多元主义。从诸多相关政策文件中可以看到，契约及竞争精神未来将获得更多认同。但相较以前，已经有了很大的进步。

Ⅱ类型中，中央财政专项支持项目目标非常含混。看似中央财政透过民政部支持非营利组织，其实一些非营利组织也试图通过象征驱动达到扩大自己影响力的目的。这种资金的使用效率有待提高，非营利组织的能力提升也很缓慢。而在通过枢纽型组织购买服务过程中，虽然进入决策过程的社会团体数量有限，但枢纽型组织对于官方有着很强的路径依赖，加之现有条例中的限制竞争原则，潜在的投标方——非营利组织对其认同度并不高，互相很难承认对方的合法资格和权力。非营利组织基本不愿意接受枢纽型组织这个"婆婆"，因而双方为建立共同秩序的合作意愿并不高。上述实践均体现了一定的国家法团主义色彩，但由于仍将投标方限定于民政登记注册的组织，而使得其整合力度大打折扣。

由于意识形态的束缚，"防艾"领域的草根组织能在民政登记注册的属于凤毛麟角。在Ⅲ类型中，除了极少数有意挑战政府政策的组织外，绝大多数愿意在疾控部门或伞状组织的庇护下获得有限的合法空间。对这些组织来说，有限的空间已能保障其合法性。这也是"防艾"草根组织和政府都能接受并满意的双赢局面。至少在目前，很多组织并未奢望在民政部门登记注册。这些组织和伞状组织之间存在有限度的一致。一旦"防艾"草根组织打破最低限度的一致与平衡，其则在政治合法性上面临质疑。这是当前最符合权威型法团主义的购买实践。

三 结论

由上看出，中国政府与非营利组织关系非常复杂，很难用单一理论或模式加以总结概括。

从长远看，类似多元主义的购买服务实践至少在近期内代表着政府力推的方向。但在理论上并未解决自由结社与中国社会建设乃至政治建设的关系，因而政府仍将采取更多的控制、垄断等手段以降低风险。从当前的形势来看，中央明确表示四类组织放开登记之后，并没有大量非营利组织顺利登记注册就说明了这一点，因为自由裁量权依然在政府手中。此外，多元主义的进路还受到利益分割部门的限制，例如税收部门等。可以设想，作为政府的有意选择，多元主义购买实践仍将局限在少数非敏感的民生领域。

政府和枢纽型组织在提供公共服务方面仍然保持较高的自信，而对其他非营利组织分享资源抱有相当的防范和警惕的态度。因此，所谓的法团主义式购买缺乏自上而下的认可和支持。这导致枢纽型组织和其他非营利组织之间的相互承认充满疑问，以功能团体形式的社会参与管道并不通畅，因而法团主义之路充满挑战。尽管防艾领域购买服务中已有相当多的政府与非营利组织合作的经验，但一旦将目光投向此领域之外，所谓的枢纽型组织作为非营利组织重要利益的输送平台也困难重重。此外，我们注意到，这种类法团主义式的购买服务多属地方的经验探索，不同行政层级之间距离的有机衔接尚有很远的路要走。

现在需要处理也能处理的问题是，如果采取多元主义进路，政府就应当和非营利组织构成契约关系，政府制定的购买服务规则就应当回应更多非营利组织积极参与的诉求。例如，在更大的区域范围内鼓励非营利组织充分竞争；允许未登记注册的草根组织通过与获得合法身份的组织联合投标的方式进入购买服务；等等。如果采取法团主义模式，政府则需要重建枢纽型组织的社会合法性基础，增强其服务功能。

问题的关键在于，之所以多元主义和法团主义很难解释中国当前购买服务的实践，是因为这两种理论都是基于西方的自由主义，而中国国家—社会关系很难用自由主义去解读，只不过是形似而神相去甚远罢了。这也是本文所使用

"类法团主义"和"类多元主义"的意涵之所在。在当前具有中国特色的威权主义治理下，政府与非营利组织的关系的维系在很大程度上取决于政府是否主动以及在多大程度上从社会领域撤离，然后通过法律框定自己行动的边界。社会的自治性也从未脱离政府划定的圈子。而且，非营利组织也乐于向政府靠近，通过庇护及其象征增强自身行动的合法性。这样一来，社会自主性的成长面临来自政府和非营利组织双方力量同时侵蚀的危险。不管未来在何种路径中开展购买服务活动，我们当前必须反对的是购买服务中的政府与非营利组织之间的特殊主义交易，这与基于契约的购买服务背道而驰。在中国大共同体本位的传统影响之下，在中国特色社会主义意识形态主导的今天，特殊主义交易将给良性的政府与非营利组织关系带来致命危害。从这个意义上来说，购买服务的公开透明、第三方专业评估、避免关联交易以及完善的退出机制至关重要。

参考文献

〔英〕缪勒，丹尼斯·C. (2010)：《公共选择理论》（第三版），韩旭、杨春学等译，北京：中国社会科学出版社。

〔日〕夫马进（2005）：《中国善会善堂史研究》，伍跃、杨文信、张学锋译，北京：商务印书馆。

韩俊魁（2008a）：《政府购买公共服务中的民间组织参与——以江西省扶贫试点为例》，载贾西津主编《中国公民参与：案例与模式》，北京：社会科学文献出版社。

——（2008b）：《论政府向艾滋病防治领域 NGO 购买服务的几个问题》，《中国艾滋病性病》，14 卷 2 期。

——（2009a）：《当前我国非政府组织参与政府购买服务的模式比较》，《经济社会体制比较》，第 6 期。

——（2009b）：《NGO 参与汶川地震紧急救援研究》，北京：北京大学出版社。

——（2010）：《英国政府与艾滋病防治领域非政府组织合作及其对中国防艾工作的启示》，《社团管理研究》，第 10 期。

——（2012）：《中国政府购买非营利组织服务的实践：以川粤两省比较为例》（未刊稿）。

梁其姿（2001）：《施善与教化——明清的慈善组织》，石家庄：河北教育出版社。

刘振国等（2012）：《关于地方政府向社会组织购买服务的调研报告》（内部报告）。

杨丽（2012）：《社会管理创新的北京实践：宋贵伦访谈录》，《中国非营利评论》（第九卷），北京：社会科学文献出版社。

张静（2005）:《法团主义》，北京：中国社会科学出版社。

周秋光、曾桂林（2006）:《中国慈善简史》，北京：人民出版社。

周天勇等（2008）:《中国行政体制改革 30 年》，上海：格致出版社、上海人民出版社。

Salamon, L. M. (1995), *Partners in Public Service: Government-Nonprofit Relation in the Modern Welfare State*, Baltimore: The Johns Hopkins University Press.

Weisbrod, B. (1974), "Toward a Theory of the Voluntary Nonprofit Sector in Three-Sector Economy", in Phelps, E. (ed), *Altruism Morality and Economic Theory*, New York: Russel Sage.

Whyte, M. K. (1992), "Urban China: A Civil Society in the Making?", in Rosenbaum, A. (ed), *State and Society in China: The Consequence of Reform*, Boulder: Westview Press.

White, G. (1993), "Prospects Civil Society in China: A Case of Xiaoshan City", *The Australian Journal of Chinese Affairs*, No. 29.

Wijkstrom, F. & Zimmer, A. (2011), *Nordic Civil Society at a Cross-Roads: Transforming the Popular Movement Tradition*, Baden-Baden: Nomos Verlagsgesellschaft.

Relationship Between the Chinese Government and NPOs in Service Procurement: Quasi-corporatist and Quasi-pluralist Practices and Challenges

Han Junkui

[**Abstract**] That the government provides public services via NPOs has become a hot topic in philanthropy research nowadays. The frameworks respectively illustrating pluralism and corporatism, due to neglect of Chinese NPOs' diversified structures and activities at various administration levels, have both over-simplified the complexity of Chinese society. The matrix analysis in the four dimensions, namely, competition, non-competition, high legitimacy and low legitimacy of the organization, reveals that the current service procurement upsurge in China's eastern coast and related purchases in Jiangxi belong to quasi-pluralism procurement while the projects supported by special funds of Chinese central finance, services procured via pivotal organizations and those procured via umbrella organizations in the AIDs-related sector fall into quasi-corporatism procurement. It is hard for pluralism and corporatism to explain for the current service procurement in China because they both spring from western liberalism which is inadequate to explain the relationship between the state and the society in China. Anyway, no matter how the service procurement will take place in future, we must be highly vigilant against the particularism transaction between the government and the NPOs in service procurement today.

[**Keywords**] service procurement; NPO; pluralism; corporatism; particularism

（责任编辑：朱晓红）

社会共治的要素、类型与层次

王春婷　蓝煜昕*

【摘要】在社会治理创新领域，社会共治成为一个时髦却日渐模糊的概念，似乎只要有社会力量参与就是社会共治。但实践中一些做法不但没有真正地激发社会内生活力，反而延伸了行政权力，或以社会共治为名摒弃了政府责任。本文从理论上对社会共治的核心要素进行梳理，并结合案例将实践中的"社会共治"区分为共决、委托、耦合、伙伴、衔接、联动、统合、操纵八种类型，以及分别基于权力分享、机制创新和权力运用的三个层次，以期提供一个帮助我们认知和定位社会共治实践的框架。

【关键词】共治　社会治理　政社关系

2014 年全国两会政府工作报告就关于推进社会治理创新提出"注重运用法治方式，实行多元主体共同治理"，同时针对食品药品安全监管问题提出"建立从生产加工到流通消费的全程监管机制、社会共治制度和可追溯体系"，社会共治作为具体公共事务治理中的一种制度首次出现在政府工作报告中，并成为国家治理体系现代化下的重要概念。事实上，治理理论于 20 世纪末引入中国以来，其本土化的核心取向便是与公民社会、国家与社会关系研究的合流（王诗

---

* 王春婷，清华大学公共管理学院博士后；蓝煜昕，清华大学公共管理学院助理研究员。本文研究为国家社科基金青年项目（14CGL076）的阶段性成果。

宗，2009），可以说公民社会发育与社会共治代表了很多学者对治理体系现代化或善治的目标想象。在实践领域，包纳在社会共治理念下的社会协同、政社合作、伙伴关系、自组织治理等概念也逐步进入主流话语体系，并成为过去几年来地方政府最活跃的创新点。然而与"治理"概念本身一样，"社会共治"在实践中也成为一个日渐模糊的概念，似乎只要有社会力量的参与就被认为是社会共治。实践中的一些做法非但没有真正确立社会的主体性和激发社会内生活力，反倒可能延伸了行政权力，或以社会共治为名摒弃了政府责任。如何才能对当前各地具体的社会共治创新实践进行审视、定位，对其方向做出评价呢？

Arnstein（1969）在其《公民参与的阶梯》一文中就实践中的公民参与区分了三个层次八种模式：第一层次为"公民权力"，包括公民直接、间接掌握权力的"公民控制"、"代表权"和共享权力的"伙伴关系"；第二层次被称作"象征"，它包含"纳谏"、"咨询"和"知情"三个等级，它们均有公民的参与，但是最后的选择和决策权仍然在政府；第三层次则是常被冒充作参与的"非参与"模式，包括"训导"和"操纵"，是通过公民参与的形式达到训导公民的目的或摆摆样子。Arnstein 这篇文章为人们认知公民参与实践建立了一个非常有用的框架，成为相关文献中的经典之作。

受 Arnstein 的启发，本文针对"社会共治"实践也尝试区分不同的社会共治类型，然后以是否彰显社会主体性、激发社会内生活力为标准来考察这些类型所处的不同层次。在类型、层次区分之前，先对"社会共治"概念进行基本界定。

一　社会共治及其基本要素

到底什么是社会共治？Kooiman（2003）在其 *Governing as Governance* 一书中区分了三种治理模式，即自治（self-governance）、共治（co-governance）和层级式治理（Hierarchical Governance）。所谓共治，是指不同的群体在平等基础上的合作，包括各种形式的联合、网络化，以及公私伙伴关系和公私机构合营。Kooiman 关于共治的这种界定很有启发性，不过在中国语境下发展起来的"社会共治"与之有所不同，它更暗含对政社关系的关切，尤其是对政府一元主体治理的反思。作为理念的社会共治包纳性极强，既隐含政府与社会共治的意味，又似乎包含以社会为中心的多元主体治理。出于对中国现实的关切和认知实践的目的，本文将社会共治界定为政府与其他社会、市场主体，针对某项公共议题进行合作、共同治理的过程，其包含以下五个方面基本要素。

一是明确的公共议题和共同目标。社会共治要成为一个真正能用于实践分析的概念工具，必须避免在空泛的理念意义上进行探讨。与对国家与社会关系形态或某种体制结构的描述不同，社会共治应是针对某个具体议题来使用的概念工具，如环境监管的社会共治、公共池塘资源使用的社会共治、养老服务提供的社会共治、社区纠纷协调的社会共治等。正如全球治理委员会对治理的理解一样：治理是公私机构管理其共同事务的诸多方式的总和，它是使相互冲突的或不同的利益得以调和并且采取联合行动的持续过程（UNDP，2005）。社会共治也是过程而不是结构，是基于某项公共事务或共同目标的主体、规则、程序安排。显然，不同的公共议题可能适合不同的社会共治模式，问题应对型的议题（如环境污染治理）和发展导向型的议题（如社区文化氛围建构）在社会共治模式上可能有所区别，不同公共物品属性的议题也可能面临不同的共治模式选择。

二是多元主体共同参与。与社会自治或政府的科层式治理不同，社会共治强调包括政府在内的多元主体共同治理。其中政府主体区分不同层级、不同区域的政府，社会主体则既包括不同领域、不同层次的社会组织，也包括媒体、各类群团组织，以及市场中的企业、中介组织、消费者组织，还包括作为个体的志愿者、公民等。多元主体针对前述公共议题、基于共同的目标进行合作，形成各种形式的联合、伙伴关系、网络或合作机构。社会共治体系中，没有一个全能的支配者，参与共治的各方应享有对等的主体地位，发挥各自所长而共同实现治理目标。不过我们对社会共治也做开放性理解，不排除社会主体之间的实质地位差别，不排除一些主体在共治体系中承担主要责任，发挥主导性作用。

三是多元的互动过程与规则。社会共治的实现机制与政府一元主体自上而下主要依靠法律、命令和强制力量的实现机制不同，它可能包含主体之间竞争、博弈、对话、协商、妥协、合作等一系列多元的互动机制，最终达成集体行动和共同目标的实现。同时，互动过程的规则也是多元的，既包括正式规则，也包含非正式规则。尤其在社会主体之间，非正式规则体现出相当的灵活性，一些传统的权威、习俗、社会资本等资源替代了冷冰冰的正式规则，极大地降低了集体行动的协调成本。社会共治中主体的多元化也预示着相对复杂的互动机制，这些复杂的机制又充分发挥了社会化的规则资源的功用。

四是可辨识的、互动的共治平台。与单一主体程式化、线性的政策执行不同，社会共治需要多元主体共同参与的平台，这个平台可能是实体的联席会议、议事机构、公共论坛等，也可能是相对虚拟的举报热线、网络论坛等。共治平台是主体间互动、协商、博弈的空间或公共场域，它在具有公共性的同时也界定了参与主体的边界、参与者的责任与权利以及参与的规则①。不同于哈贝马斯笔下的咖啡馆等意见空间，社会共治的平台应是一个制度化的公共领域，所以更可辨识。

五是多元的动力基础或共治介质。动力基础考察的是社会各主体何以聚集在一起产生集体行动，即在社会共治各主体间发挥作用的介质。如果说科层治理下集体行动的动力基础是权力的发挥，市场导向下集体行动的动力基础是利益驱使的理性选择，社会共治中的动力基础则可能还包括利益相关者的权利、公益或利他的责任，功能上的资源整合或专业性、信任、契约等。基于信任、互惠的合作增加了社会的温情；基于利他、责任感、道德感的集体行动彰显了社会在精神层面的力量。社会共治虽不排除权力的流动与利益的交换，却强调充分还原和发挥人类社会生活中更为真实、复杂、多元化的合作动力与行动介质。

上述要素构成了辨识社会共治的基本特征以及区别于其他治理形态的基础。

二　社会共治的实践类型

社会科学中的类型学划分通常有两条进路：一是从理论上依据不同的维度组合区分出不同的理想型（ideal type），二是从实践层面出发归纳不同的模式。本研究遵循后者的归纳逻辑，先对实践案例进行广泛的考察，然后再归纳特征、

---

① 奥斯特罗姆（2000）关于自组织治理的理论区分了三个层次的规则，即宪法性规则、集体选择规则和操作性规则。对自组织治理而言，三个层面的规则都是必需的，但对社会共治而言，共治可以在集体选择规则或仅在操作性规则层面运行。

总结类型。

已有文献中尚无关于社会共治类型的研究，但关于政府和非营利组织的关系类型国内外文献中已有较多论述，并已提出一些有价值的参考维度。如 Kuhnle & Selle（1992）从双方关系的沟通往来程度、依赖与控制程度两个维度区分四种关系模式；汪锦军（2009）从双方的功能关系角度区分协同增效、服务替代、拾遗补阙三种模式。本研究基于对实践案例的考察，发现社会共治动力基础的类型非常重要，共治方向①也是个有意思的维度，由此在参考已有文献和新发现的基础上建立了一个由共治动力基础、共治方向、主体目标一致性、主体地位对比、依赖程度几个关键特征构成的考察框架，并归纳出八类常见的社会共治实践类型及其典型的案例领域（见表1）。

表1　社会共治的八种实践类型及其特征

	共治动力基础	共治方向	主体目标一致性	主体地位对比	依赖程度	典型案例领域
共决模式	利益相关、权力共享	横向	强	对等	强	公共资源分配、跨域环境污染治理、社区治理
委托模式	利益契合、契约合作	纵向	中	一方主导	强	政府购买公共服务
耦合模式	利益相嵌、功能耦合	横向	中	对等	强	社会服务提供、公共文化服务提供
伙伴模式	使命共享、资源整合	横向	强	对等	中	政府资助社会服务、公益创投
衔接模式	使命共享、责任分担	横向	强	对等	中、弱	社会救助、应急管理、矛盾调解
联动模式	价值相同、角色关联	纵向	强	对等	强	食品药品监管、环境监管

① 共治方向是对主体间功能关系的形象描述，用以区分横向和纵向社会共治。前者指多元主体在决策、行动等集体场合下的横向互动，如公共池塘资源治理中各主体（利益相关者）在平等的共治平台上参与集体行动决策，最终达成资源可持续利用的过程；纵向共治是"上下游""产业链"上的资源整合，是基于一定的公共目标，不同治理主体在治理的不同环节上参与的过程，如政府购买社会组织服务。实践中还往往存在关系比较复杂的"网"状共治结构，既包括横向共治又有纵向合作。

	共治动力基础	共治方向	主体目标一致性	主体地位对比	依赖程度	典型案例领域
统合模式	权力动员、资源整合	纵向/网状	中、弱	一方主导	中	重大活动举办、示范创建、地方创新、矛盾调解
操纵模式	权力诱导、利益交换	纵向	弱、冲突	一方主导	中	示范创建、地方创新、政绩工程

（1）利益相关、权力共享的"共决模式"

"共决模式"是一种以科学决策、公正决策为目的，多元主体基于利益相关而共同参与讨论、决策和执行，从而有利于各方权利得到保障、决策顺利实施的社会共治模式。"共决模式"的核心动力是各主体利益相关，因而有权力参与公共事务治理，并在决策中共享权利。这是一种典型的横向共治，主体间地位对等，通过在共治平台上沟通、交流、博弈、协商并最终达成集体行动规则。由于议题的解决完全有赖于多元主体的共同决策和集体行动，因此主体间的目标一致性强、依赖关系紧密。"共决"最典型的案例出现在公共池塘资源治理领域，如跨域的水资源分配及环境污染治理等。在奥斯特罗姆（2000）关于自组织治理的诸多案例中，各利益群体及其组织在共同的行动舞台上通过制定集体行动规则来达成公共池塘资源持续、有效地分配的目的。其中，政府本身是作为利益相关方、推动者或仲裁者参与治理，而非通过自上而下的行政命令来解决资源分配问题。

"共决模式"在所有涉及利益分配或纠纷协调的议题领域都可能适用，我国社会治理创新实践中的热点领域包括公共资源分配、重大工程决策、社区治理等。如：由环保组织"绿色浙江"推动政府、社区、居民、专家团体、志愿者组织共同参与的"吾水共治"圆桌会；重庆巫溪"乐和家园"社区建设中出现的村支两委、互助组织、社工组织及政府代表"四位一体"的联席会议制度；成都、深圳等地出现的"社区议事会"制度；等等。

（2）利益契合、契约合作的"委托模式"①

"委托模式"主要体现于政府向市场主体、社会组织购买服务等公共服务

---

① 此处对委托的理解是笼统的理解，而非法律意义上精确的理解。政府购买服务本身存在竞争性外包、委托等不同的形式，但政府在其中作为公共服务的责任者，其本质上与服务承接主体之间还是一种委托－代理关系，同时也面临如何监督代理者、如何更好地提供服务的难题。

提供中。政府通过外包合同、委托合同等契约形式委托企业或社会组织向公众提供公共服务，其本身从直接提供者转变为间接提供者和监督者，有利于防止行政体系过于庞大臃肿，并提高服务效率和质量。政府与不同服务承接主体达成合作契约的过程是一个互动协商、共同处理公共事务的过程，也是满足社会共治的基本要素。

"委托模式"区别于后文的"伙伴模式"。尽管"伙伴模式"的主体间也可能采取购买服务的契约形式，但强调二者的合作基于共同使命，是对等的、资源整合的关系。而"委托模式"中服务承接主体与委托方的使命并不一定相同，双方可能只是一种利益契合之上的市场关系。这种情形在各地实践中非常普遍，政府购买服务的大量资金投入催生了一批认为有利可图的社会服务机构，这些缺乏使命感的组织过度依赖政府资源，从而使作为委托方的政府在合作契约的目标界定、服务标准等方面往往占据主导地位。还有一种常见的情形是政府推动成立社会组织，并将公共服务直接委托给新成立的社会组织，这种情况下的"社会共治"更容易呈现出主体间的不对等性。

可见"委托模式"是基于委托契约的、纵向上的社会共治。其主体间所追求的内在目标可能不一致，但主体间的依赖关系因为有契约的保障而较强。

（3）利益相嵌、功能耦合的"耦合模式"

"耦合模式"的主要特征是：多元主体虽然宗旨不同，但其利益目标通过某种机制或社会创新得以彼此相嵌，从而形成功能耦合的共治整体。一个典型的例子是重庆某社区图书馆的共建模式[①]，其创新之处在于将社区图书馆与咖啡店在空间上整合起来，政府像其他社区图书馆一样投入基础设施和图书，但不一样的地方是咖啡店深度参与图书馆的日常运作。例如咖啡店开发读者移动 APP 平台，建立书目推荐和预定功能，社区图书馆可以根据读者的推荐添置或调度最受欢迎的图书，从而使社区图书馆更贴合社区需求、更具吸引力。案例中的社区图书为咖啡店带来人气并塑造独特的人文氛围，咖啡店的创造性元素则激活了图书馆的运作机制，政府提供文化服务的公共目标与咖啡店营利的私人利益巧妙地相嵌起来，形成了政府、私人部门和社区居民充分互动的共治格局。

---

① 相关报道见 http://nanan.cbg.cn/2014/0426/311717.shtml。

"耦合模式"区别于后文"伙伴模式"之处主要在于各主体内在目标的不一致性，同时其相嵌、耦合的整体性又使其区别于后文"衔接模式"中主体间可以相互独立提供服务、只在服务边界上相互协调的状态。

（4）使命共享、资源整合的"伙伴模式"

"伙伴模式"是多元主体基于价值认同，围绕共同的使命，通过平等合作、资源整合而形成的相对稳定的共同治理形态。典型的案例如香港特区政府与非营利组织在社会服务领域的合作共治关系。基于使命共享意味着主体间较强的目标一致性并在地位上对等，区别于一些政府购买服务实践中政府占据主导地位、非营利组织追逐政府资源随意变换工作领域甚至偏离宗旨的情形。香港社会服务领域中非营利社会服务机构与特区政府的"伙伴模式"得益于特定的历史渊源：早期扶贫济困、助残助老等社会服务几乎都由民间组织，尤其是具有很多教会背景的组织提供，这些组织形成了稳固的传统，并在相关社会服务领域占据很大体量，港英政府在 20 世纪 70 年代以后才开始关注公众的社会服务需求，并主要通过寻求与非营利组织的合作来达成服务提供目的。因此，大多数非营利社会服务组织较好地保持了最初确立的宗旨，与政府在使命契合的领域地位对等地开展合作，并主要采纳比较稳定的政府资助形式而非竞争性很强的服务购买形式。

"伙伴模式"的实践主要出现在社会服务、社会建设领域，除了在政府资助社会组织、政府购买社会力量服务领域的伙伴关系外，近年来还出现公益创投等新的实践。如上海、深圳等地建立公益创投平台，整合福利彩票公益金、民间慈善资本和社会组织的力量，形成多主体的合作伙伴关系，共同服务于城市社区建设。

（5）使命共享、责任分担的"衔接模式"

"衔接模式"是指独立开展行动的多元主体通过共治平台划分领域、调整边界、分担责任，继而协调行动的社会共治模式。以重庆、上海等地探索的医疗救助与慈善事业衔接机制为例（叶华，2009），政府、传统慈善组织（慈善总会、红十字会等）、专项医疗救助组织以及其他草根救助组织相互协调、信息共享，确立各自的救助领域、发挥各自的专长，使救助资源得到更充分利用、覆盖到更广的受助群体。其中政府医疗救助主要通过城乡基本医疗保险、大病救助制度对城乡居民进行普惠性、基础性的救助；慈善总会等组织主要参与政府医疗救助以后的跟进救助；白血病儿童救助基金会等专项医疗救助组织则主要关注大病救助和贫困群体；慈善草根救助组织通过社会募捐主要为处于急难险情、紧要关头的对象提供便捷救助。再如应急救援中的社会共治实践，从汶川地震到舟曲地震，再到雅安地震、鲁甸地震，政府、民间团体、商业力量和国际组织多元主体在地震救援中建立衔接平台、明确各主体的参与领域和责任范围已经越来越成熟。

相比之下，"衔接模式"社会共治的特征是多元主体目标一致、地位对等，在各自的领域内行动，只进行边界调整、衔接，没有很强的资源流动和相互依赖，呈现为一种横向的、不十分紧密的合作。尽管"衔接模式"中主体关系并不紧密，但衔接机制的建立为社会主体的参与提供了平台，并有利于提高治理效率。

（6）价值相同、角色关联的"联动模式"

这是一种多元主体基于某项法律法规或执行机制，在治理的程序或过程中承担不同角色，彼此配合、相互依赖、不可分割的共治模式。"联动模式"常见于市场监管领域。监管问题存在的一个共性是市场主体数量庞大，行政执法力量根本无法独立达成有效监管，必须依靠其他社会主体和公众的参与。除前文提到的食品药品监督领域的社会共治体系建设实践外，环境监管领域中基于环境信息公开的社会共治实践也非常典型。这类实践引入社会主体参与后建立起一种"信息公开–社会监督–执法响应"的机制，政府要做的就是将下级环境监测站和企业提交的污染数据向公众公开，并建立通畅的反馈渠道和执法响应程序，社会组织、公众、媒体等其他主体则就公开的信息进行比对监督，通过举报渠道启动行政执法程序。借助于这类创新，目前国内一些环保组织已经开始配备自己的实验室，以获得用于对比监督的监测数据。事实上，国外关于社会组织的监管也采取上述共治机制。例如美国非营利组织数量庞大，但政府行政监管力量（主要为税务部门）非常薄弱，但税务部门会公开非营利组织每年报送的、反映财务和经营活动情况的 990 表或 990 – EZ 申报表，其余的监管功能就交给公众、非营利组织理事会以及法院去解决。

"联动模式"不同于"衔接模式"之处也在于治理主体在这种模式中并非独立发挥作用，而是嵌在同一个机制（如"信息公开–社会监督–执法响应"）之中，不仅仅是互补，还是一个不可分割的整体。

（7）权力动员、资源整合的"统合模式"

"统合模式"是一种由党政主导，动用政治、行政力量以及自身权威动员多元主体广泛参与，整合社会资源，以促成目标实现的共治模式。这种模式通常出现在发展导向型议题中，常见议题包括重大活动举办、重大行动落实、示范创建活动、行业发展推动、地方品牌建设、地方政府创新推广等。"统合模式"在整体上呈现为纵向的社会共治形态，通常党政主导决策和宏观进程，其他多元主体更多参与执行，但凝聚共识的过程中也可能在不同层次上存在横向互动、协商的公共论坛，从而使多元主体之间呈现出复杂的网状结构。

以"杭州城市品牌网群"为例①，该"网群"的主要目标是打造、宣传和推广杭州城市品牌，在结构上由党政届、知识界、行业届、媒体界"四界联动"，包纳政府机关、研究机构、社团、媒体、展览及推广机构等多元主体形成工作网络。从"杭州城市品牌网群"发展的历程和运作方式来看，整个共治体系最初的形成过程也正是当地主要党政领导推动、相关政府部门进行资源统合的过程，政府通过成立相对社会化的杭州生活品质研究与评价中心、杭州市城市品牌促进会等组织来动员和吸纳社会力量。② 随着共识的形成和更多成员的主动参与，这个共治体系建立起相关方决策机制，才逐渐呈现出更为明显的社会主体性和自我可持续性。

再如杭州社区治理创新中的"和事佬协会"案例。尽管"和事佬协会"本身是由社区范围内德高望重的热心居民组成的、自我管理的纠纷调解组织，但政府在培育"和事佬协会"时却呈现典型"统合模式"：杭州市级层面成立了由市委副书记为组长的市推进"和事佬"工作领导小组；市委政法委建立市、区（县、市）、乡镇（街道）的三级指导帮助机制，突出加强对"和事佬协会"的指导、帮助和督查；街道层面成立"和事佬"理事会，由党工委副书记担任理事长，联合街道司法所及社区党、居"两委"负责指导协会工作，督促、帮助协会加强自身建设，建立和完善工作制度；在社区层面动员在职或退休法律工作者、社工、退休教师等组成"和事佬协会"；在社会上则动员律师协会等

---

① 相关信息可参考网群网站，http：//cultural. cityhz. com/wq/，以及有关学者的案例分析（郑杭生、汤敏：2011）。

② 严格来讲，杭州案例采取的是相对社会化的动员和资源整合方式，运用的是基于政府权威和信誉的柔性权力，而非强制的行政权力。

社会组织进社区进行帮扶。

"统合模式"在地方实践中非常普遍，这与发展型政府的特征和地方官员需要政绩的晋升激励有关①。发展型政府特征决定了很多地方治理创新的发展导向和政府在其中强烈的主导性。这种模式虽然动员起社会主体的积极性，社会主体的参与也可能符合各自的利益，但共治体系得以建立和维持的动力源头上来源于政绩驱动。

（8）权力诱导、利益交换的"操纵模式"

和 Arnstein 公众参与阶梯中的操纵模式相似，这里的"操纵模式"也是一种表象的社会共治。所谓表象体现为两种情况：一是参与的社会主体在该共治议题上并非自主、自愿参与，二是形式上的社会主体并非真正社会主体。在前一种情况中，一些政绩工程、示范创建活动或社会治理创新与公众的需求贴合不足或未能在社会中取得足够共识，推动者为了保障这些工作的推进和维护决策正确、成功的形象，以其他方面的利益作为交换来动员缺乏内生动力的社会主体参与，形成社会广泛参与的共治表象。后一种情况中，政府为了推动某项事务，动员一些"自己人"代表社会主体参与公共讨论、影响社会舆论，最终促成有利于推动者的公共决策；或者在政府职能、资源应该向社会转移的领域，一些政府部门通过成立官办社会组织来掌控自己不方便直接支配的公共资源。

由此可见，"操纵模式"的特征是参与主体在政府一方主导下开展行动，主体间的目标一致性弱，甚至存在冲突，集体行动主要依靠政府的权力或作为交换的、共治议题之外的利益来维系。

三　社会共治的层次

尽管社会共治的内涵丰富、包容性极强，但在倡导这一理念、鼓励相关实践时也应结合时代特征，体现鲜明的目标取向。这一目标取向即彰显社会的主体性、激发社会内生活力。其中主体性即社会主体的合法性、积极性和能动性，而社会内生活力是社会主体性发挥的结果，体现为自主性和创造性。依据这一

---

① 可参考郁建兴、高翔（2012）对地方发展型政府的行为逻辑及制度基础的研究。

标准，上述八类社会共治形态可以划分为三个层次。

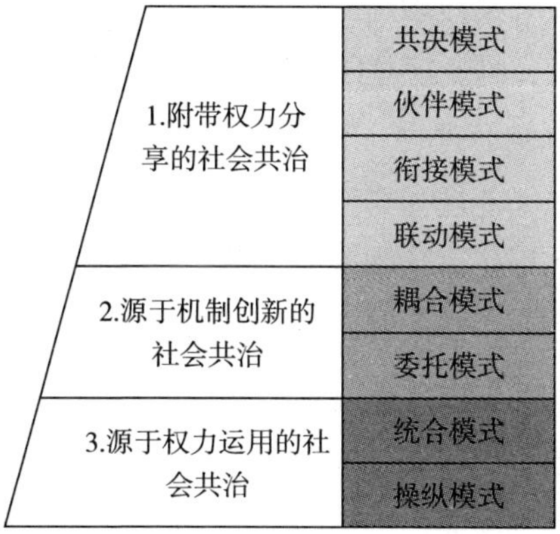

图1 社会共治实践形态的三个层次

第一层次是附带权力分享的社会共治，包括共决模式、伙伴模式、衔接模式及联动模式。附带权力分享是指与传统政府一元治理相比，能体现出向社会放权的过程。只有分享权力，社会主体的参与才能获得合法性认同和主体能动性，才具有持续的参与动力。共决模式中利益相关方通过决策参与分享了决策权，相关方的权利主体地位得到尊重，主体能动性得以体现；伙伴模式中社会主体与政府主体地位对等，在共同界定集体行动目标、协商合作方式的过程中，其政治合法性及公共事务的参与权得以确认；衔接模式的意义在于政府通过建立衔接机制，赋予社会主体参与空间并协商各自行为边界，这同样也体现向社会主体的赋权过程；监管领域的联动模式为社会主体监督权的实现提供了平台和渠道，充分发挥了社会主体的能动性。

第二层次是源于机制创新的社会共治，包括耦合模式、委托模式。一方面，这类社会共治本身并不附带权力分享，但通过机制创新契合了参与主体各自的利益，将市场和社会主体的活力创造性地引入公共事务中。例如在社区图书馆共建的案例中，空间的结合巧妙地建构了咖啡厅和图书馆的共同利益，为公共文化服务的提供带来了具有创造性的机制。另一方面，这类社会共治对参与主体的吸引力主要基于利益激励，参与社会治理的权利、责任或使命等价值要素在共治体系中体现不足，因此对社会主体性成长的作用不充分。此外，这类共治由于缺乏权利、责任等价值要素的调节，再加上政府在其中的强势地位，其有可能成为政府摒弃公共责任的方式，或在其中社会主体被吸纳为行政体制的延伸。

第三层次是源于传统权力运用的社会共治，包括基于权力动员的统合模式和权力诱导的操纵模式，其实质往往是行政权力的延伸而非社会主体性的生长。统合模式的广泛实践有其合理性，充分体现了汇集各方力量办大事的优越性。但就确立社会主体性、激发社会活力的目标取向来说，以权力动员为核心手段的统合模式面临的挑战是如何凝聚共识、将政府单方面的动力转化为多元共治主体自主参与的内生动力。前述"杭州城市品牌网群"是一个转型比较成功的案例，网群在主要领导换届后依然保持了较强的活力，并在主体之间形成了稳定的、独立的共治决策及运行构架。"杭州城市品牌网群"案例至少得益于三方面不可或缺的条件：议题本身的可持续性、多元主体间的价值共识、多元共治本身作为实践的价值追求。遗憾的是现实中大多数统合模式的实践都不能同时满足这三个条件，要么共治模式随着主要推动者的离任而"人走茶凉"，要么随着治理议题结束不能留下可持续的社会主体意识或任何制度遗产。而操纵模式过度运用了政府权力，作为一种表象的社会共治，它不仅没有带来社会主体性的发挥和社会内生活力的激发，反倒是挫伤了社会主体参与公共事务的积极性。

四　结论与启示

本文的核心观点是，并不是所有社会主体参与的社会治理就是"社会共治"，并不是所有被称为"社会共治"的实践形态都符合当下治理现代化的价值取向。为此本文的主要工作是把"社会共治"发展成一个可以运用并实践分析的概念工具：基于社会共治要素分析、类型和层次区分框架可以对当前的社会治理创新实践进行定位，并判断其是否符合发挥社会主体性、培育社会自主能力的目的取向。

一方面，对类型和层次的区分使我们看到"社会共治"实践存在的两类典型误区：一是违背了"社会共治"发挥社会力量主体性的本意，强势主导或过度介入其他主体的微观运作，使其他主体成为行政权力的延伸，由此所产生的共治形态不稳定，甚至损害社会参与积极性；二是过度"理性"地运用"社会共治"，工具性地引入市场、社会主体，强调利益激励而忽视了作为共治基础的权利、公益、责任、使命等价值要素，实质是借社会共治、服务外包之名行卸责之实。这些误区的产生要么源自政府本身的管控思维和对社会共治目标本质的认识不到位，要么是在推进"社会共治"过程中采取行政主导或过度市场化的手段。

另一方面，任何类型和层次的归纳都有简化的倾向，无法描绘地方社会治理创新领域异彩纷呈的多样性。尽管本研究采纳的动力基础、共治方向、主体目标一致性、主体地位对比、依赖程度等维度构成了一个有广泛适应性、启发性的考察框架，但本研究区分的八种实践类型只是对典型现实的抽提和简化，而一些地方的治理创新实际上复合了其中的两种或多种模式；同时，基于归纳逻辑得到的八种主要社会共治实践类型也并不完备，不能囊括所有实践类型。中国社会治理创新是一个宽广的研究领域，研究者还需要以最开放的心态来不断积累和审视实践案例，然后在理论关怀和比较视野下为学术界贡献新观点、新视角、新理论。

参考文献

〔美〕奥斯特罗姆，埃莉诺（2000）：《公共事物的治理之道》，余逊达、陈旭东译，上海：上海三联书店。

汪锦军（2009）：《公共服务中的政府与非营利组织合作：三种模式分析》，载《中国行政管理》，第 10 期，第 77～80 页。

王诗宗（2009）：《治理理论及其中国适用性》，浙江大学博士论文，第 128～129 页。

叶华（2009）：《国家医疗救助与慈善医疗救助的衔接研究》，复旦大学硕士论文。

郁建兴、高翔（2012）：《地方发展型政府的行为逻辑及制度基础》，载《中国社会科学》，第 5 期，第 95～112 页。

郑杭生、杨敏（2011）：《从社会复合主体到城市品牌网群——以组织创新推进社会管理创新的"杭州经验"》，《中共杭州市委党校学报》，第 4 期，第 4～10 页。

Arnstein, S. (1969), "A Ladder of Citizen Participation", Vol. 35, No. 4 *Journal of American Institute of Planners*, pp. 216–224.

Kuhnle, S. & Selle, P. (1992), *Government and Voluntary Organizations: A Relational Perspective*, Aldershot: Avebury.

Kooiman, J. (2003), *Governing as Governance*, London: Sage.

UNDP (2005), *Our Global Neighborhood: Report of the Commission on Global Governance*, Oxford: Oxford University Press.

Elements，Types and Levels of Synergic Governance

Wang Chunting，*Lan Yuxin*

[**Abstract**] In innovation of social governance，synergic governance has become a trendy but increasingly blurred concept. It seems whatsoever governance involving participation of social forces is synergic governance. But in real practice，some measures，instead of effectively stimulating social endogenous vitality，extend administrative power，or abandon government responsibility in the pretext of synergic governance. This article theoretically combs through core elements of synergic governance，and based on case studies divides synergic governance into eight categories，namely，joint decision-making，commissioning，coupling，partnership，connection，interconnection，coordination，and manipulation，and at the three levels of power sharing，mechanism innovation and exercise of power，with a view of setting a framework for us to understand and position the practice of synergic governance.

[**Keywords**] synergic governance；social governance；relationship between the government and social organizations

（责任编辑：郑琦）

公益创投：社会企业的另一种契机

【摘要】 以公益创投支持社会企业发展，已逐渐受到各界重视。本文目的在于理清公益创投浮现脉络，进而检视两岸发展经验，以及探讨公益创投对社会企业之影响。首先，本文将梳理公益创投内涵，着重于检视背景浮现和政策导入因素；其次，检视两岸公益创投发展情况，包含概况、运作模式与创新经验；再次，分析公益创投资源挹注，对社会企业多元目标与多元利害关系人影响；最后，依分析结果，提出结语和一些有待思索议题。

【关键词】 公益创投　社会企业　多元目标　多元利害关系人

一　前言

为因应普遍高失业问题与财政困境，各国政府始期盼民间部门承担与扩大社会功能，以弥补政策失灵困境，因而促进社会企业（social enterprise）蓬勃发展（郑胜分，2007）。然而，检视社会企业发展过程中，常因资金、人力或商业模式等资源弱势，发展不顺遂（Dees，1998；Peattie & Morley，2008），致使各国希望透过政策补助，或建置优先采购、税赋优惠、认证等支持系统，强化社

---

[*] 郑胜分，台湾师范大学社会教育学系助理教授；刘育欣，台湾师范大学社会教育学系博士候选人。本文为台湾"国科会"专题研究计划"政府补助递减对非营利组织发展社会企业之影响"（计划编号：101-2410-H-003-035-MY2）的部分研究成果。

会企业经营能力，化解资源弱势问题，但成效仍然相对有限（郑胜分、刘育欣，2013）。是以，镶嵌市场思维的公益创投①（venture philanthropy，VP）被视为推动社会企业的另一种可能途径（OECD net FWD，2014；郑胜分、刘育欣，2012），强调市场问题由市场解决。

公益创投近年广受各国瞩目，成为创新社会价值的新趋势。在此趋势下，欧美纷纷推动公益创投，除民间自主投资外，政府甚至导入核心精神于政策系统，期望藉其提升社会企业发展，以解决结构性社会问题，甚至创造崭新社会价值。OECD net FWD（The Global Network of Foundations Working for Development）于 2014 年出版《公益创投发展：探询更大影响力的动力、挑战与课题》② 报告书，介绍公益创投发展及其相关议题，足见其影响力已不容忽视。随着公益创投思潮扩散与实务成功日增，亚洲各国相继将目光从补助与捐赠转移到投资与能力建构，期盼藉公益创投为社会企业开创新里程碑。

公益创投并非新概念，自 20 世纪 90 年代末已广为讨论，但随着各国政治、经济、社会变迁，又产生不同面貌（Buckland et al.，2013；OECD net FWD，2014）。公益创投早期奠基于新公共管理理念，聚焦于如何师法创业投资③（venture capital）精神，藉促进能力建构，减少非营利组织长期以来受诟病的效益低迷问题（Letts et al.，1997）；尔后，随着社会企业趋势渐起，转化成创业导向策略，被科技新贵等"新捐赠者"（new donor）广泛用于化解社会企业的经营障碍（Bugg-Levine et al.，2012；Van Slyke & Newmam，2006；Wagner，2002）。经十余年发展，公益创投主题横跨非营利组织到社会企业，操作策略从捐赠导入创业导向，然而究竟何谓公益创投？政策导入因素为何？目前相关文献仍然薄弱，遂引发本文第一项问题意识。

鉴于欧美成功经验，亚洲政策尝试导入公益创投，希冀开拓跨部门创新领域，其中又以两岸投入最甚。虽然目前香港与新加坡皆有公益创投经验，但前者以民间案例为主④，后者近年虽积极推动社会企业，但公益创投具体政策尚

---

① 公益创投又可称为公益风险投资或社会创投（social venture capital，SVC）；在西文方面，亦有以 philanthropic venture capital（PhVC）称之。

② 该报告书原名为 *Venture Philanthropy in Development：Dynamics，Challenges and Lessons in the Search for Greater Impact*。

③ 为与公益创投区别，以下简称为商业创投。

④ 如较著名的香港社会创投基金（Social Ventures Hong Kong，SVHK）。

未萌芽,① 至于两岸则有较明确公益创投政策。检视两岸现况，中国大陆为促进社会组织发展，进而刺激创新方案，以满足日渐扩张的社区需求，由官方领头大力推动公益创投项目② (王世军，2012)；而台湾除陆续开展公益创投政策外，企业与公益创投家也纷纷投入，2014 年 9 月核定之"社会企业行动方案"，正式将公益创投定位为社会企业筹措资金主轴。在两岸密切交流下，既共同重视公益创投对社会企业影响，惟两岸政策发展现况为何？运作模式为何？现阶段经验对话仍较为少见，遂引发本文第二项问题意识。

公益创投资源挹注与介入，虽为社会企业开拓创价途径，却也不免牵动内部结构 (郑胜分、刘育欣，2012)。社会企业核心意义，系希望藉商业活动满足弱势市场需求，诸如弱势者就业或财货提供等，故社会与经济目标紧密镶嵌 (Austin et al.，2006)；公益创投强调市场精神、绩效评估与能力建构，目的系打造商业模式与创造价值③。在两种不同期待竞逐下，社会企业多元目标 (mutual goals) 是否随之而转？又如何影响多元利害关系人 (mutual stakeholders)？成为公益创投介入社会企业重要探讨议题，遂引发本文第三项问题意识。

上述问题，乃当前公益创投政策、实务与学术课题，实有待进一步解谜。基于此，本文首先将梳理公益创投内涵，试图理清浮现背景与政策导入因素；其次，分析两岸公益创投现况，特别着重于政策发展与运作模式；再次，检视公益创投资源挹注与介入，对多元目标与多元利害关系人影响；最后，依据研究结论提出结语。

二 公益创投内涵

在市场文化和企业精神引导下，不仅改变传统捐赠环境，也颠覆传统捐赠

---

① 新加坡大学成立"亚洲社会企业家与公益中心" (Asia Centre for Social Entrepreneurship and Philanthropy，ACSEP)，开始探索新兴公益途径。

② 周惟彦等：《中国社会企业与社会影响力投资发展报告》，2013 年 12 月 25 日，http://www.21innovation.org/2012/files/2013040110445.pdf。

③ Grossman, A., et al., "Venture Philanthropy: Its Evolution and Its Future", Harvard Business School, 2012 – 10 – 18, http://socialventurepartners.org.s3.amazonaws.com/www.socialventurepartners.org/sites/53/2013/10/VP-Its-Evolution-and-Its-Future-Final.pdf, N9 – 313 – 111, pp. 1 ~ 25.

思维，公益不再是不求回报赠与，转而成为跨部门协商过程，需透过多方专业合作，共同解决复杂社会问题（Anheier & Leat，2006；Salamon et al.，2003）。这股趋势改变传统社福资源分配（distribution）思维，转向从供给面（supply-side）看待公益，期盼能通过创投策略，获取资源分配（allocation）的最佳效益，创造崭新社会价值。本文首先检视公益创投整体图景；其次延伸研究视野，探讨政策导入公益创投背景。

（一）公益创投整体图景

公益创投蔚为一股新兴思潮，彻底改变传统公益样貌。以往社福组织多基于人道或慈善观点，希望透过资源分配满足弱势所需，一旦引入创投思维，意味着公益不再单纯助人，而是期盼能经由创投策略，创造崭新社会价值。

1. 公益创投形成因素

公益创投约莫兴于 20 世纪 90 年代晚期[①]。初期目的系为改善非营利组织效能，而借用商业创投概念所创造出创新策略，却也因其创新捐赠思维，吸引许多具科技或企业背景捐赠者投入参与，成为社会企业摆脱资源弱势之契机。公益创投浮现可归纳为两项重要因素：一为质疑非营利组织效能；另一则是新捐赠者崛起，改变传统捐赠型态（郑胜分、刘育欣，2012）。

在质疑非营利组织效能方面，长期以来常见非营利组织以使命为优先，在资源有限的情况下，常不自觉忽视能力建构的重要性[②]；复以，能力提升需长期投入且不易量化，非营利组织为吸引或维持长期捐赠，过度将重心放于创造吸引捐赠者的新项目，因而忽略能力建构对组织的重要性，致使非营利组织效能遭受社会质疑（Porter & Kramer，1999）。对非营利组织效能质疑观点，以Letts, et al.（1997）所发表一文《良性资本：基金会如何借镜创投公司》最具

[①] 追溯公益创投概念，有一说发轫于美国慈善家洛克斐勒三世（John D. Rockefeller Ⅲ）于 1969 年一场税务改革会议上所激发灵感。参见 John, R.，"Beyond the cheque：How venture philan-thropists add value"，Skoll Centre for Social Entrepreneurship，Said Business School，2013 - 10 - 18， http：//evpa. eu. com/wp-content/uploads/2010/09/Skoll-Centre-Beyond-the-Cheue-how-ven-ture-philanthropists-add-value. pdf。

[②] Venture Philanthropy Partners，"Effective capacity building in nonprofit organizations"，Washing-ton DC：Venture Philanthropy Partners，Inc.，2013 - 10 - 21，http：//www. vppar-tners. org/sites/default/files/reports/full_rpt. pdf。

代表性，该文批判传统捐赠者，特别是一般基金会，在资源分配之余，忽视受赠组织能力提升，且缺乏绩效与责信要求，因而提出基金会应以商业创投公司为借鉴，具体建构非营利组织能力。要求非营利组织借鉴商业创投思维，不仅对非营利组织投下震撼弹，也为公益创投日后发展埋下种子。

在新捐赠者崛起方面，20 世纪 90 年代开始出现了一批新富族群，其背景多为战后婴儿潮世代，或因网络致富的科技新贵等投身公益为非营利组织开创发展机会（Salamon et al.，2003）。这批新捐赠者可称为社会投资者（social investors）、社会企业家（social entrepreneur）或科技捐赠者（high-tech donor），共同特质在于具备公益资本主义精神（philanthrocapitalism），致力于运用市场活动达成社会目标，将有限资源发挥最大效益（Bishop & Green，2009；Edwards，2010）。新捐赠者的崛起，不仅给市场自利法则带来了质的变化，悄悄将"看不见的手"延伸到社会议题上，也进一步为第三部门注入活水。

在前述两种因素相互激荡下，公益创投跃然浮现，不仅可视为对志愿失灵的具体响应，更是跨部门合作的改革与创新。公益创投发展虽仅十数年，却早已为西方国家运用，在不同政治经济的环境脉络下，公益创投也呈现不同发展轨迹。随着欧美各国失业情况日渐恶化，以及社会企业浪潮渐起，公益创投视野渐从非营利组织能力建构转向社会企业策略面，形成分殊到同质的轨迹（Buckland et al.，2014），探讨问题围绕在公益创投如何有效运用资源，实际解决社会企业所遭遇困境，而组织能力也转换为商业模式建立①②（Van Slyke & Newmam，2006），化身为社会企业重要推手。

2. 公益创投特质与组成

公益创投实务上虽已取得丰硕成果，研究也相继探讨其重要性，在定义方面却缺乏共识（Martin，2008）。然归纳相关文献发现，公益创投具备以下六项

---

① Alter, K., "Social Enterprise Typology", 2013 – 09 – 05, http：//realworldbank. com/wp-content/uploads/2012/03/Social_Enterprise. pdf.

② Grossman, A., et al., "Venture Philanthropy：Its Evolution and Its Future", Harvard Business School, 2012 – 10 – 18, http：//socialventurepartners. org. s3. amazonaws. com/www. soc-ialventure-partners. org/sites/53/2013/10/VP-Its-Evolution-and-Its-Future-Final. pdf, N9 – 313 – 111, pp. 1 ~ 25.

基本特质①②③（Martin，2008；Moody，2008；Pepin，2005）：

（1）高度参与，系指公益创投家非单方面挹注资金，与一般商业创投相同，公益创投家也可能进驻提供服务，甚至进行经营管理；

（2）阶段性投资，系指有别过去一次性捐赠思维，针对社会企业需求，策略性投入资源，型态多元灵活，包含各类货币与非货币投入皆属之；

（3）具备风险，视捐赠为投资，若未达成既定的社会目标，就是投资失败，故相当重风险评估与效益；

（4）存在出场机制，并非不求回报赠与（gift），当预测投资可能失去效益，或已达成既定目标，便停止资源投入，另觅其他新投资目标；

（5）重视组织能力建构，关键在于如何维持自主运营，重心置放在协助社会企业建立商业模式；

（6）效益评估，社会影响力是最重要的核心项目，藉衡量既定目标达成情况，对投资人或捐赠者负责，良好绩效也另有助吸引外部投资进入。

从六项特质可看出，公益创投不同于传统充满人道关怀的慈善活动，而是引入创投原理和企业精神的创新策略，不仅思维相似，运作结构也大致相同。事实上，创投乃基于创业家需要所产生的利基市场（niche market）（Zider，1998），许多创业家虽具备创意或技术，但若缺乏合适创业模式，恐无法实践梦想，因此对创业家而言，创业关键要素不是创意本身，而是能否将创意市场化，故创投家不是梦想实践者，而是与创业家密切合作商业伙伴关系。检视公益创投与商业创投，皆由创业家、创投家和天使投资人组成，而公益创投所称创业家为社会企业家，天使投资人则可能是投资者或捐赠者，如个人、企业、基金会或政府，至于流程皆由公益创投家透过捐赠者或投资人募得资金，依社会企业发展过程，采取阶段投入方式，协助步上运营轨道（见图1），以期有效地将

---

① Alter, K., "Social Enterprise Typology", 2013 - 09 - 05, http：//realworldbank. com/wp-content/uploads/2012/03/Social_Enterprise. pdf.

② Grossman, A. , et al. , "Venture Philanthropy: Its Evolution and Its Future", Harvard Business School, 2012 - 10 - 18, http：//socialventurepartners. org. s3. amazonaws. com/www. socialventurepartners. org/sites/53/2013/10/VP-Its-Evolution-and-Its-Future-Final. pdf, N9 - 313 - 111, pp. 1 ~ 25.

③ Martin, M. , & John, R. , "Venture Philanthropy in Europe. Landscape and Driving Principles", 2013 - 10 - 18, http：//ssrn. com/abstract = 1322281.

其创意化作商品，并扩大生产与营销（Scarlata & Alemany，2012）。其中，两者唯一区别在于，商业创投追求利润极大化，对投资人或股东负有获利之责，而公益创投奠定于社会价值和影响力，并非纯粹追求最大获利，对多元利害关系人负有社会影响力与价值创造之责，故商业创投重视经济收益回馈，而公益创投则较强调社会效益回馈。

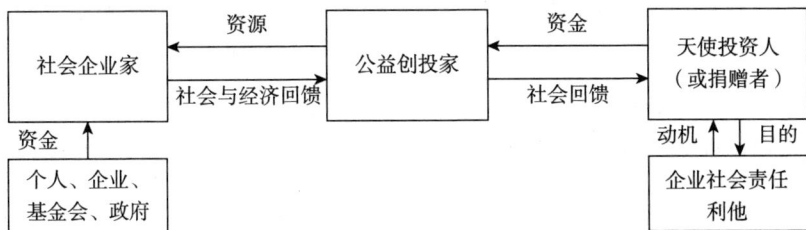

图 1　公益创投运作结构

（二）政策导入公益创投因素

社会企业多元发展，已不再是局限于解决问题的政策工具，而公益创投则进一步成为促发社会企业之活水。但社会企业发展过程往往不顺遂，故引发政策导入公益创投契机。

1. 政策补助的失灵

社会企业虽被视为促进就业与解决社会问题的重要途径，但发展过程屡遭挑战。如经营过程中，往往因人力与资源不足的双重弱势组合，致使遭遇资金、设备与人力短缺问题，复以欠缺经营经验，薪资水平又不足以吸引专业人才，致使社会企业发展不顺遂（Dees，1998；Weerawardena & Mort，2006）。社会企业一方面希望以运营模式增进弱势就业机会，避免资源依赖情况，但实际运作又无力建立具体可行创业模式，结果往往造成产品不具竞争力，或市场规模不足以平衡营收等窘境，严重影响社会企业运营和收益，甚至遭受外界质疑是否偏离社会目标，形成一种两难现象（Peattie & Morley，2008）。虽然民间捐赠相继涌现，提供社会企业资源渠道，始终无法产生结构性改善。以英国为例，著名的社会企业组织 Social Enterprise UK（SEUK）① 发表一份报告书《2013 全国

① SEUK，"State of Social Enterprise Survey 2013"，2014 - 01 - 18，http：//www. socialen-ter-prise. org. uk/uploads/files/2013/07/the_peoples_business. pdf.

社会企业调查》①，以会员与其他相关组织进行调查，发现近半社会企业存在资金不足的问题。

前述背景下，推动公共政策从传统的非营利补助，开始转向社会企业，希望在有限的财源下，减少社会企业运营负担，落实授人以渔目标。以台湾为例，政策补助与委托款，常是社会企业重要的收入来源（Adam & Johnson，2006；官有垣，王仕图，2010）。政策补助虽成为社会企业发展重要基石，却也如同一把双面刃，利害并存（官有垣、王仕图，2010）。一方面，补助款有如及时雨，可供舒缓社会企业财务压力（Adam & Johnson，2006）；另一方面，依据陈锦棠、黎家伟（2013）对香港社会企业所进行调查，发现若扣除政府相关经费补助，有一半社会企业面临亏损。故政府补助则被质疑可能弱化社会企业与社区的连结，而产生资源依赖的危机，一旦补助抽离，社会企业是否有能力自主运营，仍是未知数（Borzaga & Defourny，2001；郑胜分、刘育欣，2012）。

2. 支持系统有限

除政策补助外，为解决社会企业普遍的资金窘困问题，各国相继提出支持系统，希望协助社会企业渡过难关（郑胜分、刘育欣，2013）。诸如英国于2012年颁布《公共服务（社会价值）法》〔Public Services（Social Value）Act 2012〕，以优先采购作为社会企业支持系统；美国则沿用税赋优惠降低社会企业经营压力；而韩国则通过社会企业促进法（Social Enterprise Promotion Act），期盼藉社会企业认证，奠定政策资金挹注正当性。然而，检视各国支持系统做法，虽提供社会企业若干协助，却也不免存在限制与困境，例如优先采购并未提供能力建构，且无法真正理清社会目标与股东（shareholder）权益，产生多元目标模糊情况；税赋优惠则可能排除某种特定型态社会企业；而韩国近年大力认证社会企业，也提供政府津贴与补助，却也因此导致道德风险，弱化社会企业生存与可持续经营能力（金戴久、赵显株，2013）。

---

① 该报告书原名为 State of Social Enterprise Survey 2013，主要系透过电话访谈（telephone interviews）650间社会企业，与在线调查（online survey）取得228份有效样本。详细资料可参考 http://www.socialenterprise.org.uk/uploads/files/2013/07/the_peoples_business.pdf。

两岸方面，也有类似支持系统，希望提供协助社会企业渡过难关。中国大陆因经济成长趋缓，逐步迈入快速收缩期，为促进社会福利发展，陆续推出一系列优惠政策，财政部与国家税务总局推出《关于促进残疾人就业税收优惠政策的通知》，以及由国家税务总局、民政部、中国残疾人联合会发布《关于促进残疾人就业税收优惠政策征管办法的通知》，以补助和税赋优惠作为促进残疾人士就业动力，为社会企业奠定基础。[①] 台湾则于2011年12月成立临时性编组"社会经济推动办公室"，希望透过编列常态性业务费用的补助弥补社会企业产能，协助经济型多元就业开发方案转型为社会企业，减少资源依赖情况（林三贵，2010），各部会也推动相关政策，其中较重要劳政系统有《多元就业开发方案》、《培力就业计划》、《推广社会企业永续发展行动方案》、《身心障碍者就业促进服务实施办法》及研议中之《台北市社会企业发展身心障碍者就业辅助办法草案》[②] 5项重要政策。检视两岸经验，中国大陆沿用社福补助与税赋优惠，却未针对经营问题提出更积极措施，且范围多集中于就业范畴，仍倾向照顾思维；台湾社会企业政策看似多元，但目前成效仍相对有限，探究问题在于过度倾向补助与就业导向，且政策分散在不同部会，难以建立整合性支持系统。

　　3. 政策导入公益创投的运作经验

　　基于前述社会企业支持系统的局限，激发各国政府希望导入公益创投的运作经验，以利建构社会企业所需的政策支持系统。例如，英国成立"大社会资本"（Big Society Capital，BSC），将休眠账户资金投入慈善与社区公益之用，并开发社会影响力债券[③]（Social Impact Bonds），提供第三部门或社会企业创业资源；美国则设立社会创新基金（Social Innovation Fund，SIF），藉增加公共或私人投资方式，协助社会企业或非营利组织解决社会问题；而韩国为解决立法困境，先后提出两次促进计划，重要项目包含拓展社会企业资金与补助渠道，以

---

①　周惟彦等：《中国社会企业与社会影响力投资发展报告》，2013年12月25日，http://www.21innovation.org/2012/files/2013040110445.pdf。

②　目前已送台北市法制局研议，主要内容在于区别社会企业范畴与条件，以及设定盈余使用规范，并确保官方对社会企业发展之定位。

③　社会影响力债券系指政府透过募集资金，提供第三部门或社会企业发展所需资源，以达成社会目标。简言之，社会影响力债券并非一般的捐赠或赞助，而是一种由政府主导的投资社会过程。详细资料可参考 Social Finance 于2012年出版的 *A New Tool for Scaling Impact: How Social Impact Bonds can Mobilize Private Capital to Advance Social Good*。

及增进私部门伙伴关系①。两岸方面，中国大陆目前做法系直接提出公益创投政策，期望藉支持与服务提供，扩大创新社会方案；而台湾则有《加强投资文化创意产业实施方案计划》、《艺文社会企业创新育成扶植计划》等相关方案，以及 2014 年核定之《社会企业行动方案》，其中正式将公益创投定位为社会企业重要筹资渠道。

检视上述政策趋势，实与公益创投精神相符，最终目的协助社会企业维持运营，进而永续经营并创造社会影响力。首先，政策从就业转向创业，以投资取代补助或优惠，具体协助社会企业建构商业模式；其次，希望有效解决社会企业经营困境，特别表现在提供融资渠道，协助社会企业获得第一桶金，甚者，如中国大陆还提供支持与服务；最后，逐渐扩大民间企业承担社会责任，共同投入社会企业发展，促进跨部门间交流与合作机会。

由此可知，以公益创投思维发展社会企业，已然成为各国趋势。探究主因，一方面，除政府可舒缓财务压力外，且社会企业早已非传统社福单位，必须融入企管思维并承担市场竞争风险，若以延续政策补助方式协助社会企业，恐弱化社会企业市场奖惩机制，落入资源依赖循环苦果。另一方面，社会企业仍然欠缺融资渠道，尤其对初创社会企业或草根组织尤为重要，特别是非营利组织财务工具相对较少，要取得适切地融资渠道可谓难上加难，在缺乏融资渠道情况下，无异增添运营资金之风险。综言之，政策导入公益创投最终目的，系协助社会企业发展与存续，得以自主运营并避免资源依赖，从习以为常的"授人以鱼"，转向达到"授人以渔"目的，进而创造弱势就业机会与社会价值。

三　两岸公益创投现况分析

两岸已有相当明确政策出炉，以下将进一步检视两岸公益创投政策发展概况，分析实际运作模式，具体探讨两岸公益创投情况。

---

① 第一次促进计划宣布于 2010 年 6 月，有三项施政方向，包含拓展社会企业资金与补助管道；增进社会企业透明度，履行应有社会责任；联合政府与民间力量，共同引领社会企业发展。第二次计划，政策具体目标包含四项，分别为强化社会企业能力、建立合适支持系统、扩展社会企业角色以及加强企业与小区的伙伴关系，希望藉此弥补社会企业促进法不足之处（郑胜分、刘育欣，2013）。

（一）公益创投政策发展概况

检视两岸公益创投政策前，本文优先理清两岸政策立法环境有几项特质。首先，两岸对于推动社会企业不遗余力，社会企业乃重要政策方针；其次，皆未针对社会企业立法，因此社会企业范围相当广泛；最后，皆期盼藉公益创投作为推动社会企业发展动力。由此观之，两岸在公益创投与社会企业背景有诸多相似处，政策方向也一致，然而在此脉络下，两岸公益创投政策究竟是趋同或是相异，有无对话或学习空间？这些问题成为两岸公益创投经验接轨重要议题，故本文以宏观视角，检视两岸公益创投概况，并提出初步发现。

1. 大陆

大陆公益创投与社会企业发展息息相关。一方面，社会企业近年于中国大陆颇受关注，乃基于福利服务需求日增，尤其当面对城乡差距与就业问题，政府虽积极采取补救策略，仍难以平衡发展落差，使非政府组织积极寻求境外基金会资助，成为社会企业发轫；另一方面，在政治战略管控下，以一般企业型态成立之社会企业，亦开始蓬勃发展（陆德泉、向荣，2012）。然而，中国大陆社会企业仍不免面临资源不足问题，官方为刺激创新社会方案，以满足日渐扩张的社区需求，开始推动公益创投活动，公益创投俨然成为激励社会价值的引擎（王世军，2012）。是以，中国大陆省市单位与非政府组织陆续推动公益创投项目招标或竞赛，以及设立相关组织，透过委托承办或合作发起方式推展公益创投，例如上海浦东非营利组织发展中心（NPI，简称恩派①）即为典型代表。恩派成立于 2006 年，系由官方主管机关、国内外资助型组织、企业界与学界支持下发展的一个公益支持性组织，其成立之宗旨为"助力社会创新，培育公益人才"，提供初创期的中小型民间公益组织所需的支持与服务，重要发展项目诸如成立公益组织孵化器，提供初创期的公益组织服务等。

公益创投招标或竞赛方面，"上海社区公益创投"、"南京玄武区公益创投"皆属之（王世军，2012）。上海社区公益创投于 2009 年举办，资助领域涵盖高龄、青少年、身心障碍、就业服务、社会救助与其他公益服务等项目，资助方案期限不超过 1 年，资助金额不超过人民币 20 万元，至 2012 年已累积超过 150 个社会项目；南京玄武区公益创投则由南京玄武区民政局与江苏华益社会组织

---

① 恩派截至 2013 年已发起或联合发起 16 间民办非企业单位、基金会和社会企业，详细资料可参考恩派网站 http：//www.npi.org.cn/。

评估中心于 2011 年协力举办，初期计划以试探性方式，于社区项目中另增公益创投，由于成果显著逐渐成为省级政策，至今已办理三届活动。

2. 台湾

台湾在公益创投初期由各部门自主推展，目前则有具体行动方案。初期，"文化部"文创发展司订立《加强投资文化创意产业实施方案计划》，目的即希望透过创投资金，打造具国际竞争力的文创产业;[①]"文化部"创设之"国家文化艺术基金会"，自 2011 年以来则推动《艺文社会企业创新育成扶植计划》，吸引企业力量投入公益创投，提供足够资金与技术协助。此外，台北市近日另提出《社会企业发展身心障碍者就业辅助办法》草案，将社会企业分成社会型与经济型两类，并保障社会企业获得支持范围，其中第十七条鼓励社会企业投入公益创投工作，将公益创投视为社会企业型态之一，目前在台北市法制局研议中。

2014 年 9 月所核定之《社会企业行动方案》[②]，系营造有利于社会企业创新、创业、成长与发展的生态环境，其中公益创投具体策略包含：（1）筹资金，引导公益创投、天使资金、民间企业资源等投入社会企业，并研议中小企业信保基金增设社会企业信保项目，挹注新台币 1 个亿（约人民币 2000 万元[③]）促进社会企业发展；（2）倡育成，鼓励育成中心设置社会企业育成辅导机制，并结合各方专业人才成立社会企业专家辅导团队。目前台湾将公益创投定位为筹措资金渠道。然而，除政策渠道之外，台湾民间早已有若干单位专责推动公益创投，例如若水国际股份有限公司（简称若水）、活水社企开发（简称活水）、社企流与台湾好基金会等组织相继投入，且一些社会企业也相继与企业合作，藉企业社会责任之力，共同从事就业活动与推展地方产业，已初备公益创投雏型。

3. 两岸经验初步发现

检视两岸公益创投政策发展，可归纳几项重点。首先，中国大陆公益创投

---

① "加强投资文化创意产业实施方案计划"截至 2012 年底已核准 13 个申请投资案，投资金额超过 4 亿，吸引民间创投资金超过 5 亿。

② 整体期程自 2014 年 9 月至 2016 年 12 月 31 日，预计共投入 16120 万元，由各部会编列公务预算及相关基金预算支应，未来其他各部会盘点现有资源提拨相关计划经费，共同推动相关可行措施。

③ 以 1∶5 计算，下同。

发展大致基于刺激社会创新使然，范围较广泛，而台湾初期则由官方部门独立推动，并未普及于其他型态社会企业，例如促进弱势者或残疾人士就业之社会企业。其次，中国大陆公益创投由官方主导，各地举办形式虽不一致，台湾则相对重视民间企业参与，希望藉公私协力方式促进整体社会企业发展。最后，中国大陆公益创投目前未见统筹性政策，优点是型态多元灵活，可依环境与资源情况因地制宜，但限制是无法赋予公益创投清晰社会责任；而台湾目前已提出明确公益创投方针，视公益创投为社会企业筹资渠道，但某种程度也可能意味着形成框架，限缩公益创投发展空间，例如传统基金会支持能力建构可能不再受重视。

（二）公益创投运作模式

两岸公益创投脉络差异，运作模式也有些许不同。较明显处在于，中国大陆公益创投系由官方主导，故运作模式着重于政策发起、运行与资源挹注型态，而台湾则以官方引入民间投资为主，扮演促进者角色，且型态不局限于单纯资源挹注，也包含商业模式建立。故本文从官方角色、资源挹注与创新经验三项构面，检视两岸公益创投运作模式，初步提出分析结果于表1。

表1 两岸公益创投运作模式

构面 ＼ 两岸	中国大陆	台湾
公私部门	官方主导，民间承办或委办	官方促进，公私协力
资源挹注	倾向资助，主要是市福彩基金	投资为主，公私资源皆存
创新经验	民间竞赛，刺激创新方案	捐赠转投资，建构商业模式

数据源：本文。

1. 官方角色

中国大陆官方对于公益创投虽扮演主导性角色，但各地却存在明显差异。李健与唐娟归纳中国大陆现行公益创投系统指出：在发起方面，官方层级包括省级、市级和区县级，而发起部门主要有民政局、慈善会和共青团等，其中以民政部门为主要发起者；在运行方面，独立运作又可分成完全由官方部门独立运作、交给NGO承接与官方专门成立社会组织承接三类，通常的做法是由官方或专家学者进行项目审查，后根据评审结果，资助获选之公益项目与进行绩效评估，至于委托则可分成单一委托与多重委托两种方式，主要是由官方提供公益创投资金，由第三方单位（通常是社会组织）提供专业人员进行评审、监督和评估，即官方委托运作模式。例如，上海社区公益创投系上海市民政局主办，由恩派承办，即属前述官方委托运作模式（李健、唐娟，2014）。

台湾官方在公益创投较属于促进型态，而民间则较多元。"文化部"文化创意发展司订立《加强投资文化创意产业实施方案计划》和"国家文化艺术基金会"（下简称"国艺会"）《艺文社会企业创新育成扶植计划》，目的是希望吸引外部投资人进入，若参酌李健、唐娟（2014）分类，较类似单独发起与独立运作，差别在于运作并非由官方投入资源，而是扮演平台角色，引导外部资源投入文创社会企业。目前核定之《社会企业行动方案》，公益创投主办单位为"经济部"、"劳动部"与"国家发展委员会"，而统筹单位则为"经济部"主管，公益创投筹资金则依功能横跨各部门，较类似多部门共同发起的促进资源型态。

2. 资源挹注型态

公益创投资源挹注可概略区分成货币与非货币两种型态，各有策略并提供不同功能。就货币资源而言，资金不足往往困扰许多社会企业，特别是当缺乏创业资金，或运营现金流不稳定，却又欠缺合适融资渠道时，无形中提高社会企业家风险（Dees，1998）；此外，相对于一般企业，社会企业多具备社福背景，缺乏创业商管能力，且所聘用员工普遍为遭劳动市场排除弱势者，产能稳定性不足，导致创业过程备感艰辛（Peattie & Morley，2008；郑胜分，2008）。此时，公益创投不仅要扮演天使投资人角色，还需提供培训等能力建构机制，甚至实际握有经营权[①]（John，2007；Scarlata & Alemany，2012；Van Slyke & Newmam，2006）。

大陆公益创投目前主要由官方提拨资金，以及提供相关培训服务（李健、唐娟，2014）。在货币资源方面，中国大陆公益创投资金普遍来自市福彩基金，亦有一些来自基金会、商业银行与企业，渠道相当多元但规模较小，多为人民币数万元以内，而个别省市上限则可高到人民币 30 万元；至于非货币资源可分成前期申报和后期能力培训两类，前者主要是由民政局会同第三方，针对申请

---

① John, R., "Beyond the cheque: How venture philanthropists add value", Skoll Centre for Social Entrepreneurship, Said Business School, 2013 - 10 - 18, http://evpa.eu.com/wp-content/uploads/2010/09/Skoll-Centre-Beyond-the-Cheue-how-venture-philanthropists-add-value.pdf.

组织和个人提供培训，着重于方案规划与执行能力，后者主要由专家学者针对运营提供适切性指导与建议。整体观之，中国大陆较倾向资助型态。

台湾公益创投初期系由官方投资，后期着重引入外部投资，并辅以培训。以"国艺会"的《艺文社会企业创新育成扶植计划》为例，该会提供新台币50万至300万（约人民币10万至60万）作为孵化费用，而事业运营获利除需依比例优先提拨回馈投入原事业运营计划，使之得以永续经营外，也需依比例提拨回馈"国艺会"，使公共资源得以永续循环，若经评估运营成效不佳，可中止合同、停止拨付扶植经费，并依比例追回已拨付经费。孵化的培训主要来自创业前工作坊，协助创业计划规划与修正，以及可使用网络平台进行各类活动。目前《社会企业行动方案》范围则更为宽广，除外部投资人外，资金来源也有企业社会责任渠道、创柜板与信用保证基金项目，并结合孵化资源，以及建立专家辅导团队，针对社会企业提供咨询服务。

3. 创新经验

公益创投因各地环境不同，不仅型态有差异，也形塑一些创新案例出现。就应然面，公益创投系指采取商业创投步骤，典型做法如资金挹注、外部介入等，甚至握有经营权等策略投资活动。但实然面，许多案例显现公益创投不必然得完全遵守商业创投规则。

大陆除官方提供公益创投竞赛外，民间组织也扮演重要角色。除一般持股或能力建构外，从2013年周惟彦等人编《中国社会企业与社会影响力投资发展报告》案例发现，民间组织所举办公益创投竞赛亦受重视。如文中提及博学生态村行动创办人，于2011年藉"花梨之家"获海航集团和21世纪经济报导联合主办的社会创新创投竞赛年度二等奖，获人民币5万元现金奖励；V-Roof黄柯则藉"天空农场"参加英国大使馆文化教育处主办"绿色生活行动"竞赛获人民币3万元种子基金。从这两个案例可看出，民间公益创投竞赛为社会企业家提供第一桶金渠道，显见中国大陆从官方到民间，公益创投皆为刺激社会创新方案重要渠道。

台湾公益创投可区分成持股与非持股，前者以简称若水为代表，后者以活水为代表。若水运作方式是由天使投资人（趋势科技董事长）投资的社会企业，2007年举办社会企业创业大赛，拟投资入选团队新台币500万元（约人民币100万元）。但遗憾的是，当年度唯一入选团队，被要求须成立公司，且若水持有该公司 51% 股份，投入资金以三年期程回收，由于双方期待有明显差距，致使合作破局，也使此模式在台湾暂时停滞。目前较成功的案例，系以投资转捐赠建立商业模式型态，2012 年有三位积极提倡公益创投人士，共同筹资新台币 150 万元，与财团法人胜利潜能发展中心合作，以公益创投模式成立"好工作社会企业股份有限公司"后，随即将此公司捐赠给"胜利潜能发展中心"（以下简称"胜利"），目前已经完成捐赠，第二例"黑暗对话社会企业股份有限公司"也已经完成类似转移，显见"投资转捐赠"模式在台湾已非特例。

四　公益创投对社会企业之影响

公益创投与商业创投概念相似，目的皆希望透过资源挹注扩大经营，创造利润或达成社会目标。一般而言，商业创投可依初创企业发展阶段，扮演不同角色和任务（Zider，1998）。公益创投亦如商业创投，但在资源挹注型态更弹性多元，又可依干预程度区分为资源分配（Venture-generated philanthropic funds）、低度涉入（Venture-influenced philanthropic funds）与高度涉入模式（Venture-parallel philanthropic funds）三种模式（OECD，2003），惟须注意的是，三种模式并非全然区隔，需由公益创投家和社会企业家依需求与环境而决定。例如，中国大陆资助型公益创投就较类似资源分配模式，以投入资金为主，或提供若干辅导建议；台湾活水与胜利案例，则与低度涉入模式较为契合，经由资源整合，并为社会企业量身定做运营策略，协助打造合适商业模式；而国外一些公益创投组织与台湾早期若水案例，系为典型公益创投，除投入资金外，公益创投家也藉持股握有经营权，特别表现在决策方面，创投家高度参与运作并主导社会企业发展。

公益创投被视为发展社会企业利器，但对社会企业可能产生影响为何？是公益创投核心议题[①]。对社会企业而言，公益创投虽扮演着资源挹注者角色，却也利害共伴，公益创投介入社会企业日常运营，尤其当公益创投家握有经营

[①] Grossman, A., et al., "Venture Philanthropy: Its Evolution and Its Future", Harvard Business School, 2012 - 10 - 18, http://socialventurepartners.org.s3.amazonaws.com/www.soc-ialventure-partners.org/sites/53/2013/10/VP-Its-Evolution-and-Its-Future-Final.pdf, N9 - 313 - 111, pp. 1 - 25.

权时，对社会企业影响不可谓不大，故面临外部力量引入过程，社会企业究竟面临何种问题与挑战，以及如何因应变化，皆为双方合作过程需考虑层面。对此，本文认为应回归社会企业混合（Hybrid））结构本质，从多元目标与多元利害关系人视角（Evers，2003；Galaskiewicz & Barringer，2012；Young，2012），检视资源挹注对社会企业影响。

（一）多元目标

创业家资金来源多为家庭、朋友，或来自其他公司和政府资助，如创业育成等，另有少数幸运创业家可从天使投资人获得种子基金（Fenn et al.，1997）。当前述渠道仍不足以应付初创资金时，此时握有庞大资金商业创投家，成为创业家重要资金来源。但创业家必须理解，商业创投并非梦想实践者，而是慎选具有潜力产业，着重为企业建立完善运营计划，随着企业茁壮，可能转提供现金与生产设备，协助企业扩大市场占有率，进而透过投资银行协助企业上市柜，最后出场获利（Zider，1998）。

社会企业家同样也可能面临创业资金不足问题，需要藉融资以维持财务上的稳定。然而社会企业家常因利润分配受限[①]，故吸引投资人诱因较低，复以融资渠道不足，限制创业第一桶金取得。此时，公益创投家的出现，为社会企业家带来希望。相较之下，公益创投资源可能不如商业创投家雄厚，却具备多元弹性特质，除自有资金外，也可能引入捐赠和政府资源，甚至提供股票等有价证券，有时公益创投家也积极寻求地方资源渠道，如社区基金或公益信托等，甚至招募志愿服务者投入，解决资源不足问题[②]（Van Slyke & Newman，2006）。而随着社会企业逐渐步上运营轨道，公益创投家工作重心转向聚焦组织能力建构，如市场营销能力、财报咨询或人资培训等，目的系协助社会企业建立商业模式，待自主运营后便出场另寻其他目标[③]。

然而，公益创投牵涉投资，则不免挑动多元目标的敏感神经。当公益创投

---

①　以非营利组织成立之社会企业，或新法律实体社会企业，如社区利益公司，即有利润分配限制。

②　Balbo，L.，et al.，"Establishing a venture philanthropy organisation in Europe"，European Venture Philanthropy Association，2014 – 03 – 05，http：//evpa. eu. com/wp-content/uploads/2010/11/EVPA-Knowledge-Centre_Establishing-a-Venture-Philanthropy-Organisation. pdf.

③　John，R.，"Beyond the cheque：How venture philanthropists add value"，Skoll Centre for Social Entrepreneurship，Said Business School，2013 – 10 – 18，http：//evpa. eu. com/wp-content/uploads/2010/09/Skoll-Centre-Beyond-the-Cheue-how-venture-philanthropists-add-value. pdf.

企图运用商业活动协助社会企业达成社会目标，便存有"利己"与"利他"冲突，产生商业收益与满足弱势需求形成紧张关系（Scarlata & Alemany，2012）。若过度强调收益，可能枉顾社会企业之社会目标，引发谋利争议；若主张使命优先，却又可能因收益不足而危及社会企业生存。在两种不同目标竞逐下，社会企业多元目标势必受到影响，特别当公益创投介入时，因信息不对称①或握有经营权力，使社会企业多元目标产生移转或混淆情况（Buckland et al.，2014；林吉郎，2008）；也可能因资源变化影响组织目标与结构变革（Young，2012；张其禄、叶一璋，2008；刘育欣、郑胜分，2014），或改变社会企业之社区角色（Ealy，2011；Edwards，2011；Ramdas，2011）。上述问题，乃公益创投与社会企业共同面临重要挑战。

另一方面，公益创投资金运用，也成为影响多元目标重要因素，特别是以非营利组织成立之公益创投，常充满争议性。以基金会为例，常藉资金投资和能力建构，协助社会企业扩大社会影响力（Letts et al.，1997），然而，基金会之资产乃基于公益使命而设立，捐赠者或基于认同价值，或基于服务购买满足第三方需求，而进行捐赠并获得税赋优惠正当性（Hansmann，1996），意谓基金会有责确保基金持续运作，若董事会决定投资社会企业，一旦投资失利，基金会是否需承担亏损？是否违背捐赠者初衷？皆为需另觅解套的问题。

检视公益创投对社会企业多元目标，可回归责信（accountability）议题。当社会企业具备多元目标特质，被赋予特殊社会地位，即带有社会责任，而主责投资的公益创投亦然。因此，责信核心在于社会目标与商业模式一致性，换言之，当两相出现断裂或失衡情况，将产生责信危机，致使社会信任基础崩溃。信任是建构社会基础共识（Putnam，2000），建立适切机制予以规范，乃避免因责信危机导致社会信任崩解途径，其中又以他律、自律和自我认知最为重要（Dart，2004；郑胜分，2008）。在他律方面，法律、监督人或合同皆为可能型态，以合同为例，公益创投与社会企业必须明确投资内容，目的系希望减少双方认知差距，规范彼此在商业与社会定位，以及资金使用方式，避免可能产生利益争议。在自律方面，信息揭露是可行做法，目的是藉财务透明化，确保资金不致备投入与使命无关投资，甚至遭私人挪用。在自我认知方面，则必须回

---

① 可能出现在专业经理人或外部投资人中。

归资金使用与使命之间关系，无论公益创投家或社会企业家皆然，而绩效评估是常见做法，目的系供自我检视资源使用途径与效益，不致产生目标偏离或混淆问题，除可供避免外界疑虑外，也可藉绩效引入更多投资，惟社会目标较难量化，且评估成本亦为需考虑要项之一。

（二）多元利害关系人

社会企业多元利害关系人相当广泛，诸如董事、弱势受雇者、消费者或服务使用者皆属之（Evers，2001），当公益创投进入后，则可能另增天使投资人与专业经理人等（Scarlata & Alemany，2012）。社会企业多元利害关系人结构，实则牵涉权益问题，即在商业活动中，谁从中获益？又谁权益受损？（Galaskiewicz & Barringer，2012）。检视公益创投介入对社会企业多元利害关系人之影响，大致上可架构成治理、代理与雇用关系三种层面，各自又面临不同权益问题。

就治理而言，公司治理与非营利治理①本质不同，而社会企业横跨两者之间，较易表现侍从治理模式（Low，2006）。因此，治理关键问题在于董事会如何平衡多元利害关系人期待，达到"善治"目标。以非营利组织为例，一方面，许多社会企业仍延续非营利组织传统，注重成员社会代表性而非专业性，可能阻绝专业人才进入董事会机会，社会企业将面临人才断层问题，当董事任职期满，新任董事不必然具备社会企业认知与能力，恐发生治理转弯或断层，不仅前人努力付诸流水，严重者甚至影响日常运营，影响服务使用者或弱势受雇者权益等（刘育欣、郑胜分，2014）。另一方面，公益创投家若进入董事会，也可能因把持权力而出现过度干预问题，影响社会企业自主性（Hockerts，2006；郑胜分、刘育欣，2012），或因引入市场精神，却缺乏良好协调沟通机制，导致社福体系员工产生反弹（陈金贵，2002）。是以，若公益创投家进入董事会，如何透过沟通协调融合两种不同治理模式，藉此吸引优秀人才进驻贡献所长，并维系多元利害关系人之间平衡，成为社会企业董事会首要治理议题。

在代理方面，代理人和委托人之间关系不能保证永远一致，一旦出现利益分歧时，委托人又无力规范代理人行为，就可能引发代理问题（Jensen & Meckling，1976），其中又以信息不对称情况最为关键（Hansmann，1996）。检视公

---

① 事实上，非营利组织因存有"利润不得分配限制"，故无实际所有权人，而董事会则握有独大决策与管理权力（Hansmann，1996）。

益创投与社会企业信息不对称情况,前者主要发生于公益创投家与天使投资人之间,可能存在违背投资意愿情况(Scarlata & Alemany,2012),后者则常见于董事会与经理人之间,特别是非营利组织(刘育欣、郑胜分,2014)。在公益创投家自身方面,问题较为单纯,仅需将投资人视为监督者即可,而创投成果不只是公益创投家能力彰显,对外也决定未来投资意愿,故两者呈现紧密依存关系。然而,在社会企业董事会与专业经理人方面,情况就复杂许多,深究社会企业董事会,牵涉两项结构性问题:其一,董事会对社会企业或公益创投认知不足,可能发生于非营利组织转型社会企业过程中,尤其是采取放任董事会①,而无法掌握专业经理人行动;其二,当董事会因改选更迭后,可能无法有效掌握经理人信息。因此,公益创投家如何解决代理问题中信息不对称问题,避免影响多元利害关系人权益,将成为投资过程需面临挑战。

在雇用方面,多元利害关系人又以弱势受雇者最为关键(刘育欣、郑胜分,2014)。对社会企业而言,弱势受雇者可能是残疾人士,也可能是遭劳动市场排除者,既是社会目标,亦为生产主力,社会企业一方面希望藉由商业活动创造弱势者就业机会,另一方面,弱势受雇者因技能或身心限制,而无法维持产能与质量稳定(Peattie & Morley,2008)。当弱势受雇者因能力不足,而无法达到既定生产目标时,扮演扩大经营角色的公益创投家,是应予以资遣,或全然概括承受?遂产生两难局面。若公益创投家予以资遣,即违背提供弱势者就业之社会企业初衷,恐产生责信问题;若概括承受,又难以有效发挥资源效益,恐与投资人期待相抵触。而公益创投目的,即希望突破人力弱势问题,协助社会企业创造收益,进而达成社会目标。是以,当社会目标与商业模式互为冲突时,公益创投家是该割舍,或创造新的商业模式,乃投资提供弱势者就业之社会企业主要考虑。

前述问题一旦处理不当,皆严重侵害社会企业运营和价值。因此,如何平衡捐赠者、公益创投家与社会企业家三方利害关系人期待,成为公益创投重要工作内容。可供思考做法,除设立相关责信机制外,更重要的是,公益创投家与社会企业于合作前,对双方企业有深刻理解,针对投资目标、内容与方法达

---

① 实务中,非营利组织董事会不一定全程参与,或至少因某些因素,而无法参与日常运作。例如董事对权责认知,或与执行长关系匪亲,皆可能影响其控制行为,而产生诸如执行长主导董事会或无权董事会出现(官有垣,2002)。

成共识，避免产生错误期待，造成投资失利危机，甚至影响多元利害关系人权益。

五　结语

公益创投在两岸虽已获得实质性的发展，模式却有差异。大体来说，中国大陆基本上根源于社区需求，而台湾则将重心置放于解决社会企业经营困境。就中国大陆言之，公益创投主要为刺激社会方案，目前仍主由官方主导，型态因各地而有不同，通常采取竞赛方式，并设立中介组织，资金主要来自彩券基金，投入型态常以资助为主，而民间则扮演承办或委办角色，亦有一些地方创新公益创投，强调藉竞赛投入第一桶金。就台湾言之，过去官方并未积极主导与开展公益创投，故相关政策散落于各部会，自《社会企业行动方案》核定后，遂将公益创投定调为社会企业筹资渠道，而地方则自主推动公益创投，型态着重于商业模式建构，特别是投资转捐赠型态。值得关注的是，中国大陆虽以竞赛刺激社会方案，资金投入仍以资助为主，虽重视社会效益评估，仍可能产生依赖问题，或当资金用罄，项目便无以为继。台湾重视协助社会企业建构商业模式，一些投资也采取提拨还款方式，可供资金生生不息，但官方并未赋予公益创投主体性，却定调成社会企业筹资渠道，不仅未说明具体模式，也可能限缩多元发展空间。

对社会企业而言，公益创投并非有利无害，投资过程中可能影响多元目标与多元利害关系人。公益创投家虽被视为发展社会企业契机，但介入过程可能左右社会企业多元目标，产生失衡或模糊的状况，甚至成为有心人逐利工具，导致社会企业责信危机，且在治理、代理与雇用关系方面，若缺乏沟通或目标不一致，也可能影响多元利害关系人权益，对此，公益创投家与社会企业家不可不慎。是以，在两岸社会企业尚未立法，又公益创投社会责任相对模糊之际，责信机制成为确保社会企业合法性基础，特别是合同订立、信息揭露和绩效评估等，皆为可供参考做法；此外，公益创投与社会企业合作前，务必清楚了解双方期待，检视自身组织是否有能力投资与被投资，多元利害关系人权益是否因组织结构改变，权益蒙受损害，减少公益创投介入对社会企业冲击与风险。前述几点，实乃两岸共同关注社会企业导入公益创投之际必须慎思的课题。

参考文献

陈金贵（2002）：《非营利组织社会企业化经营探讨》，《新世纪智库论坛》，第 19 期，第 39 ~ 51 页。

陈锦棠、黎家伟（2013）：《香港社会企业的社会影响初探》，《社区发展季刊》，第 143 期，第 151 ~ 160 页。

官有垣（2002）：《第三部门的研究：经济学观点与部门互动理论的检视》，《社会福利学刊》，第 3 期，第 1 ~ 28 页。

官有垣、王仕图（2010）：《政府对台湾社会企业发展之影响研究》，《公共事务评论》，第 11 期之 1，第 1 ~ 21 页。

金戴久、赵显株（2013）：《当前韩国社会企业的重要议题与相关政策》，林怡君译，《社区发展季刊》，第 143 期，第 140 ~ 150 页。

林吉郎（2008）：《公益创投与社会企业：价值创造途径的分析》，载"行政院"劳工委员职业训练局中彰投区就业服务中心（编），《多元开发就业方案——民间团体发展成为社会企业论述精选集》，台中市：劳委会职训局中彰投区就业服务中心，第 93 ~ 107 页。

林三贵（2010）：《2010 多元就业开发方案故事集》，台北："行政院"劳工委员会职业训练局。

陆德泉、向荣（2012）：《与狼共舞？中国社会企业和流动人口社区妇女组织型态》，社团法人"中华组织发展协会"主办，《两岸三地社会企业学术暨实务研讨会》，2012 年 10 月 3 ~ 4 日，台北。

李健、唐娟（2014）：《政府参与公益创投：模式、机制与政策》，《公共管理与政策评论》，第 3（1）期，第 60 ~ 68 页。

刘育欣、郑胜分（2014）：《非营利组织商业化到社会企业化：身心障碍者就业模式的转化》，《身心障碍研究》，第 12（1）期，第 54 ~ 66 页。

王世军（2012）：《公益创投与社会组织培育》，社团法人"中华组织发展协会"主办，《两岸三地社会企业学术暨实务研讨会》，2012 年 10 月 3 ~ 4 日，台北。

郑胜分（2007）：《社会企业的概念分析》，《政策研究学报》，第 7 期，第 65 ~ 108 页。

——（2008）：《社会企业之责信》，载江明修（编），《第三部门与政府：跨部门治理》第 5 章，台北：智胜文化。

张其禄、叶一璋（2008）：《公益创投：非营利组织的管理革新》，《空大行政学报》，第 19 期，第 41 ~ 65 页。

郑胜分、刘育欣（2012）：《社会企业与弱势就业：策略与挑战》，《就业安全》，第 11（2）期，第 53~59 页。

——（2013）：《社会企业支持系统之初探》，《社区发展季刊》，第 143 期，第 28~38 页。

Austin, J., et al. (2006), "Social and Commercial Entrepreneurship: Same, Different, or Both?", 30 (1) *Entrepreneurship Theory and Practice*, pp. 1 – 23.

Anheier, H. K. & Leat, D. (2006), *Creative Philanthropy*, New York: Routledge.

Adam, S., & Johnson, T. (2006), *Social Enterprise: At the Crossroads of Market, Public Policies and Civil Society*, London and New York: Routledge, 2006, pp. 3 – 26.

Borzaga, C. & Defourny, J. (2001), *The Emergence of Social Enterprise*, London & New York: Routledge.

Bishop, M., & Green, M. (2009), *Philanthrocapitalism: How Giving can Save the World*, New York: Bloomsbury Press.

Bugg-Levine, A., et al. (2012), "A New Approach to Funding Social Enterprises", *Harvard Business Review*, January-February, pp. 1 – 7.

Buckland, L., et al. (2014), "The Growth of European Venture Philanthropy", *Stanford Social Innovation Review*, Summer, pp. 33 – 39.

Dees, J. G. (1998), "Enterprising Nonprofits", 76 (1) *Harvard Business Review*, pp. 54 – 66.

Dart, R. (2004), "The Legitimacy of Social Enterprise", vol. 14, *Nonprofit management and Leadership*, pp. 441 – 424.

Evers, A. (2001), "The Significance of Social Capital in the Multiple Goal and Resource Structure of Social Enterprises", In C. Borzaga & J. Defourny (Eds.), *The Emergence of Social Enterprise*, London & New York: Routledge. 2001, pp. 296 – 311.

Edwards, M. (2010), *Small Change: Why Business Won't Save the World*, San Francisco: Berrett-Koehler Publishers.

—— (2011), "Impact, Accountability, and Philanthrocapitalism", 48 (5) *Society*, pp. 389 – 390.

Ealy, L. T. (2011), "Justice, Beneficence and the Modern Age", 48 (5) *Society*, pp. 403 ~ 406.

Fenn, G., et al. (1997), "The Private Equity Market: an Overview. *Financial Markets*", 6 (4) *Institutions, and Instruments*, pp. 1 – 106.

Galaskiewicz, J., & Barringer, S. N. (2012), "Social Enterprises and Social Categories", In B. Gidron & Y. Hasenfeld (Eds.), *Social Enterprises: An Organizational Perspective*, New York: Palgrave Macmillan, pp. 47 – 70.

Hansmann, H. (1996), *The Ownership of Enterprise*, Cambridge: Harvard University Press.

Hockerts, K. (2006), "Entrepreneurial Opportunity in Social Purpose Business Ventures", in J. Mair, J. Robertson & K. N. Hockerts (Eds.), *Handbook of Research in Social Entrepreneurship*, *Palgrave MacMillan*, pp. 57 – 86.

Jensen, M. C., & Meckling, W. H. (1976), "Theory of the Firm: Managerial Behavior, Agency Cost and Ownership Structure", 3 (4) *Journal of Financial Economics*, pp. 305 – 360.

Letts, C., et al. (1997), "Virtuous Capital: What Foundations can Learn from Venture Capitalists", *Harvard Business Review*, March-April, pp. 2 – 7.

Low, C. (2006), "A Framework for the Governance of Social Enterprise", 33 (5/6) *International Journal of Social Economics*, pp. 376 – 385.

Martin, M. (2008), "The Value Proposition of Venture Philanthropy", *Viewpoints*, pp. 38 – 43.

Moody, M. (2008), "Building a Culture: The Construction and Evolution of Venture Philanthropy as a New Organizational Field", 37 (2) *Nonprofit and Voluntary Sector Quarterly*, pp. 324 – 352.

OECD (2003), *The Non-profit Sector in a Changing Economy*, OECD.

OECD net FWD (2014), *Venture Philanthropy in Development: Dynamics, Challenges and Lessons in the Search for Greater Impact*, OECD Development Centre, Paris.

Porter, M. E., & Kramer, M. R. (1999), "Philanthropy's New Agenda: Creating Value", *Harvard Business Review*, November-December, pp. 121 – 130.

Putnam, R. D. (2000), *Bowling Alone: The Collapse and Revival of American Community*, New York: Simon and Schuster.

Pepin, J. (2005), "Venture Capitalists and Entrepreneurs Become Venture Philanthropists", 10 (3) *International Journal of Nonprofit and Voluntary Sector Marketing*, pp. 165 – 173.

Peattie, K., & Morley, A. (2008), "Eight Paradoxes of the Social Enterprise Research Agenda", 4 (2) *Social Enterprise Journal*, pp. 91 – 107.

Ramdas, K. N. (2011), "Philanthrocapitalism: Reflections on Politics and Policy Making", 48 (5) *Society*, pp. 393 – 396.

Salamon L. M., et al. (2003), *Global Civil Society: An Overview*, *Center for Civil Society Studies Institute for Policy Studies*, Baltimore: The Johns Hopkins University.

Scarlata, M., & Alemany, L. (2012), "Deal Structuring in Philanthropic Venture Capital Investments: Financing Instrument Valuation and Covenants", In R. Cressy, D. Cumming & C. Mallin (Eds.), *Entrepreneurship, Governance and Ethics*, Springer, pp. 5 – 29.

Van Slyke, D. M. & Newmam, H. K. (2006), "Venture Philanthropy and Social Entrepreneurship in Community Redevelopment", 16 (3) *Nonprofit Management & Leadership*, pp. 345 – 368.

Wagner, L. (2002), "The New Donor: Creation or Evolution?", 7 (4) *International Journal of Nonprofit and Voluntary Sector Marketing*, pp. 343 – 52.

Weerawardena, J., & Mort, G. S. (2006), "Investigating Social Entrepreneurship: A Multidimensional Model", 41 (1) *Journal of World Business*, pp. 21 – 35.

Young, D. (2012), "The State of Theory and Research on Social Enterprise", In B. Gidron & Y. Hasenfeld (Eds.), *Social Enterprises: An Organizational Perspective*, New York: Palgrave Macmillan, pp. 19 – 46.

Zider, B. (1998), "How Venture Capital Works", *Harvard Business Review*, November-December, pp. 131 ~ 139.

Venture Philanthropy: Another Opportunity for Social Enterprises[①]

Zheng Shengfen, *Liu Yuxin*

[**Abstract**] It has attracted increasing attention from various sectors of the society to support development of social enterprises with venture philanthropy. This article intends to make clear of how venture philanthropy emerged, to examine experiences of the two sides across the Taiwan Straits in advancing venture philanthropy, and to discuss the venture philanthropy's influence upon social enterprises. First, the article delves into the connotations of the venture philanthropy, with focus laid on its background and relevant policy introduction; second, it examines the development of venture philanthropy on both sides across the Taiwan Straits, including an overview, operation modes and innovation experience; third, it analyzes the injection of resources into venture philanthropy as well as the initiative's influence upon the multiple goals of social enterprises and multi-stakeholders. Finally, succeeding to the above analysis, it is the conclusion with questions yet to be explored.

[**Keywords**] venture philanthropy; social enterprise; multiple goals; multi-stakeholders

（责任编辑：李长文）

① This paper excerpts part of the research results from National Science Council research project. Project Number: NSC 99 – 2410 – H – 003 – 055 – MY2.

公益创投：社会企业的另一种契机

"无我"自治与"和合"共治

——佛教"净治"理念探析

贾应生*

【摘要】佛教是追求生死解脱和生命圆满的宗教文化体系，其终极目标是出世性的。然而，佛教的出世修行过程同时也是入世性的，它以心行超越的精神方法和入世度人的菩萨行为切入社会，以个体的"无我"自治与群体的"和合"共治为建立清净社会的两大路径，为人类社会的善治提供了独特的观念视角和实践方式。佛教的治理理念，可以概括为"净治"。在今天人类现代化的目标下，佛教的修行文化体系与社会的和合组织理念，是当今人类社会进行善化治理的重要资源之一。

【关键词】佛教　净治　"无我"自治　"和合"共治

佛教是以引导人们自愿自觉认识世界的唯心性和虚幻性，证悟缘起性空之理而得解脱生死之果和证悟本体实相而得究竟圆满佛果的文化形态。这一文化对于人类社会的独特观察和看法，以及对于社会如何能够实现清净自治的观念，是人类文明史上社会实现良性治理的理论来源之一，曾经对古代印度、中国等东南亚国家和地区产生过巨大影响。佛教僧团的成功治理，也是人类治理活动

---

* 贾应生，西北师范大学社会发展与公共管理学院教授。本文为甘肃省高校人文社会科学重点研究基地"宗教文化与西北民族地区地方治理研究"项目的阶段性研究成果。

的重要实践资源。

一　以心行超越提振社会的佛教净治理念

"治理"是一个现代社会政治概念，其义是指以政府为主导，以经济社会组织和社区等非政府性力量共同参与的，对国家和社会各种事务或者组织对自身事务的整治调理过程及其效果。现代学者将国家对于社会事务的管理按照历史上所出现的不同方式划分为统治、管理和治理三大类。与统治的权威唯一性，权力运作单向性、排斥民主性、政府号令性和管理的政府主导性、权力运作的上主下辅性、半民主性、政府管控性相比较，治理具有权威的多样性、权力运作的双向性、民主性和权力行使的平等性等特点。"社会治理（social governance）和善治或良治（good governance）的核心之点，在于由国家力量和社会力量，公共部门与私人部门，政府、社会组织与公民，共同来治理和管理一个社会"（郑杭生，2014）。在治理的各种定义中，将治理主体从个人一直扩展到一切社会团体和组织，并且强调治理活动的非政府性（当然这并不排斥政府性）、自治性、民主性、协商性等特点，是关于治理的一些基本共识。

治理既包括政府的治理，也包括"没有政府的治理"（罗西瑙，2001）。正如全球治理委员会所定义的那样，"治理是或公或私的个人和机构经营管理相同事务的诸多方式的总和。它是使相互冲突或不同的利益得以调和并且采取联合行动的持续的过程"（斯莫茨，1999）。在多元化的治理主体中，宗教团体是一种重要的社会文化群体和组织，它对自身的管理就是一种"没有政府的治理"，同时它也具有通过宗教文化和宗教团体的传播行为，而对社会乃至国家的治理产生重要影响的功能。作为一种世界性的宗教文化体系，佛教是一种典型的出世性文化，以追求众生的生命解脱和究竟圆满成佛为其最高目标，但它同时也是具有入世性的文化，它通过修行的自治、僧团的治理和对社会的善道影响而体现出其独特的治理理念和实践特色。

治理所追求的目标是"良好的治理"（good governance），即"善治"。"善治就是使公共利益最大化的社会管理过程。善治的本质就在于它是政府与公民对公共生活的合作管理，是政治国家与公民社会的一种新颖关系，是两者的最佳状态"（俞可平，2000：8~9）。俞可平教授综合学术界在善治问题上的观点，提出了善治的六个基本要素：（1）合法性（legitimacy）；（2）透明性（transparency）；（3）责任性（accountability）；（4）法治（rule of law）；（5）回应（responsiveness）；（6）有效（effectiveness）（俞可平，2000：9~11）。后来他又增加了参与、稳定、廉洁、公正四个方面，形成了十个基本要素（俞可平，2004）。然而，俞教授所概括的这些基本要素主要是西方现代治理文化的理念，而缺乏传统的、东方的以及中国的治理文化要素。治理和善治实际上不仅仅是一个现代理念，也是一个历史文化的观念。人类自有政府以来，一直就在探索如何将国家和社会治理好的问题，由此也形成了不同文化对于治理的不同看法。

区分不同治理文化的善治观念，有两个问题是非常重要的：一个是这些文化关于善治的核心视点问题，另一个则是具有社会实践性的理想社会形态的问题。从前一点来看，西方的善治核心是法治，中国儒家的善治核心是道德，而佛教的善治核心是净心。从后一个问题来看，西方的理想社会是理性社会，儒家的是大同社会，而佛教的则是清净社会（净土世界）。由此而言，如果说西方的治理目标是善治，儒家的治理目标是德治（或曰"仁政"）的话，则佛教的治理目标就可以概括为"净治"。

首先，佛教的善治核心是清净众生的自心，认为人心清净则一切清净，一切清净即是福德和自由。《增一阿含经》中记述的一首偈语准确地概括了佛教修行的净心要义："诸恶莫作，诸善奉行，自净其意，是诸佛教。"（《大正藏·增一阿含经》）"自净其意"就是净心。从身口意三业方面修清净行，是佛教修行的核心方法，因此而造就的清净人格是整个社会清净和谐的基石。

其次，从治理的社会理想目标来看，佛教的理想社会是清净社会，即"净土世界"，西方极乐世界就是最为著名的佛国净土。所谓"净土"，就是心地清净的人们所居住的国土。这种理想的佛国社会并非只存在于遥远的他方佛国，而是完全可以展示于我们所在的这个娑婆世界。《维摩诘所说经》中的一段话十分清晰地表达了佛教的这种理想社会观念：

> 如是，宝积！菩萨随其直心，则能发行；随其发行，则得深心；随其深心，则意调伏；随意调伏，则如说行；随如说行，则能回向；随其回向，则有方便；随其方便，则成就众生；随成就众生，则佛土净；随佛土净，

则说法净；随说法净，则智慧净；随智慧净，则其心净；随其心净，则一切功德净。是故宝积！若菩萨欲得净土，当净其心；随其心净，则佛土净（《大正藏·维摩诘所说经》）。

按照佛教的说法，人类社会的不和谐与不清净庄严的原因不在于其他，就在于人类的心灵不清净，因此才有与不清净之心相感应的染污情形的存在。因此，清净自心，是社会得到良善治理的根本所在。可见，佛教治理理念的核心方法就是以精神提振人性，以使每一个社会成员同等抵达无上的理想世界，获得完全的自由与解放。

以净心为核心的佛教治理理念和实践，主要体现在无我性的个人自治与和合性的群体共治两个方面。

二 "无我"自觉与自治：佛教治理的个体心行层面

在治理理论中，个人是一个重要的治理因素，是社会治理的基点所在。个人既是社会及其治理活动的起点，也是终点，同时也是中介（过程的推动者）；既是治理活动的能动手段，也是治理活动的终极目的。因此，治理的开端和终结之处都是社会个体而非群体。这是治理理论和实践中应当予以充分重视的一个基本问题。为此，治理活动的首要作为是治人，即治每一个社会个体。只有每一个或者绝大多数社会个体得到了良好的治理，社会整体的治理目标才能够真正实现。如果治理只是在群体与社会层面上运行，而没有深入每一个社会个体身上，那么治理就只是一种普遍性的表象行动，无法取得善治的目标。

佛教是一种修行文化，修行的基本主体是个人，因此佛教的治理理念也是以个人为其基点的。佛教的个人治理是一种自觉性的个人自治，是一种以清净自我心灵为中心任务的修行过程。这一修行过程包括了修持身、口、意三业在内的一切业力，消除一切恶业的障碍，解除生、老、病、死等无尽的苦恼，使身心获得清凉自在，得无障碍的绝对自由的过程。这种修行过程有大乘与小乘之差别。从小乘的修行来看，个人的无我自觉是通过对"四圣谛"（苦、集、灭、道）或从无明到老死的"十二因缘法"等佛法义理的修证，通过戒、定、慧三学的实践和对缘起论的晓达，以智慧观察世间一切法，尤其是自我的生命都是苦、空、无常、无我的，也就是缘起性空的暂时聚合现象，而不是真实的本体生命，由此而得真实的智慧观照，清净自心意识，不再贪恋世间五欲六尘，最终获得身心的永久健康和自由自在。这是小乘无我修行的总体情形。大乘的修行，则是按照"六度万行"的方法展开，修行者通过善德的积累、定力的增强和对于本体真心的直接修证，证悟世间一切法的缘起性空性，同时还会证得一切法的当下本来清净、无生无灭、不可得性，由此断除对于世间享乐的贪著以及苦难的恐惧，获得清净自由的智慧知见和断欲、增福、究竟解脱的能力。

无论是大乘佛法还是小乘佛法，都将证得对于世间法的虚幻不实性，从而解脱世间一切欲望和生死的束缚，获得解脱自在的果报，并以此作为每个人清净自我身心的重要方法。这一方法的核心点是无我论，理论基础是万法唯心论和缘起论。万法唯心论是佛教的根本理论，它的基本表述是"三界唯心，万法唯识""一切唯心造"（《大正藏·大方广佛华严经》），即认为宇宙之中的欲界、色界、无色界等三界的所有物质和精神现象皆由一心（即如来藏真心本体）所变现，心为万物之本体，心外无别法，法外无别心。心是宇宙万法的实相，是一切生命现象和非生命现象的生发者和本源，唯心能够变现一切法，唯心能够改变一切法。由于一切唯心，而心本空净，空净故无我，无我故不需执着而自生烦恼。缘起论是一种揭示世间法的因缘生灭性和虚幻性，从而奠定人们洞悉世间生活，放下一切俗缘，建立慈悲道德人格和走向生命解脱的理论。《杂阿含经》偈语"此有故彼有，此生故彼生""此无故彼无，此灭故彼灭"（《大正藏·杂阿含经》）所揭示的，就是世间事物缘起性空的实质。缘起论则包括了两方面的观念："缘起性空"和"性空缘起"。前者是佛教解释世间法性空实质的观点，其主要含义是说世间万法皆由各种因缘和合而生起与消失，这种由众缘和合而成的诸法没有独立不变的真实性，其性本空，都是虚幻不实的暂时现象；后者则是佛教解释世间法生起因缘的观点，其含义是说，正是由于世间万法并无独立真实的自性，因此才须借助诸缘的和合而得以生起与变化。《中论》"以有空义故，一切法得成；若无空义者，一切则不成"（《大正藏·中论》）所明示的正是这一道理。世间一切法皆悉因缘而生，因缘和合故而无实性，因无实性，故无有我，世人的自我观念，实为虚妄。

无我论是在唯心论和缘起论基础上建立的破除自我观念的理论。无我，又称非我，是针对众生虚妄意识的自我执着而建立的人生观念。众生的"我执"主要有两种：一种是认为世间生命有常一之主宰，这是"人我"观念；另一种则认为世间有一永恒存在的物质性、规律性或真理性的主宰者，这是"法我"观念。另有两种相对的我执：对自己而言执着有我，谓之"自我"；对他人而言执着有我，谓之"他我"。这些我执都是虚妄意识的反映，而非真实的见解。龙树菩萨《大智度论》云："无常、苦、空故无我，不自在故无我，无主故名为无我。诸法无不从因缘生，从因缘生故无我，无相无作故无我，假名字故无我，身见颠倒故无我，断我心得道故无我。以是种种，名为无我。"（《大正藏·大智度论》）即由于众生所说的"我"是没有永恒存在性的，是苦恼的，是空无自性的，因此是本性无我的。而一切法也是因缘而生的，故而亦无实性，唯有假名，因此也是空无自性的。这就是人无我和法无我的"二无我"之理。众生的我执是愚昧的体现，而无我的见地则是智慧的表达，证得毕竟无我的道理，就是证得了"无我智"，就能契入究竟无我性空真理，在此基础上，个体的修养才能够真正建立起来。

无我的境界，就是唯心、空、无生、常、乐、净的境界，也就是身心真正健康和光明无染的境界。无我境界的修得，对于修行者来说，至少能够产生四个方面的利益：一是可以消除自己的"我执"之心，由也就能消除对于与我相关的一切事物的贪恋心理和行为，达到真正不贪、不瞋和不痴的修养状态，进而灭除与贪、瞋、痴相关联的一切不善的心理和行为；二是由于"我执"的消除，修行者也就解除了一切事物对于人的束缚，获得了真实自由和自主的能力，使自己真正成为自己的主人，决定自己的命运，自由自主地做正当的事情；三是由于无我的遮蔽被去除，修行者的心灵就会真正敞开，世界的真实面目就会显现于前，人的智慧会真正涌现出来，从而具备从事世出世间事业的聪明才智；四是如果修行者在修得小乘的人无我的基础上，再进一步修得大乘的法无我，证得"二无我"的真实妙境，就能依于真实本心去观察事物，更为自在、完全利他和完满地从事世出世间的一切事业。

这种真实无我的修行及其境界，是个人对自己的身心进行治理的有效过程和良好结果，也是人类从事一切事业最为理想的人格基础。大乘佛教的菩萨行完全建基于这种无我境界之上，菩萨由于无我而不再如凡夫一样地恐惧自我的丧失，不再为自我利益的获得而苦恼和忧愁，不再将他人看成是自我发展和获得享受的障碍，相反，他们将会把一切众生看成是自我成就的伴侣、协助者和必要条件，从而真实地为众生提供服务，付出心血乃至于生命。这种无我的、无畏的布施性付出，是一种真正的服务，在这种服务中，人们没有服务者与被服务者的分别，一切都是自然的和亲和的："在真正的服务中，存在的是互惠的关系，没有'帮助者'，也没有'被帮助者'。"（贾许，2009：417）这种无我的服务观念与意识，也就是无相的观念和意识，人们在这种意识里从事任何利他的事业，就如同从事自己的事业一样，完全是欣然无忧和快乐自在的。这种菩萨式的清净无我的服务理念与行动，是佛教从个人自觉自治通向群体和合共治的一个无限广阔的自由通道。

三 "和合"善缘与共治：佛教治理的 群体互动层面

佛教虽然以社会个体为社会治理的起点和核心，但这并不等于说佛教不重视社会治理的集体或群体的功能。恰好相反，佛教以其因缘观，论证了在人的自觉和整个人类社会的自觉与良好建设中众生集体和合力量的重要性。如前所述，佛教缘起论以因缘关系揭示了人类社会一切事物和现象的共同关联性，这种关联性不仅体现在世间事物之中，也体现于出世间追求之中。《法华经》云："佛种从缘起，是故说一乘。"（《大正藏·妙法莲华经》）不管是社会性的事业，还是成佛这样的终极事业，都是依从缘起法则而得以建立的。从修行解脱方面而言，人类个体生命的解脱和圆满成就，其核心是个体性的，而其过程却具有极其突出的集体性和组织性，因此，集体要素与力量的和合是社会治理的永恒性动能。离开集体的力量，个体的成就无法实现。佛教的这种和合共治观念，主要包含在佛教寺院和僧团的自治方面，同时也表现在佛教对于社会事务的关注和教化性参与方面。

僧团和寺院是古代中印等国家治理范围内最为重要的社会组织之一，也是现代国家中的重要社会群体和组织之一。僧团和寺院的建立和建设是佛教自身组织化治理的基本内容，也是佛教治理理念的现实化过程。自古至今，佛教僧团和寺院一直奉行着清净无染、僧人自律、僧团和合、僧事协商、利益共享和戒律共遵等具有治理理性的观念与行为准则，因此佛教的僧团成为古今历史上治理得最为成功的人类群体之一。佛教僧团和寺院所奉行的治理理念是"和合"，基本的行为准则就是"六和敬"。《别译杂阿含经》云："所谓僧者，名为和合。"（《大正藏·别译杂阿含经》）和合是指因果众缘集会，互不相违争讼，亦不乖离。比丘三人已上集会同处，守持同戒，共行同道而不相离，以增上道力，共成道业，即是和合僧。与和合相反的就是不和与相违，也就是僧人之间心意相背、价值相对、利益相争、言语相抗以及结成帮派、谋取私利的行为，这正是僧团组织所要治理的问题。六和敬就是针对这些容易出现的问题而提出来的僧团内部自我治理的基本准则。关于六和敬的内容，北宋释道诚所集《释氏要览》引述《南山钞》的话说："言和合者，有二种：一理和，谓同证择灭故。二事和，此别有六义：一戒和同修，二见和同解，三身和同住，四利和同均，五口和无诤，六意和同悦。"（《大正藏·释氏要览》）六和敬涉及守戒、见解、居住、财利、言语和心理等从物质、观念到制度等各个方面，而这些方面的共同点就是一个"和"字，"和"字体现了佛教群体自治的民主性、和谐性和向上性等特点。

济群法师通过对原始僧团运用戒律进行管理的历史考察，指出原始僧团的管理体现出公有制、平等、民主、法制、自由的特点。[①] 在这些特点中，除了公有制这一点与治理实践没有直接的关联性（但从间接来看仍然是具有相关性的）以外，其他四点都是治理所需要的基本方式。除此之外，还应当加上"协商"的内容。佛教僧团和寺院的治理方式及其优点可从这五个方面进行简要述论。

首先，佛教僧团的治理是一种平等的共治过程。佛教认为诸法的体性是平等无差别的，因此要以平等心等视一切众生，对一切众生不起怨亲差别之见，同等慈愍。针对印度严格的种姓等级制度，佛教在建立僧团过程中提倡僧众一律平等，也要求僧人平等对待教外的一切人。虽然由于出家时间的长短、年事、男女的不同而在不同的僧人之间会有礼仪上的不同要求，但是修行者的人格是平等的，学法和修法的权利是平等的，相互扶助和照应的关系是平等的，修道成就的标准是共同的。佛陀就曾经为有病的僧人洗浴、煎药和从事其他劳务，成为僧团平等的典范。即使是寺院的管理者，也不享有任何修行上、生活上和劳作上的特权，他们除了为僧众服务之外，没有额外的利益。

---

① 济群法师：《从戒律看原始僧团的管理体制》，载"慧海佛光"网，http://www.hhfg.org/xx-sz/f259.html。

其次，佛教僧团的治理是一种民主式的共治过程。在佛陀时代，除了佛教对于宇宙万法的真理是由佛陀一人所宣说之外，僧团和寺院中的一切事务都是由僧团以近乎绝对民主的方式来处理和完成。这里最为典型的是僧团中的羯磨制度。"羯磨"意为业、办事、作业等，是寺院中举行授戒、说戒、忏悔和处理日常僧团公共事务时所应遵循的程序，这种程序在参与人员的资质、羯磨的人数和通过事项的人数方面都有明确和严格的规定。羯磨的事项一般要求全体一致通过才能生效，因此，"羯磨法的精神，与现代的议会程序比较，那就显得更为庄严神圣了，现代的议会提案，通常是三分之二投赞成票者，便算通过，有的则以超过半数为准，有的则以超过四分之三为准，但却绝少有要求一致通过才算合法的。佛教的羯磨法，通常多是要求一致通过的，僧中只要一人有异议，便是僧不和合，便是羯磨不成。仅有灭净羯磨是行黑白筹（投票）而取多数表决的"（圣严法师，2006：218）。"没有健全的议事法，绝难产生理想的民主制度，佛教僧团之能完全合乎民主精神，便是由于羯磨法的功效"（圣严法师，2006：217）。另一个具有民主性的僧团制度是寺院管理制度。在中国佛教史上，寺院尤其是禅宗寺院形成了以"四大班首"和"八大执事"为主体的修学、组织管理与监督体系。在这些管理者中，处于最高位置的方丈一般是由僧团推举智高德劭的高僧担任并经政府认可，有时也是由政府直接任命，这一点反映了佛教僧团自治与政府管理的结合性特点。其他的管理者则是由方丈推举而后由僧众通过的，或者是由僧众直接选举的。这种系统而有序的组织体系对于维持寺院和僧团的纪律，保持佛教在社会中的崇高形象和积极影响，保证修行的顺利进行和对社会大众的度化事业起到了重要的作用。另外，僧团中还有一种著名的"自恣"戒律，也是一种重要的民主反省的制度。这是一种在夏安居之竟日僧团举行会议，相互忆罪、发露、忏悔以求改过自新的制度。甚至有学者认为，毛泽东提倡的共产党内的"批评与自我批评"的作风，极有可能源于这一佛教的民主规范（劳政武，1999：183）。

再次，佛教僧团与寺院的管理遵循法治的规则，这种法治就是依据戒律处理一切僧众事务的制度和行为方式。佛教僧团的"法律"就是戒律，戒律从制定到执行，再到对于违反戒律行为的处罚，都是遵循一定的规则，并且由僧团集体做出的。戒律并不是出于某个人的主观意愿而制定的，而是随着形势的发展制定出来的。"戒律不是预先订定的，而是'随犯随制'——有人犯了一件事，才制定一条戒条"（劳政武，1999：34），这一点表明了佛教制定戒律的现实性、稳妥性、慎重性和严肃性。戒律针对不同层次的修行者有不同的要求和约束，也有在戒条的数量上和质量上的区别。对违犯戒律的行为以其轻重程度规定了从逐出僧团到内心自责的不同处罚制度，同时也为犯戒者提供了进行忏悔灭罪的方便方法。僧团中还有一个重要制度也是具有法治性质的，这就是"布萨"。布萨为"净住""善宿""长养"之意，是指僧团每半月（十五日与廿九日或三十日）集众僧说戒经，使比丘住于净戒中，能长养善法；也指在家信众于六斋日持八戒而增长善法的做法。僧团布萨时要求一定区域内的比丘须全体出席，否则为不合法，如有比丘有不清净行为者，要先在会上发露忏悔。这是佛教僧团中定期的戒律宣讲活动，对于僧人牢记戒律，受持不犯具有重要的意义和作用。

复次，佛教僧团的治理是一种协商式的共治过程。这种协商源于佛教的平等、民主、对人尊重和慈悲的基本理念，也可以说是这些理念的实践结果。佛教僧团中的协商在羯磨等议事活动中得到了充分的体现，也在佛陀与人讨论真理时得到了突出的体现。例如，在制定僧团戒律和管理规章时，"规定必须尽一切努力辩论、调和、折中不同意见，以达于全体一致。若此点失败就会引起团体的分裂，大家认识那是极端危险的"（渥德尔，1987：58～59）。反复协商一致的做法是与佛教对人们的自觉要求相一致的，其目的是尽可能保证不同人的意见得到人们的充分重视，同时也能够使僧团的共同行动在全体成员经过反复协商而一致同意的情况下得到顺利的开展。佛陀的说法也显示出一种带有协商性及自由而和气地进行讨论的性质："佛陀的性格特质在经文中随处可见的是他的安静和平，永不动摇的追求真理。……佛陀一个最显著的特点，他总是使他的谈话适应所欲说服的对象，他在辩论中的谦虚礼貌态度也由此得来：他不当面驳斥别人的观点和修行方法，挑起对方进行辩论证明自己有理。他的方法倒像是采取别人的观点，然后利用问答来修正它，直至得出的结论与自己的意见相一致"（渥德尔，1987：63～64）。

最后，佛教僧团的治理也是一种自由性的共治过程。自由是治理理念中的应有之意，因为自由正是治理的基本目的之一，同时也正是自由保证了治理的非强制性和公意性。僧团的自由可归纳为五个方面①：（1）僧团是个追求自由

① 济群法师：《从戒律看原始僧团的管理体制》，载"慧海佛光"网，http://www.hhfg.org/xxsz/f259.html。

的团体。(2) 从简化的管理体制中得到自由。"在分散的教团之上,除了在世的佛陀本人和他所传的教义理论和戒律,没有设立更高的权力机构"。这样做的目的就是为了保证修行者能够没有人为拘束地、自由自在地修持德性,体悟大道。(3) 从淡泊物质中得到自由。(4) 从简单的人我关系中得到自由。(5) 从解除困惑中得到自由。可以说,自由是修行者们获得世间解脱利益的前提,正是这种自由保证了佛教僧团对于无上佛法的证悟。

佛教和合共治理念的另一个表现,是对社会生活的关注和善德性引导,这是佛教参与社会治理的一种积极作为过程。对于国家和社会而言,佛教把自己看成是国家和社会想要建设的精神文明和道德规范的辅助建设者,所谓"阴助王化"的说法即是此意。社会治理的最小元素是个人,而群体的起点是家庭,扩展环节则是社会组织和国家。佛教在其社会教化的观念和行为中,特别强调人们对这些逻辑环节的奉献性行为。《佛说观普贤菩萨行法经》在说到居士忏悔法时,提出"但当正心,不谤三宝"、"孝养父母,恭敬师长"、"正法治国,不邪枉人民"、"于六斋日,敕诸境内力所及处,令行不杀"及"深信因果,信一实道,知佛不灭"(《大正藏·佛说观普贤菩萨行法经》)五种忏悔方法,涉及正心和尊重信仰、躬行孝敬之道、依据正法治理国家、不造杀业、深信因果法则五个方面,这些正是社会治理的重要内容。佛教关于回报四恩的观念与作为更是集中地表现了佛教的社会性行为取向。《本生心地观经》云:"世出世恩有其四种:一父母恩,二众生恩,三国王恩,四三宝恩。如是四恩,一切众生平等荷负。"(《大正藏·大乘本生心地观经》)佛教将这些具有社会现实意义的价值观和行为看成是一切众生的本分,也是成就解脱道和成佛的必备基础。佛教著名的《善生经》、《玉耶经》、《佛说盂兰盆经》及《地藏菩萨本愿经》等经都是佛教倡导孝敬父母、夫妻和睦、家庭幸福及修善和超度亡故父母和亲人的重要典籍。佛教净土宗将孝敬等世间道德修养看成是"净业三福"之一,也是三世诸佛成就净业的正因,由此可见佛教对人类群体性与公共道德的高度重视。更进一步,佛教将孝敬的精神扩大到整个众生层面,要求人们对一切众生"作佛菩萨想""上报四重恩,下济三涂苦"(《大正藏·龙舒增广净土文》),为一切众生的共同解脱而修行。现代中国佛教界所提倡的"人生佛教"和"人间佛教"的理念,也是佛教更加偏重世间善道的建立,朝向利乐现实人类的方向发展的一种尝试。

四 佛教净治理念在现代社会中的价值

作为一种古老的宗教文化传统，佛教的治理理念与实践在现代社会还会具有借鉴和利用的价值吗？如果有，这些价值是什么？如何充分地利用这些价值为现代社会的治理服务？对于这些问题，本文的回答是：其一，现代社会与传统社会、现代性与传统性之间并非是对立关系，二者之间并不存在一条不可逾越的鸿沟，而是存在着无法割断的人性和历史联系。因此，从历史继承性的角度来看，佛教治理理念在现代社会仍然具有不可替代的重要价值。其二，佛教文化及其治理理念并未过时，而是仍然活在当下，因为全球仍然有数亿人或者出家而于寺院中参与着僧团的治理，或者以在家居士的身份在践行着佛教的义理，参与着佛教事务的管理与治理过程。其三，治理作为一种人类共同的行动，并非只允许一种模式，而是可以有不同文化背景下的多种模式。中西文化在治理问题上各有其独特的理念和实践经验，如果能将这些独特性结合起来，可能就会产生更为持久和有益的治理效果。如前所述，佛教的治理理念和实践既具有与现代治理理念非常一致的地方，又具有一些与现代治理相比较而显现出来的独特之处，将这些共同性和独特性结合起来看，就会清晰地感受到佛教治理理念和行动的魅力。

佛教的治理理念和实践对现代社会至少有四个方面的启示价值：

首先，佛教将个人作为治理的起点和重心，倡导个人自觉自治的理念和实践，对于现代人类的个人自治具有重要的启示意义和指导价值。现代治理理论虽然也讲个人在社会治理中的主体作用，但并不重视个人的自治作用，而只看重个人参与社会治理的过程问题，致使治理行动常常不得要领。佛教以个人自治为起点寻找解决社会问题、善治和净治社会的良策方法，抓住了治理的根本，这是值得现代治理主体们所深思的。只有个人的修养达到了无我的境界，治理过程才能够真正做到治理主体之间彼此"尊重—协商""妥协—中和""让利—互利"的"利和同均"等六和敬，实现具有高度共同性和一致性的共治理想。

其次，佛教的治理理念及其实践活动具有十分突出的现代性，这为佛教治理观在现代社会的运用奠定了良好的基础。这些具有现代性的佛教治理理念包括：（1）治理主体的平等性；（2）治理主体的全体参与性；（3）治理过程的充分的协商一致性；（4）治理行动的自觉性和非强迫性；（5）治理行动的严格法治性；（6）治理过程各个环节的和合无害性；（7）治理目标的生命自由性。

再次，佛教以心为本，特别重视对于人类精神的提振和精神解脱的理念，这是现代社会所缺乏的，因此也是现代社会应当着力学习和效仿的治理方式。中国的儒、佛、道都很重视人的内在精神在一切社会事业中的中心作用，以万法唯心作为理论宗旨的佛教在这一取向上更为突出。佛教建立于善治基础之上而又高于善治的净治观，具有更为清新畅达的精神治理的意义，可以极大地提升人们的精神境界，净化人类的精神风尚，为社会治理提供真正有力的精神文明支持。按照佛教理论，众生之所以会在世间造作种种恶业，使人类社会无法成为清净平安的社会，都是由于心的虚妄分别和贪恋痴迷造成的。现代社会所出现的各种矛盾和冲突，不论有多少具体原因，从根本上看都是由于人心的不善造成的。所以，治世要从治心开始，到净心结束。佛教的清净自心、清净一切众生心灵的理念和实践，尤其是其顿悟心性本体，当下超越一切世俗利益和观念的旨趣，对于迷惑于世间自我假相的人们来说，无疑是振聋发聩的清净警钟。

最后，佛教以悟解一切法相特性，通达世出世间和三世因果的智慧力所形成的随顺众生、随顺世间的理念，使其理念具有了超越时代性和各种社会分别观念的贯通性和融合性特点。这一点是佛教具有强烈社会适应性的表现。佛教所具有的超越时代与群体偏见的"不二"性融通思维方式，以及它在一切时代和社会都以几乎绝对平等的眼光看待一切众生的宽阔视野，集中精力关注和解决众生最为重视的生死苦恼等共同性问题的行动宗旨等要素，是人类治理观念和实践的可贵资源。这种具有人类共同性的理念和行动特点，可以成为现代人类社会真正关注人本身，形成持久有效的治理合力的有益借鉴。诚如杜继文先生所言："佛教是产生历史最久，影响人口最多的世界性宗教，直到今天，仍有旺盛的生命力。这一现象是很值得研究的。究其原因，我以为至少有一个因素是不可忽视的，那就是它对人生问题的深切而广泛的关怀。在理论上，佛教会不间断地探索人生价值，众生本原和众生归宿；在实践上，曾提出或试验过解决人生苦难和烦恼，以至生老病死无常等困惑的种种方案。……可以说，正是佛教的这一内在特性决定了佛教发展的普遍性和持久性。"（杜继文，2003：79）由此可见，佛教的治理理念充满着生命活力，可以在现代社会里大放光彩。

参考文献

杜继文（2003）：《中国佛教的净土观念和社会改革观念》，载杜继文《中国佛教与中国文化》，北京：宗教文化出版社。

〔美〕贾许、盖瑞（2009）：《佛教一本通》，方怡蓉、王金雷译，西安：陕西师范大学出版社。

〔美〕罗西瑙、詹姆斯·N. 主编（2001）：《没有政府的治理》，张胜军、刘小林等译，南昌：江西人民出版社。

劳政武（1999）：《佛教戒律学》，北京：宗教文化出版社。

〔法〕斯莫茨，玛丽－克劳德（1999）：《治理在国际关系中的正确运用》，《国际社会科学》，（2）。

圣严法师（2006）：《戒律学纲要》，北京：宗教文化出版社。

〔英〕渥德尔（1987）：《印度佛教史》，王世安译，北京：商务印书馆。

俞可平（2000）：《引论：治理和善治》，载俞可平主编《治理与善治》，北京：社会科学文献出版社。

——（2004）：《增量政治改革与社会主义政治文明建设》，《公共管理学报》，（1）。

郑杭生（2014）：《"理想类型"与本土特质——对社会治理的一种社会学分析》，《社会学评论》，（3）。

"Anatta" Self-governance and "Harmonious" Co-governance
—Research into Buddhist Concepts on "Clean Governance"

Jia Yingsheng

[**Abstract**] Buddhism is a system of religious culture, about getting free from chains of life and death, and achieving perfection, with the ultimate goal being renouncing the mortal world. However, those practicing Buddhism also live a mortal's life. They participate in the society with transcendence in both spirit and action and Bodhisattva deeds to help common people. They take the individual "anatta" (Buddhist concept of non-self) self-governance and the group's co-governance as the two paths to establish a peaceful and quiet society, which provides a unique perspective and practical mode for the human society's benevolent governance. The governance concepts of Buddhism can be boiled down to "clean governance". Given that today's people are pursuing the goal of modernization, the cultural system on practicing Buddhism and the concepts on harmonious organizations of the society constitute part of the important resources which people of today can draw on for benevolent governance.

[**Keywords**] buddhism; clean governance; "anatta" self-governance; "harmonious" co-governance

（责任编辑：林志刚）

关联理事的筹资效应：基于高校教育基金会与校友会的关系研究

颜克高　罗欧琳[*]

【摘要】在我国，高校教育基金会普遍通过关联理事策略，建立与校友会的资源共享平台，从而达到提高筹资能力的目的。以资源依赖理论和社会网络理论为支撑，基于 88 例样本数据，本研究实证检验了上述关联理事策略的有效性。研究结果显示：秘书长关联对筹资能力有显著的负向影响；而理事长关联和关联幅度对筹资能力的影响并不显著。在现有的管理体制下，高校教育基金会可通过进一步规范理事选聘的制度和程序，促进个人资本向社会资本的转化，推进执行层的职业化和专业化，突破关联理事策略失效的治理困境。

【关键词】高校教育基金会　校友会　关联理事　筹资能力

一　问题的提出

20 世纪 90 年代以来，我国高校教育基金会发展迅速。2007 年底，民政部门登记的高校教育基金会仅 50 余家；截止到 2011 年 8 月，国内已注册的高校

---

* 颜克高，湖南大学法学院副教授；罗欧琳，湖南大学法学院公共管理专业 2013 级研究生。本文是全国教育科学规划教育部青年课题"高校教育基金会的内部治理研究"（EIA130406）的研究成果。

教育基金会达到 241 家（郭秀晶，2009）。2012 年，北京大学、清华大学、厦门大学、浙江大学等 9 家高校教育基金会的年度捐赠收入过亿，其中清华大学教育基金会、北京大学教育基金会、浙江大学教育基金会位列前三，分别为 8.02 亿元、3.8 亿元和 2.06 亿元，为所在高校的教学、科研等提供了重要的资金补充。①

高校教育基金会的发展必须要依靠社会各界资源，尤其是校友资源。为充分利用和管理校友资源，各高校均设立了校友会，一方面为校友提供社会交往和资源共享平台；另一方面让校友通过资助和参与母校活动等方式促进大学发展。同时，为了更好地向校友和社会募集、管理捐赠，各高校纷纷成立了以募集教育资金为目的高校教育基金会。根据本文手工搜集的 88 组数据，其中，92% 的高校通过在基金会与校友会之间设置关联理事，即部分人同时在基金会和校友会的理事会中担任理事，以加强两个组织之间的联系；5% 的高校采取基金会和校友会合署办公方式，即两块牌子，一个班子；只有 2% 的高校基金会与校友会是完全分立的情形。② 理事会是组织治理的核心，关联理事能够建立起高校教育基金会和校友会间的沟通渠道，为资源的跨界流动提供可能，从而提高组织捕获资源的能力。

通过检索国内外相关文献，我们发现国外关联理事的研究已经经历了较长时间的发展，取得了一定的研究成果（Zald & Lounsbury，2010）。学者们从不同的理论视角出发，来解释关联理事的成因和关联理事对组织的影响（Shropshire，2010）。近年来，国外关联理事研究转向聚焦于关联理事促进组织间资源、信息流动产生的价值。而在中国，关联理事及其筹资效应的研究近十多年以来才受到学者关注，且相关研究主要集中于公司治理领域，且研究结论并不一致（任兵、区玉辉，2001；彭正银、廖天野，2006；段海艳，2009）；到目前为止，我们还暂未检索到中国非营利组织关联理事的相关研究报道。

显然，高校教育基金会作为一种资源依赖性机构，其自身并不能提供发展所需的全部资源，必须依赖外部环境尤其是校友会才能获得赖以发展的资源，其对于资源环境的依赖远胜于营利性行业，因此，能否通过关联理事策略与外

---

① 数据来源于基金会中心网各高校教育基金会 2012 年财务数据，http：//www.foundationcenter.org.cn/。

② 数据来源于基金会中心网、各高校校友会门户网站。

部资源环境进行有效的交换，也就成为高校教育基金会发展的关键。组织资源状况的改善和筹资能力的提高是多因素作用的结果，中国高校教育基金会和校友会之间的关联理事设置，是否达到了预期目的，提升了基金会的筹资能力？同时，国外的制度环境与正在经历着社会、经济剧烈变化的中国不能同日而语，国外的研究成果很大程度上不能为我国非营利组织的发展提供有力的支持。基于此，本文以高校教育基金会为研究样本，试图研究在中国情境下高校教育基金会与校友会的关系对筹资能力的影响，深入研究关联理事建立对筹资能力的作用机制，一方面，可以为中国高校教育基金会的发展实践提供有力的经验证据；另一方面，也为丰富我国非营利组织领域关联理事的研究做出理论贡献。

与前人的研究相比，本文的研究意义在于：第一，拓宽了高校教育基金会理事会研究的视角，不仅从理事会自身特征考虑，同时从关联理事策略，与外部资源交换的角度研究筹资能力，是一种创新尝试。第二，丰富了高校教育基金会治理领域的研究，国内目前在此方面的研究还是空白，本文尝试从关联数量、关联质量，考察关联理事的筹资效应，是目前文献中还没有的思路。

二 理论分析与研究假设

（一）关联理事的影响因素研究

近几十年来，关联理事建立的理论解释及其影响研究不断深入和发展，逐步形成了资源依赖理论、社会网络理论两个主要的理论框架。资源依赖理论主要从组织间关系的视角来分析组织行为，认为组织会通过与拥有其匮乏资源的组织建立关联，以获得更多符合组织利益的权力，关联理事策略就是其中一种（Pfeffer & Salancik，1978）。社会网络理论主要从嵌入性视角来解释包括关系内涵、关系强度在内的社会关系维度对组织行为的影响（Granovetter，1985）。这两种理论对关联理事的建立、关联理事对组织绩效的影响都有一定的解释力，但是关联理事的建立及其治理效应的发挥是一个非常复杂的决策过程，用任何一种理论都无法充分说明组织间关联理事作用机制的复杂性。因此，本文尝试从多理论视角对非营利组织领域关联理事的作用机制进行研究。

（1）资源依赖视角。关联理事的建立可以减少外部环境的不确定性，促进资源流动，降低交易成本（Pfeffer & Salancik，1978）。任何组织的生存都离不开关键资源的供给，对于中国这样制度尚不完善的国家来说，资源的匮乏和分配的不均更是每个组织急需解决的问题。因此，高校教育基金会通过关联理事策略等非正式机制，弥补正式制度的缺失。通过关联理事策略，关联组织可以以较低的成本实现组织的资源交换，规避资源约束，改善财务状况。具体而言，资源依赖视角下关联理事的成因包括以下两个方面。

高校教育基金会出于对合法性的追求建立关联理事。Pfeffer & Salancik（1978）在对资源依赖理论的论述中提出理事能为组织带来合法性方面的益处。当投资者决定向另一家企业投资时，鉴于被投资企业管理水平和组织控制方面的考虑，通常会任命本组织内部的重要人物或者知名人物到被投资组织担任理事，企业便由此传达出了自身是值得投资的合法性信号，企业对合法性的追求被认为是企业建立关联理事的重要原因（Bazerman & Schoorman，1983）。在中国国有企业中，国家指派国家工作人员在国企中担任理事的普及程度也体现了企业对于合法性的追求（任兵，2001）。合法性对于非营利组织来说更为重要，因为来自公众的捐赠是大多数非营利组织生存的基本保障，而只有那些被认为是值得信赖的非营利组织才更有可能从潜在捐赠者那里获得资源（Jang & Feiock，2007；Suchman，1995）。Galaskiewicz, et al.（2006）认为组织声誉是一种"与谁连接的功能"，因此，通过依附于高地位组织，非营利组织能提高自身的地位和声誉。合法性追求是组织建立关联理事的重要驱动力量，高校教育基金会与校友会间的情况亦是如此。对于校友会而言，与高校教育基金会关联理事的建立，传达出了高校教育基金会值得信任的合法性信号，这也就大大提高了高校教育基金会利用校友会平台筹资的成功率。

组织财务状况也与高校教育基金会关联理事的建立紧密相关。Daily & Schwenk（1996）在研究中发现，独立理事和关联理事在理事会中所占的比例与公司破产重组过程有着积极的关系，与公司在破产上花费的时间成反比，这是因为在公司破产重组过程中，独立理事和关联理事作为重要的资源供给者，会对组织的财务重述等方面发挥积极的作用。与营利性组织相比，资金获取对于高度依赖捐赠收入的高校教育基金会具有更为重要的意义。因此，财务状况差的高校教育基金会，由于自身资源的匮乏，会积极地通过关联理事等方式建立与诸如校友会等其他组织的联系，实现资源的边界跨越，改善组织的财务状况。

资源依赖理论主要是从合法性和改善组织财务状况两个方面为关联理事的

形成提供了解释。但是，关联理事在改善组织资源状况，促进资源流入的同时，也不可避免地会发生资源流出问题。当资源流出量超过一定限度，组织反而会遭受损失，关联理事策略将面临失效的危机。

（2）社会网络视角。关系一直被视为理解中国式管理（Farh et al.，1998）以及交易行为的关键词语（Granovetter，1985）。高校教育基金会每个理事的关系交织在一起就形成了一个社会关系网络，每一个人的行为都镶嵌在社会关系网络中，在影响他人选择的同时也受到社会关系网络的制约（Granovetter，1985）。从本质上来说，关联理事只是一种资源的载体，关联理事的真正价值在于蕴含其中的社会资本。

从嵌入性角度出发的社会网络理论认为，每个人的行为都受到社会网络中人际互动的影响。理事在做出决策之前，固然会受到个人偏好、专业背景的影响，但是理事的决策也需要通过社会网络与外界不断地交换信息，获取专业知识（谢德仁、陈运森，2012）。组织决策是一个根植于社会网络的动态交流过程，镶嵌在社会网络中的组织会通过建立诸如关联理事等形式的组织间关系，来实现对社会资本的追逐。

社会网络理论将人与人之间的关系划分为强联结和弱联结（Granovetter，1985）。从强弱联结理论出发，关联理事的形成动机包括组织动机和个人动机。基于组织动机形成的联结是强联结，组织动机是指出于监督控制、资源获取需要建立的关联理事。基于个人动机形成的是弱联结，个人动机是指出于个人利益或阶层利益所形成的关联理事。出于对组织或者个人、阶层利益的追求，组织都有可能会建立关联理事，发挥强弱联结各自的优势，使组织受益。高校教育基金和校友会之间的关联理事，主要是基于监督控制、资源获取的组织动机而建立，因此认为两组织间关联理事关系为强联结。

社会网络理论主要是从嵌入性视角和强弱联结优势理论对关联理事的成因做了解释。不容忽视的是，嵌入性在带来关系租金的同时，也有可能使组织付出巨大的代价，强弱联结在带来收益的同时也会带来损失（Uzzi，1997）。问题的关键在于如何通过巧妙的机制设计使得嵌入性保持在一个合理的范围内，最大限度地发挥强弱联结的优势，规避过度嵌入的陷阱。

（二）关联理事与组织绩效的关系研究

关联理事会对组织绩效产生正向影响，Galaskiewicz & Wasserman（1989）

基于 75 家公司和 198 家非营利组织的研究发现，当本公司主管在非营利组织担任理事时，该公司更愿意向非营利组织捐赠。Galaskiewicz, et al. (2006) 的研究发现社会网络对于商业型非营利组织的成长具有负效应，对于捐赠型非营利组织的成长具有正效应。Berardo (2009) 以佛罗里达州西南部 41 个合作项目为研究样本发现当前关系的强度对于维护合作关系十分重要。具体来说，其研究表明组织之间的强联结使得组织更有可能在未来有后续的合作。Esparza & Jeon (2013) 以 523 家非营利组织为样本，研究组织间关联理事的建立情况所带来的影响，研究结果显示，关联理事能够给组织提供获得信息和合法性的渠道，进一步提高非营利组织获得捐赠的可能性。

关联理事主要通过以下途径对组织绩效产生影响。首先，关联理事建立的资源网络提供使组织克服外部环境的不确定性所需的信息 (Burt, 1983)。这些信息包括科学技术或者是关于产业、社区环境的信息，这些信息通常能使管理者做出理性的战略规划和更有效率的计划。其次，关联理事能够促进资本（贷款、投资、捐赠和补贴）、客户、设备和其他物质资源跨越组织边界的流动 (Provan & Milward, 1995)。Ring, et al. (1992) 认为只有担当边界跨越角色的理事才能促进组织间关系的发展和产生效益。最后，关联理事的社会网络结构位置也能产生激励作用，促进资源在组织间流动。如果行动者 A 认为行动者 B 从事的是高品质的工作，行动者 A 更愿意提供给行动者 B 信息或者捐赠款项等一系列资源。也就是说关联理事能够促进组织间资源跨界流动的原因是因为理事处于社会网络中的较高地位，并拥有良好声誉。

对每一个具体的高校教育基金会而言，其成功的关键在于是否能获取资金、信息等关键资源。高校教育基金会和校友会之间关联理事的建立，会使高校教育基金会从多方面受益。首先，有复合专业背景的关联理事可以使高校教育基金会制定更为科学、合理的战略规划，同时，关联理事能在关键资源的获取上提供帮助，进而在整体上提高理事会对高校教育基金会的驾驭能力。此时，拥有更多的关联理事意味着高校教育基金会能从多渠道获取资金、信息并以更广阔、客观的视角制定战略规划。同时，在关联理事数量相同的情况下，理事在社会网络中所处的位置就会发挥决定性的作用。在网络中拥有更好的位置，比如与校友会的理事长和秘书长建立了关联理事，意味着高校教育基金会在资金获取关系中拥有更多的话语权，对校友会拥有更多的控制权。由此可见，理事在社会网络中所处的位置，即关联理事的质量，会影响资金获取状况，进而影响高校教育基金会的筹资能力。综上所述，关联理事的数量和质量都会对高校教育基金会筹资能力产生影响，关联理事数量越多，关联幅度越大，筹资能力越强；关联理事的质量越高，关联强度越大，筹资能力越强。

基于以上分析，本文推出以下研究假说：

H1：高校教育基金会与校友会间关联理事的设置有利于提升高校教育基金会的筹资能力。

为便于分析与检验，我们将 H1 分解为下面的研究子假说：

H1a：高校教育基金会与校友会间关联理事的数量越大，高校教育基金会的筹资能力越强。

H1b：高校教育基金会与校友会间关联理事的质量越高，高校教育基金会的筹资能力越强。

三 研究设计

（一）样本和数据

本文研究的初始样本来自基金会中心网公布的高校教育基金会 2010 年、2011 年、2012 年的财务数据、理事会名单数据。同时对高校校友会网站进行检索，最后搜集到 88 组可用数据。在数据整理过程中，按照以下原则对数据进行处理：（1）剔除数据不全的样本；（2）剔除 1% 和 99% 分位数之外的异常值。本文对三个年度的财务数据取均值处理，主要是出于以下考虑：在数据搜集过程中发现，理事会名单数据呈现出很强的稳定性，届期内的变动甚少，此时，与仅采用一年数据的处理方法相比，采用三年的财务数据能更客观地反映高校教育基金会筹资能力，既充分考虑关联理事对筹资能力影响的时滞效应，也能通过数据取均值处理办法弱化个别异常波动对实证分析结果的影响。

（二）因变量

筹资能力是指高校教育基金会通过一定渠道，采取适当方式筹措资金的一种能力。已有研究显示，大部分公益基金会的收入严重依赖捐赠收入（颜克高，2012），高校教育基金会与校友会的关系主要对捐赠收入产生影响，因此，在本义的研究中，我们用捐赠收入这一指标测量高校教育基金会的筹资能力，捐赠收入水平越高，则筹资能力越强。此外，Ritchie & Kolodinsky（2003）主张用总收入与筹资费用的比值测量筹资能力，更能准确反映筹资能力的内涵；然而，在我国，缘于高校与高校教育基金会间的依附关系，一些高校教育基金会的筹资费用由高校直接承担，筹资费用数据并不能真实反映高校教育基金会的筹资成本，导致该数据不具有可比性。

（三）自变量

（1）关联幅度（Range）。在已有研究中，学者通常使用关联理事数量作为衡量关联理事的重要指标。比如，卢昌崇等（2006）在研究中使用关联理事数量来测量组织间关联理事关系。高校教育基金会和校友会关联理事数量越多，则高校教育基金会可以通过更丰富的渠道，更低的交易成本获取来自校友会的资源，从而突破资源约束，改善财务状况。基于此，本文使用同时在高校教育基金会和校友会担任理事的人数作为衡量关联理事建立的重要指标，并命名为关联幅度。高校教育基金会和校友会的关联理事数量越多，则表示关联幅度越大；高校教育基金会和校友会的关联理事数量越少，则表示关联幅度越小。

（2）关联强度（Intensity）。关联理事的建立状况，不仅要考虑数量，更要考虑质量。在高校教育基金会和校友会拥有同等数量关联理事的情况下，关联理事质量越高，对高校教育基金会的影响越大。理事长和秘书长是理事会中的核心职位，特别是在中国的社会背景下，高校教育基金会和校友会通常具有浓厚的家长式作风。如果在高校教育基金会和校友会的理事会，理事长、秘书长由同一人担任，则认为两组织间具有高的关联质量。理事长是理事会的领导者，具有决策权；秘书长，是理事会决策的实际执行者，决策和执行是组织运转不可忽视的两个重要方面，两者对高校基金会的发展皆具有关键性作用，因此，本文将理事长和秘书长放在同等重要程度来考量。

基于以上分析，本研究用高校教育基金会和校友会之间理事长、秘书长的重合测量关联理事质量，命名为关联强度（Intensity），并根据重合的情形划分为理事长关联和秘书长关联。理事长关联（Intensity 1），如果基金会理事长和校友会理事长由同一人担任，则赋值为1，否则赋值为0；秘书长关联（Intensity 2），如果基金会秘书长和校友会秘书长由同一人担任，则赋值为1，否则赋值为0。

（四）控制变量

（1）组织规模（Asset）。目前的研究中，常常把非营利组织规模作为控制变量，Marlin，et al. (2009) 就将组织规模作为控制变量来研究非营利组织绩效。通常认为，规模较大的高校教育基金会已经经过了较长时间的发展，具有了完备的组织机构和详细的职能分工，标准化的工作流程和机构设置应当能够加强基金会和校友会之间的资源交换效率。因此，本文将组织规模设为控制变量。

（2）理事会规模（Size）。张立民、李晗（2012）在基金会内部治理机制的研究中指出，理事会规模越大越能显著提高基金会的整体绩效。Dalton，et al. (1999) 在研究中也发现，理事会规模和公司财务绩效之间具有积极的关系。通常认为，理事会规模越大，则高校教育基金会有更高的概率与校友会建立关联理事，这也就大大提高了关联理事为组织提供丰富资源的可能性。因此，本研究将理事会规模设为控制变量。

（3）学校影响力（Influence）。Bowman & Bastedo（2011）认为高校的排名会影响学校收益。高校的排名很大程度上反映了高校的综合实力，也为捐赠者判断学校的好坏，最终是否发生捐赠行为提供了参考指标。排名靠前的高校经常受到包括校友在内的潜在捐赠者较多的青睐，一方面，从利益的角度来说，捐赠者更有可能从排名靠前的高校获得诸如继续教育、人才对口培养等方面的优惠；另一方面，从情感角度来说，学校影响力能唤起校友内心的自豪感，使校友为母校捐款的动机更强。

表1　研究变量

类别	变量名称	符号	变量定义
因变量	筹资能力	Contribution	捐赠收入的自然对数
自变量	关联幅度	Range	基金会和校友会间理事重合人数的自然对数
	理事长关联	Intensity1	基金会理事长同时在校友会担任理事长，赋值为1，否则赋值0
	秘书长关联	Intensity2	基金会秘书长同时在校友会担任秘书长，赋值为1，否则赋值0
控制变量	组织规模	Asset	总资产的自然对数
	理事会规模	Size	基金会理事会人数的自然对数
	学校影响力	Influence	学校是985高校，赋值为1，否则赋值0

在分析中，本研究选取组织规模、理事会规模，以及学校影响力作为控制变量，筹资能力作为因变量，关联幅度、关联强度作为自变量，采用逐步回归的方法构建了五个回归模型。首先，在模型1中，选取控制变量和筹资能力构建回归模型。其次，在控制变量的基础上，加入关联理事因素，重点探讨关联理事对筹资能力的影响。关联幅度与控制变量一起进行回归分析构建模型2。考虑到理事长关联、秘书长关联必然意味着关联幅度的存在。因此，将关联幅度、理事长关联以及控制变量一起进行回归分析构建回归模型3，将关联幅度、秘书长关联以及控制变量一起进行回归分析构建回归模型4。最后，将控制变量和所有自变量一起进行回归分析构建回归模型5，分析结果见表3。

四 实证结果及分析

（一）描述性统计

表2列出了相关变量的平均值和标准差，为体现数据的实际意义，关联幅度、理事会规模的均值计算采用的是原始数据。下文结合各变量的频数分布（频数表限于文章篇幅，在这里就不再列出），对各变量分布特征进行了分析。

表2 各变量的平均值、标准差以及变量间的相关性

	平均值 M	标准差 SD	Range	Intensity 1	Intensity 2	LNAsset	Size	Influence
Range	5.48	0.790	—					
Intensity 1	0.25	0.435	0.115	—				
Intensity 2	0.306	0.463	0.236*	0.071	—			
LNAsset	17.191	1.499	0.061	−0.117	−0.064	—		
Size	14.96	0.405	0.326**	0.039	−0.113	0.302**	—	
Influence	0.25	0.435	0.103	0.090	−0.156	0.467**	0.221*	—
LNContribution	16.485	1.776	0.104	−0.147	−0.139	0.907**	0.280**	0.447**

注：* $P < 0.05$；** $P < 0.01$.

筹资能力平均值16.485，标准差1.776，最小值11.928，最大值19.968，40.9%的高校教育基金会在筹资能力上低于平均值。关联幅度平均值5.48，标准差0.790，最小值为0，最大值21，44.3%的高校教育基金会与校友会在理事

会重合人数上大于平均值，关联幅度 CV = 0.550，说明高校教育基金会和校友会在理事重合人数上有较大差异。86 例样本在理事会层面存在不同程度的关联，其中，关联理事人数最多达到了 21 人，最少为 0 人，22 家高校基金会和校友会的理事长由同一人担任，27 家高校基金会和校友会的秘书长由同一人担任，8 家高校基金会与校友会的理事长、秘书长同时重合；49 家高校基金会与校友会的理事长、秘书长皆不存在重合，但存在副理事长、理事层面的关联。关联幅度和理事长关联、秘书长关联数据表明，高校教育基金会和校友会间在理事会安排上存在较为普遍的重叠现象。

相关性分析表明，组织规模、理事会规模和学校影响力与筹资能力显著正相关，组织规模、理事会规模和学校影响力对筹资能力具有正向影响；秘书长关联和关联幅度显著正相关，理事会规模和关联幅度显著正相关，说明理事会规模和关联幅度两因素间有相互的促进作用，理事会规模的扩大能够促进高校教育基金会和校友会间关联理事的建立。

对所有变量进行多重共线性诊断，分析容忍度（TOL）和方差膨胀因子（VIF），TOL 值小于 0.1，VIF 值大于 10 时即认为自变量之间存在严重的多重共线性，结果显示 TOL 值最小值 0.709，VIF 值均小于 1.5，说明自变量之间不存在显著的多重共线性。

（二）回归分析

表 3 报告了回归分析的结果，模型 1 的数据显示，理事会规模和学校影响力对筹资能力没有显著影响，组织规模对筹资能力有显著的正向影响，这说明，组织规模越大，则组织拥有更强大的实力来管理运用资金，组织也因此更易获得公众的信赖从而得到较多的捐赠。这体现了一种大的品牌效应（颜克高，2012）。

表 3　关联理事对高校教育基金会筹资能力影响的回归分析

解释变量	回归模型 1 Beta	回归模型 2 Beta	回归模型 3 Beta	回归模型 4 Beta	回归模型 5 Beta
组织规模 Asset	0.892 **	0.896 **	0.884 **	0.901 **	0.891 **
理事会规模 Size	0.005	− 0.012	− 0.011	− 0.033	− 0.03

续表

解释变量	回归模型 1 Beta	回归模型 2 Beta	回归模型 3 Beta	回归模型 4 Beta	回归模型 5 Beta
学校影响力 Influence	0.030	0.027	0.036	0.009	0.018
关联幅度 Range		0.051	0.056	0.083	0.087
理事长关联 Intensity 1			− 0.053		− 0.047
秘书长关联 Intensity 2				− 0.103 *	− 0.100 *
F 检验值	131.289 **	98.855 **	79.629 **	83.561 **	69.825 **
Adjusted R²	0.818	0.818	0.819	0.826	0.826

注：* $P < 0.05$；** $P < 0.01$.

在模型 2 中，引入了关联幅度变量，各变量系数变化不大，筹资能力和关联幅度虽然没有通过显著性检验，但是筹资能力和关联幅度表现出了相同的变化趋势。一方面，这一结果在一定程度上表明，高校教育基金会和校友会之间的关联理事数量会对基金会的筹资能力产生正向影响，这一点与以资源依赖理论为基础的理论分析结果相同。在另一方面也说明存在"理事会虚设"的现象，理事并没有有效发挥其资源供给者的角色。这一结论在模型 3、4、5 中得到了进一步的验证。

表 3 的第三列报告模型 3 的分析结果，理事长关联对筹资能力具有不显著的负向影响，即基金会和校友会的理事长是否由同一人担任，不会对基金会的筹资能力产生显著影响。模型 4 中，秘书长关联对筹资能力有显著的负向影响。模型 5 中，组织规模和秘书长关联对筹资能力分别有显著的正向、负向影响，其他变量对筹资能力影响均不显著。

综合以上回归模型结果发现，关联幅度、理事长关联对筹资能力的影响并不显著，秘书长关联与筹资能力显著的负相关，表明包括理事长、秘书长在内的理事会成员没有为组织间的资源流动起到显著的推动作用。在我国的高校教育基金会中，理事长通常由校领导担任，尤其以校党委书记兼任最为普遍，在其所有的行政事务中，基金会事务的重要性相对靠后，花费在基金会事务上的时间和精力相对较少。在此种情形下，理事长与基金会并没有一致的利益诉求，理事长的个人社会资本不能有效转化为基金会社会资本，理事长关联发挥的筹资效应并不显著。秘书长作为高校教育基金会事务的执行者，一般由各职能处室的负责人兼任，秘书长处理基金会事务的好坏与其工作绩效考核、职务升迁并无重大关系，因此，兼任秘书长也不会将主要精力投入在高校教育基金会。同时，基金会的运作需要专业化的团队才能实现效益最大化，非专业的秘书长由于专业背景、知识结构的限制，其在募捐市场、投资市场以及日常管理活动中存在的诸多缺陷反而会使基金会蒙受损失。虽然从行政层级的角度来说，秘书长应当听命于理事长，理事长才是组织运作的核心人物，但由于理事会是非常设机构，且理事长忙于其他行政事务无心顾及基金会，所以更多的时候，把控基金会的权力落在了秘书长手中，秘书长对基金会运作在实际上发挥了更为关键的作用。

基金会理事长和秘书长由校领导兼任的现象显示，基金会和校友会关联理事的建立实际上仍旧是学校行政关系的延续。从社会网络理论角度分析，每个人的行为都嵌入在社会网络中，嵌入性在带来嵌入收益的同时也会带来嵌入成本。基金会和高校的紧密关系固然能带来嵌入收益，但这种基于学校行政关系建立的强联结同时也使基金会长期处在封闭、排他的"小世界"中，不利于组织跨越组织边界获取异质化、低冗余性的有用资源，给组织带来嵌入成本（Uzzi，1997）。当嵌入收益大于嵌入成本时，关联理事与筹资能力呈现正相关关系；当嵌入收益小于嵌入成本时，关联理事与筹资能力呈现负相关关系；当嵌入收益与嵌入成本大致相当，相互抵消时，关联理事与筹资能力呈现不显著的相关性。以上观点能在一定程度上为秘书长关联与筹资能力负相关的情况，理事长关联、关联幅度与筹资能力不相关的情况提供解释。

值得注意的是，模型3、4和5中加入理事长关联和秘书长关联变量后，关联幅度的系数提高，关联幅度对筹资能力的影响增强。特别是，加入秘书长关联后，关联幅度系数显著提升，关联幅度对筹资能力的影响大幅提升。这一现象表明，关联理事因素特别是秘书长关联，通过影响关联幅度对高校教育基金会筹资能力产生效应。

综上所述，秘书长关联对筹资能力具有显著的负向影响，理事长关联对筹资能力没有显著的影响，假设 H1a 不成立。关联幅度对筹资能力没有显著的影响，假设 H1b 不成立。总的来说，高校教育基金会和校友会关联理事的设置并未显著提升高校教育基金会的筹资能力,假设 H1 不成立。上述分析结果表明,关联理事建立对筹资能力产生了负面的或者不显著的影响,理事会并没有在实际上充当资源供给者的角色,没有通过社会网络有效获取社会资本。

五 结论和启示

到目前为止,我国关于高校教育基金会和校友会关系的研究比较少见,基于实证研究的文献更是未见报道。鉴于此,本文以 88 家高校教育基金会和校友会为样本,从关联理事的角度,实证检验了高校教育基金会和校友会的关系模式对基金会筹资能力的影响。

实证研究表明,秘书长关联对筹资能力有显著的负向影响,基金会和校友会的秘书长由同一人担任会降低基金会的筹资能力,秘书长关联嵌入性功能带来的成本大于收益。理事长关联、关联幅度对筹资能力没有显著的影响,基金会和校友会理事长由同一人担任不会对基金会筹资能力产生显著影响,关联理事数量的增减不会对基金会筹资能力产生显著影响,这主要是因为,关联理事个人资本没有成功地转化为基金会社会资本,理事长关联嵌入性功能带来的成本与收益大致相当。综上,高校教育基金会和校友会间关联理事的数量和质量,都未能显著提高基金会筹资能力,高校教育基金会和校友会间的关联理事并没有发挥积极的筹资效应。

基于上述研究结论,为提高关联理事的筹资效应,我们认为:首先,要进一步地规范理事选聘的制度和程序,注重提升关联理事的质量,关联理事的选聘要充分考虑基金会发展的需要、理事会的结构、理事的知识和技能。其次,在保证关联理事质量的基础上,促进个人资本向社会资本的转化。关联理事拥有的个人资本,包括社会资源、社会威望和个人能力必须内化为组织社会资本,才能为高校教育基金会创造价值。高校教育基金会可以通过构建远大的组织愿景和采取适当的激励措施,提高关联理事将个人资本转化为社会资本的意愿,充分发挥关联理事在获取资源、制定战略、协调组织间关系方面的作用。最后,推进执行层的职业化和专业化对于基金会筹资能力的提高至关重要。促进以秘书长为代表的基金会执行层的职业化和专业化,一方面可以使基金会摆脱执行层与理事会的行政依附关系,降低基金会对高校资源的依赖,跨越组织边界获取更丰富的资源。另一方面，执行层的专业技能、知识也必然对基金会筹资能力的进一步提升发挥作用。

参考文献

段海艳（2009）：《连锁董事关系网络对企业绩效影响研究》，《商业经济与管理》，第 4 期，第 38 ~ 44 页。

郭秀晶（2009）：《我国高校教育基金会的现状分析与发展路径选择》，《天津大学学报：社会科学版》，第 3 期，第 234 ~ 238 页。

卢昌崇等（2006）：《连锁董事理论：来自中国企业的实证检验》，《中国工业经济》，第 1 期，第 113 ~ 119 页。

彭正银、廖天野（2008）：《连锁董事筹资效应的实证分析——基于内在机理视角的探讨》，《南开管理评论》，第 1 期，第 99 ~ 105 页。

任兵、区玉辉（2001）：《企业连锁董事在中国》，《管理世界》，第 6 期，第 132 ~ 141 页。

谢德仁、陈运森（2012）：《董事网络：定义、特征和计量》，《会计研究》，第 3 期，第 44 ~ 51 页。

颜克高（2012）：《公益基金会的理事会特征与组织财务绩效研究》，《中国经济问题》，第 1 期，第 84 ~ 91 页。

张立民、李晗（2013）：《我国基金会内部治理机制有效吗》，《审计与经济研究》，第 2 期，第 79 ~ 88 页。

Bazerman, M. H. & Schoorman, F. D. (1983), "A Limited Rationality Model of Interlocking Directorates", 8 (2) *Academy of Management Review*, pp. 206 – 217.

Burt, R. S. (1983), *Corporate Profits and Cooptation: Networks of Market Constraints and Directorate ties in the American Economy*, New York: Academic Press.

Berardo, R. (2009), "Sustaining Joint Ventures: The Role of Resource Exchange and the Strength of Interorganizational Relationships", *Self-Organizing Federalism: Collaborative Mechanisms to Mitigate Institutional Collective Action*, pp. 204 – 228.

Bowman, N. A. & Bastedoet, M. N. (2011), "Anchoring Effects in World University Rankings: Exploring Biases in Reputation Scores", 61 (4) *Higher Education*, pp. 431 ~ 444.

Daily, C. M. & Schwenk, C. (1996), "Chief Executive Officers, Top Management Teams, and Boards of Directors: Congruent or Countervailing Forces?", 22 (2) *Journal of Management*, pp. 185 – 208.

Dalton, D. R., et al. (1999), "Number of Directors and Financial Performance: A Meta-analysis", 42 (6) *Academy of Management Journal*, pp. 674 – 686.

Esparza, N. & Jeon, S. H. (2013), "Interlocking Boards of Trustees and Grant Acquistion among Homeless Service Organizations", 36 (4) *Public Performance & Management Review*, pp. 637 – 664.

Farh, J. L., et al. (1998), "The Influence of relational demography and guanxi: The Chinese case", 9 (4) *Organization science*, pp. 471 ~ 488.

Granovetter, M. (1985), "Economic Action and Social Structure: the Problem of Embeddedness", *American Journal of Sociology*, pp. 481 – 510.

Galaskiewicz, J. & Wasserman, S. (1989), "Mimetic Processes Within an Interorganizational Field: An Empirical Test", 34 (3) *Administrative Science Quarterly*, pp. 454 – 479.

Galaskiewicz, J., et al. (2006), "Networks and Organizational Growth: A Study of Community Based Nonprofits", 51 (3) *Administrative Science Quarterly*, pp. 337 – 380.

Jang, H. S. & Feiock, R. C. (2007), "Public Versus Private Funding of Nonprofit Organizations: Implications for Collaboration", 31 (2) *Public Performance & Management Review*, pp. 174 – 190.

Marlin, D., et al. (2009), "Strategic Group Membership and Nonprofit Organization Performance", 20 (1) *Nonprofit Management and Leadership*, pp. 23 – 39.

Pfeffer, J. & Salancik, G. R. (1978), *The External Control of Organizations: A Resource Dependence Perspective*, California : Stanford University Press.

Provan, K. G. & Milward, H. B. (1995), "A Preliminary Theory of Interorganizational Network Effectiveness: A Comparative Study of Four Community Mental Health Systems", *Administrative Science Quarterly*, pp. 1 – 33.

Ring, P. S., et al. (1992), "Structuring Cooperative Relationships Between Organizations", 13 (7) *Strategic Management Journal*, pp. 483 – 498.

Ritchie, W. J. & Kolodinsky, R. W. (2003), "Nonprofit Organization Financial Performance Measurement: An Evaluation of New and Existing Financial Performance Measures", 13 (4) *Nonprofit Management and Leadership*, pp. 367 – 381.

Suchman, L. (1995), "Making Work Visible", 38 (9) *Communications of the ACM*, p. 56 nff.

Shropshire, C. (2010), "The Role of the Interlocking Director and Board Receptivity in the Diffusion of Practices", 35 (2) *Academy of Management Review*, pp. 246 – 264.

Uzzi, B. (1997), "Social Structure and Competition in Interfirm Networks: The Paradox of Embeddedness", *Administrative Science Quarterly*, pp. 35 – 67.

Zald, M. N. & Lounsbury, M. (2010), "The Wizards of Oz: Towards an Institutional Approach to Elites, Expertise and Command Posts", 31 (7) *Organization Studies*, pp. 963 – 996.

Financing Effect of Director Relevance: Investigation into the Relationship Between College Education Foundation and Alumni Association

Yan Kegao, Luo Oulin

[**Abstract**] In China, the College Education Foundation tends to establish a resource-sharing platform with the alumni association by adopting the strategy of director relevance, so as to enhance its fundraising ability. Propped by the resource reliance theory coupled with social network theory and based on statistics about 88 samples, this empirical research tests the effectiveness of the above-mentioned director relevance strategy. The research result indicates that the secretary general relevance has obvious negative influence upon the fundraising ability, but the chairman relevance as well as the relevance degree show little influence in this regard. Under the current management system, the college education foundation can further improve the rules and procedures for director appointment, boost translation of personal capital into social capital, promote the professionalization and specialization of the executive management, so as to the break through the governance predicament where the director relevance strategy fails.

[**Keywords**] college education foundation; alumni association; director relevance; fundraising ability

（责任编辑：李长文）

关联理事的筹资效应：基于高校教育基金会与校友会的关系研究

非公募基金会的发展路径

——江苏浙江两省模式的比较

陈旭清　田振华*

【摘要】受多种因素的制约，江苏、浙江两地的非公募基金会呈现出两种不同的发展模式："政府嵌入型""相对自主型"。研究发现前者对学校类、乡村类基金会的前期推动效果较为明显；对于企业类、个人类基金会而言，"政府嵌入型"和"相对自主型"模式的现行效果难分上下。结合两省发展经验，从长远看来，"强政府—强社会"模式可能为其他地区非公募基金会发展提供有益借鉴。

【关键词】非公募基金会　发展模式　嵌入　"强政府—强社会"

近年来，江苏、浙江非公募基金会在数量上发展迅速，规模也逐渐扩大。据民政部《民政统计年鉴》可知，2005 年浙江省非公募基金会有 20 家，江苏省非公募基金会有 14 家；到 2013 年底，浙江省非公募基金会已有 192 家，江苏省非公募基金会达到了 295 家。尽管两省非公募基金会发展数量均居全国前列，但其发展模式却不尽相同。本文通过对政府主导和社会主导两种发展经验的对比分析，以期为其他地区慈善事业的发展提供启示。

---

* 陈旭清，中央民族大学管理学院教授，博士生导师；田振华，中央民族大学管理学院博士研究生。本文系教育部人文社会科学项目"江苏浙江非公募基金会研究"（10YJA630036）、浙江省社会科学基金项目"浙江非公募基金会研究"（09JDDF002Z）的阶段性成果。

一　江浙非公募基金会发展现状

（一）江浙非公募基金会的发展背景

非公募基金会是 2004 年我国《基金会管理条例》定义的创新类型，是民间慈善事业的重要组织载体。地处东部沿海的江浙两地，经济发展水平高，民营经济活跃，社会资本丰厚，为其非公募基金会的创立奠定了基础。

慈善捐赠水平与地区经济状况往往呈现出正相关关系。江苏、浙江良好的经济基础（如图 1 所示）和较高的居民收入（如图 2 所示）为当地慈善事业孕育着丰富的捐赠资源。据中民慈善捐助信息中心统计，近年来，江苏、浙江两省年度捐赠总额在全国均排名在前列。而在福布斯 2013 年中国慈善榜中，福建、广东、江苏、浙江、北京是入榜人数最多的 5 个地区，其上榜人数占到总数的 60%，捐赠总额占总捐赠额的 65%。

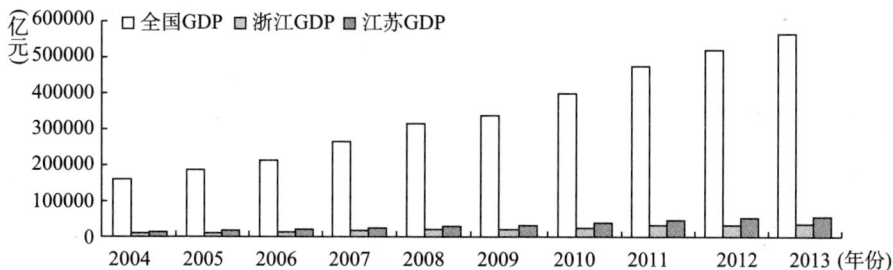

图 1　近年江苏、浙江地区生产总值发展变化

资料来源：根据近年《中国统计年鉴》《江苏统计年鉴》《浙江统计年鉴》等相关数据整理绘制。

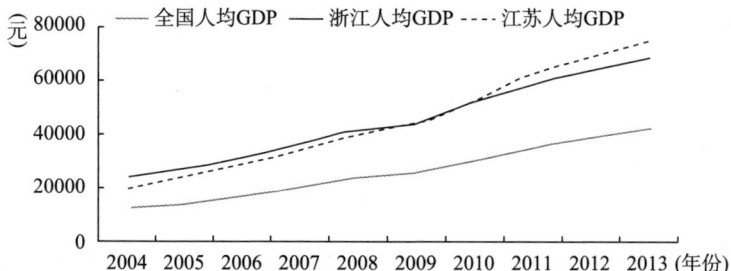

图 2　近年江苏、浙江人均地区生产总值发展变化

资料来源：根据近年《中国统计年鉴》《江苏统计年鉴》《浙江统计年鉴》等相关数据整理绘制。

从捐赠者性质来看，民营企业在我国慈善市场表现活跃。据年度慈善捐助报告显示，2008～2012年，除2008年汶川地震激发了民众强烈的捐赠热情，个人捐赠总额超过企业捐赠总额外，企业一直是国内最主要的捐赠主体。其中，民营企业分别占境内企业捐赠总额的64%、55.82%、64.55%、64.19%、57.98%。① 可见，自2007年有全国性捐赠统计以来，民营企业一直是我国慈善捐赠的主力军，年度捐赠额占到了企业捐赠总量的一半以上。而浙江、江苏民间资本活跃，是我国民营经济大省。据官方数据显示，2000～2012年，浙江省民营经济增加值占全省GDP的比重保持在60%～70%之间。2012年该民营经济创造增加值22111亿元，占GDP的比重为63.8%②。与之相似，2012年，江苏民营经济占GDP的比重达53.6%③，2013年，该省民营经济同比增长10.1%，占GDP比重提高至54.1%（杭春燕、黄伟，2014）。另外，在2010～2013年全国工商联评选的"中国民营企业500家"中，浙江上榜企业分别为180家、144家、142家、139家，均列第一；江苏上榜企业分别为129家、118家、108家、93家，位居第二。

江浙民间网络发达，社会资本丰厚。如王春光曾言，在很大程度上，温州人之所以能闯天下，凭借的就是他们充分地调用了其拥有的社会关系资源，将其变为他们的社会资本。温州人使用的社会资本大多局限于民间的社会关系网络，民间社会关系网络是他们的立身之本（胡放，2013）。可见，当地先富企业家深受传统文化影响，慈善氛围浓厚，"互相帮助、抱团行善"特点突出。如在2004～2008年"胡润慈善榜"中，浙江商人蝉联了五届"最慷慨群体"的荣誉。尽管近年来广东、福建的企业家在慈善榜单中的地位不断攀升，但浙江、江苏依然是我国慈善市场的重要资源地，这可以从"胡润慈善榜"每年上榜的两地慈善家人数中表现出来（如图3所示）。

---

① 参见《慈善报告：年度报告》，http：//www.charity.gov.cn/fsm/sites/newmain/index2.jsp。

② 参见浙江省统计局《浙江民营经济发展情况及省际比较研究》，http：//www.zj.stats.gov.cn/tjfx_1475/tjfx_sjfx/201312/t20131224_138537.html。

③ 参见江苏省统计局国民经济核算处《2012年全省民营经济运行情况》，http：//www.jssb.gov.cn/tjxxgk/tjfx/sjfx/201307/t20130726_163017.html。

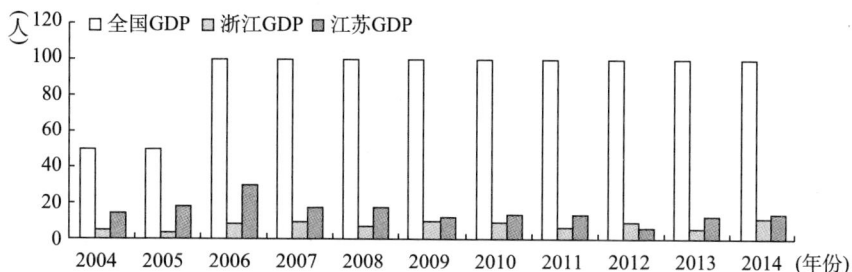

图 3 年度"胡润慈善榜"中江苏、浙江慈善家上榜人数统计

资料来源：根据胡润研究院发布的年度慈善榜单相关数据整理绘制。

（二）江苏浙江非公募基金会发展现状

在组织规模方面，据民政统计年鉴显示，2005～2013年，江苏省非公募基金会分别是14家、46家、82家、115家、143家、176家、215家、238家和295家；浙江省非公募基金会分别为20家、36家、41家、47家、60家、75家、100家、141家和192家（如图4所示）。尽管两省非公募基金会发展数量均居全国前列，但江苏省非公募基金会年均增长约35家，变动曲线较为陡峭；浙江省非公募基金会年均增长约22家，成长曲线较为平缓。所以，相对而言，江苏省非公募基金会整体发展速度优势明显，而浙江省非公募基金会有着后期发展加速的趋势。

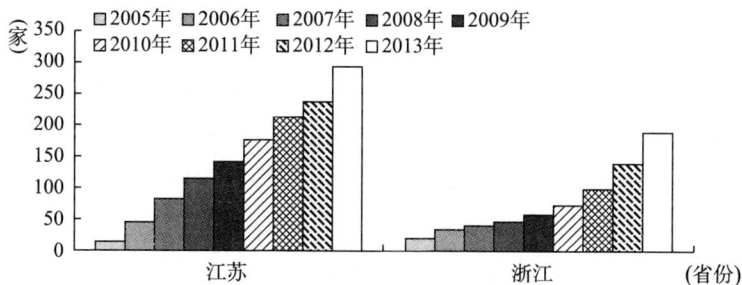

图 4 近年来江苏、浙江非公募基金会发展数量

资料来源：根据近年《中国民政统计年鉴》相关数据整理绘制。

从组织类型来看，江苏非公募基金会主要包括学校基金会、企业基金会、个人基金会、农村基金会、医院基金会等组织类型；浙江非公募基金会主要包含企业基金会、个人基金会、学校基金会等组织类型。具体来讲，据不完全统计①，江苏省学校基金会约有96家，占省内非公募基金会总数的40%，是该省规模最大的非公募基金会组织类型；浙江省学校基金会约30家，占全省非公募基金会总数的21%。可见，江苏省学校基金会的发展速度明显快于浙江省同类组织。村办基金会是江苏省非公募基金会的特色类型。自2007年6月，江阴市华西村成立全国第一家村办基金会——"江苏华仁扶贫发展基金会"以来，张家港市李巷村、七里庙村等也积极兴办了服务同乡邻里的慈善基金会。企业基金会和个人基金会是非公募基金会中的典型组织类别。江苏省企业兴办并命名的非公募基金会约38家，如江苏捷安特自行车文体基金会、江苏海澜教育发展基金会等。浙江省企业兴办并命名的非公募基金会约37家，如浙江省网易慈善基金会、浙江省娃哈哈慈善基金会等。江苏省个人捐赠并命名的非公募基金会约22家，如海门徐有庠文教基金会、昆山陈李香梅慈善基金会等。浙江省个人捐赠并命名的非公募基金会约15家，如杭州市陈伯滔体育发展基金会、温州市叶康松慈善基金会等。

从活动领域来看，江苏、浙江大部分非公募基金会的项目范围类似，主要集中在教育助学、扶贫救灾、医疗保健、助老助残等领域，据不完全统计，江苏省约86%的非公募基金会从事助学活动，浙江省约82%的非公募基金会开展教育项目。环境保护、文化艺术、科学研究、创业扶持、社区发展等领域的项目投入则相对不足，资源分配尚不均衡。从原始资金规模来看，江苏省200万~1000万元的非公募基金会约有202家，占其非公募基金会总数的85%。浙江省200万~1000万元的非公募基金会约有107家，占其非公募基金会总数的76%。可见，目前两省的非公募基金会主要是百万级别的小型基金会，像江苏海澜教育发展基金会、江苏元林慈善基金会、宁波鄞州银行公益基金会等原始资金达到上亿元的非公募基金会还是少数。从税前扣除资格看，江苏省约81%的非公募基金会获得了2013年度公益捐赠税前扣除资格，浙江省约54%的非公募基金会获得了2013年度公益捐赠税前扣除资格，这从一定程度上反映了江苏省同类组织主动申请获取税收减免资格的积极性较高。从注册地域来看，江苏和浙江除了省会城市南京、杭州汇集了较多的非公募基金会外，其余的非公募

---

① 由于官方数据更新存在时滞性，为确保年度统计分析的相对准确，本部分采用的是《中国民政统计年鉴2013》及基金会中心网的相关数据，http：//www. foundationcenter. org. cn/ finder_xin. html？action = index。

基金会主要集中在省内经济较发达区域，如江苏的苏锡常地区和浙江的温州、宁波等地，这反映了非公募基金会发育与地区经济水平及文教资源密切相关。

从信息披露来看，据基金会中心网发布的中基透明指数（FTI）可知，在被调查的全国1392家非公募基金会（江苏省217家，浙江省103家）中，江苏省FTI全国排名前100位的3家；101~200位的2家；201~300位的10家；301~400位的13家；401~500位的8家；501~600位的77家；601~700位的8家；701~800位的11家；801~889位的86家。浙江省FTI全国排名前100位的20家；101~200位的56家；201~300位的6家；301~400位的6家；401~500位的3家；501~600位的8家；801~889位的6家（如图5所示）。可见，尽管近年来江苏非公募基金会发展速度较快，但与浙江省相比，其信息公开整体进度缓慢，大部分慈善组织的透明度仍然较低。

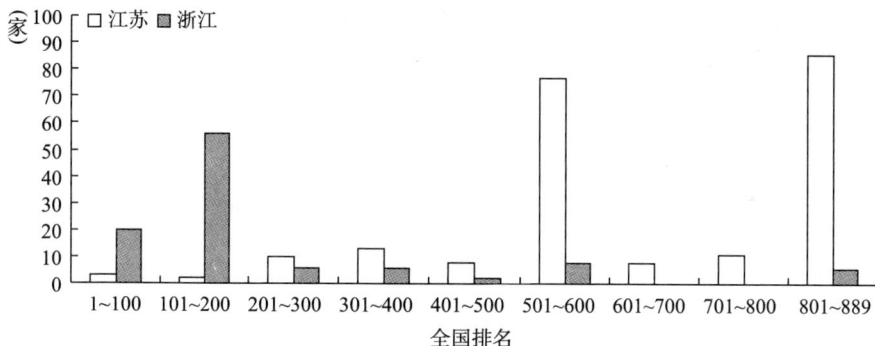

图5 江苏浙江非公募基金会 FTI 对比图

资料来源：根据基金会中心网2012年报版中基透明指数相关资料整理绘制，http：//www.fti.org.cn/。

二 江浙非公募基金会发展模式分析

（一）江苏非公募基金会发展模式分析

近年来，江苏省非公募基金会发展速度加快，社会影响力增强。2010年，该省基金会突破300家，被民政部评为该年度我国社会组织十件大事之一。观察近年来江苏省非公募基金会的发展历程，分析其创设特点，我们将它概括为"政府嵌入型"发展模式。

　　"嵌入"一词最早由英国经济史学家卡尔·波兰尼提出。他认为："经济并非像经济理论中说的那样是自足的，而是从属于政治、宗教和社会关系的。"（波兰尼，2007：15）即是说，经济应当嵌入社会关系之中，脱嵌的、自发调节的市场机制不可能存在。后来，马克·格兰诺维特对该词进行了系统解释，提出大多数行为（不仅是经济行为）都紧密地镶嵌在社会网之中（Granovette，1985）。可见，"嵌入"本身表达的是"关系"或"网络"的含义，即人类行为都是嵌入关系网络之中的。该理论实质上是将环境作为一个分析性概念，强调其对组织成长带来的影响。

　　非公募基金会作为一种社会组织形式，其产生与发展都需与外部环境发生良性互动。而江苏省政府部门作为嵌入活动主体，为实现推动基金会发展的嵌入目标，在"前期培育扶持—中期能力培训—后期监管评估"的全过程为该省基金会发展营造良好的外部环境。具体来讲，当地政府通过制度创新（政策嵌入）、精神培育（价值嵌入）、管理到位（执行嵌入）等方式激励非公募基金会不断成长。

　　1. 加强制度创新，营造发展环境

　　江苏省非公募基金会的迅速发展首先得益于当地政府的制度创新。2010年1月，江苏省人大出台了《江苏省慈善事业促进条例》（以下简称《条例》），这是全国首部地方性慈善法规。该法规除了明确慈善组织享受相应税收优惠外，还规定地方政府应制定政策措施，引导扶持慈善事业发展，如建立表彰激励制度、财政补贴制度，政府部门（及居委会、村委会等）积极支持协助慈善活动等。另外，为配合该《条例》的贯彻实施，江苏省制定了相应的配套管理办法，如2010年8月，省民政厅出台了《江苏省社会组织评估管理办法》，该办法明确了省内社会组织的评估方法、程序、等级等细则，为全面推进慈善组织评估工作奠定了基础。2010年9月，省民政厅出台了《江苏省慈善募捐许可办法》，它是对《条例》中慈善募捐组织及活动的细化补充，进一步完善了慈善募捐的条件、程序、方式及募捐款物的使用、监管等，明确了募捐管理流程、规范了慈善捐赠行为。在税收优惠方面，江苏省民政厅积极开展捐赠税前扣除资格认定工作，并鼓励基金会主动向财税部门申报免税资格，如2011年5月，省民政厅会同省财税部门出台了《江苏省公益性社会团体捐赠税前扣除资格认定办法》。一系列政策法规的相继出台，促进了该省慈善事业的有序发展。

2. 开展慈善宣传，注重精神培育

在社会转型期过程中，一方面，我国贫富差距较大、各种矛盾突出，社会保障体系尚未完善；另一方面，相关法律明文保护公民合法的私有财产，在"公平—效率"间张力不断拉大的背景下，政府只有鼓励先富群体积极履行社会责任，热情参与慈善捐赠，才能有助于社会资源的合理流动。如卡内基在《财富的福音》中认为的那样，富人在适当满足家人合理需求后，应该把所有的剩余收入简单地看成是社会委托自己管理的信托基金，将自身看成是穷苦同胞的信托人和代理人，运用自己高超的智慧、经验和管理才华为之提供他们无力企及的上乘服务（卡内基，2006：15）。这种"地上和平、爱在人间"的散财之道能够使富人和穷人间仍然保持兄弟情谊，建立"和谐的关系"。但从学理上讲，富裕阶层是否参与慈善活动并不属于必然义务的范畴，而属于康德的"对于他人的可嘉义务"（康德，2013a：50~51）或"不完全的义务"，也就是说，"这种义务只是一种广义的义务，它在这方面做多做少，有一个回旋的余地，不能明确地给出它的界限"（康德，2013b：178）。可见，纵然捐赠者的慈善动机复杂多样，除了不求回报、纯粹利他的亲社会行为外，确实存在功利性质的慈善营销甚至"慈善寻租"，但作为公共利益代表人的政府部门，应从客观帮扶弱势群体、引导社会和谐风尚的实际出发，宣传表彰民间慈善行为，调动先富人群积极性，激发其投身慈善捐赠的热情。

苏浙地处东部沿海，自古商品经济发达，"为富且仁，道义为本"的资本精神传达了浓厚的慈善文化。台湾学者梁其姿在查阅了2615种藏于国内外的地方志的基础上，统计出明清两代在江苏、浙江、安徽、江西、湖北、湖南、四川、福建、广东、广西、云南、贵州、河北、山东、河南、山西、陕西、甘肃18个省成立的各类慈善组织共有3589个，其中江浙两省（包括今日上海地区）就有1336个，占总数的37.2%（梁其姿，2001：331）。新时期以来，为进一步发展慈善事业，弘扬乐善好施的慈善传统，当地政府除了法制支持外，还注重慈善精神的宣传推广。如该省设立了两年一次的"江苏慈善奖"，截至目前，该奖共颁发了两届，相继表彰了"最具爱心慈善捐赠企业或单位"75个，"最具爱心慈善捐赠楷模"55名，"最具爱心慈善行为楷模"25名，"最具影响力慈善项目"25个，"优秀慈善工作者"20名。这项官方举办的慈善表彰活动，不仅鼓励了爱心人士的善行，还强化了社会民众的慈善意识，带动了省域慈善事业的持续发展。

3. 优化管理体制，激发捐赠热情

斯塔茨认为，"'公共服务'是一种观念，一种态度，一种义务感——是的，甚至是一种公共道德感"（Staats，1988）。慈善事业作为社会资源的第三次分配，不仅可以向弱势群体供给特殊的公共产品及服务，构成了政府社会保障体系的有力补充；还能够作为风险社会中社会矛盾的减压阀，缓解利益悬殊带来的阶层隔阂和冲突。另外，民间慈善过程中彰显的关怀伦理和正义伦理，甚至可以成为社会转型过程中构建和谐社会的润滑剂。所以，正是充分认识到了慈善事业的上述经济社会功能，我国政府近年来对发展慈善事业尤为重视，将其看作是推动我国社会进步的重要力量，不仅在 2013 年 3 月《国务院机构改革和职能转变方案》中提出要重点培育、优先发展公益慈善类等类型社会组织，还在当年 11 月党的十八届三中全会《中共中央关于全面深化改革若干重大问题的决定中》中明确指出要支持发展慈善事业。可见，作为慈善事业的组织载体之一，非公募基金会也将成为各地政府动员民间力量、整合慈善资源的重要平台。

为使当地社会建设与经济发展相适应，江苏省民政部门作为社会管理、公共服务的职能部门之一，其培育发展公益慈善类社会组织的意愿是强烈的。为此，优化管理体制，打造"服务型政府"，构建"寓管理于服务"的支持体系成为其引导鼓励非公募基金会发展的有力模式。正如罗伯特·登哈特所言："新公共服务不只是最新的管理时尚或者管理技巧。更确切地说，它是对我们是谁以及我们为他人服务的原因的一种界定。它是一种对价值观的根本改造。"（珍妮特·V. 登哈特、罗伯特·B. 登哈特，2004：167）具体来讲，该支持体系主要涵盖以下管理方式：（1）落实目标管理。2006 年初，为促进省域基金会进一步发展，该省民政厅开始实施目标管理，制订了年内培育发展 20 家基金会的具体目标。为此，部门工作人员自觉提升服务意识，主动加强联络与指导，深入学校、企业、农村、社区等实地，积极做好创立非公募基金会的上门咨询工作。于是，仅 2006 年，江苏省新成立的非公募基金会就达到了 33 家。另外，除"一对一"指导外，该部门还加强舆论宣传，借助电视、网络、报纸等媒体普及公益基金会设立的相关政策法规。最终，2007～2012 年，该省非公募基金会年度分别增加了 36 家、33 家、28 家、33 家、39 家和 23 家。（2）创设一体化

模式。村办基金会是江苏省非公募基金会的首创类型。作为其登记管理机关，江苏省民政厅结合当地实际，为促进村域经济发达、捐赠意愿强烈地区积极兴办村级基金会，"变通"了双重管理体制，主动担当其业务主管单位，履行登记管理和业务主管职能一体化，畅通了此类慈善组织的设立渠道，激发了省域村办基金会的成立热情。据相关资料显示："目前全省共注册登记村办基金会16家，总资产超过6624万元，2010年底捐赠收入超过3774万元，公益支出超过804万元。"（张宝娟，2013）（3）下放审批权限。2014年1月，江苏省民政厅将基金会登记审批权限下放到设区市、县（市、区）民政部门，这不仅激发了地方爱心人士的捐赠热情，便利了其设立基金会的相关程序，属地管理的模式还加强了民政部门对基金会的日常指导与实地监督，有利于基金会的长期发展。（4）注重能力建设。2012年6月至今，江苏省民政厅在年度"江苏省社会组织负责人培训示范项目"支持下，持续开展了七期培训活动，内容包含相关理论、项目管理、财税实务以及经验交流等，有效提升了工作人员的管理能力和业务水平。（5）完善监督体系。省民政部门在加强组织培训、强化内部管理基础上，按照基金会的不同性质、规模、业务范围及服务对象，实施分类监管，并督促基金会及时向社会披露财务信息、年度报告等，以扩大信息透明度，接受社会广泛监督。另外，该省按照《江苏省社会组织评估管理办法》的相关规定，自2011年3月起组建了社会组织评估委员会，利用社会评估的方式督促非公募基金会的规范发展。

（二）浙江非公募基金会发展模式分析

和江苏省非公募基金会"政府嵌入型"发展模式相比，浙江省非公募基金会的发展则是"相对自主型"的。"相对自主"并非民间社会"完全自主"，也不意味着政府"深度作为"。也就是说，一方面，该省民间力量自觉意识、自发申请成立非公募基金会；另一方面，政府也会运用多种手段给予外部支持，但不对具体事务进行干预。但无论在管理范围上，还是从介入程度上，都不及江苏省相关政府部门的"作为力度"。具体来说，主要表现在以下几个方面。

1. 制度供给层面。2011年10月，宁波市颁布了《宁波市慈善事业促进条例》，这是浙江省首部关于慈善事业的地方性法规。2014年5月，浙江省召开了《浙江省慈善事业促进条例》修改工作座谈会，这标志着该省慈善立法的有序推进，预示着全省慈善环境将得到深度改善，借此来解决慈善发展的环境问题。

2. 文化宣传层面。2006 年，浙江省举办了首届"浙江慈善奖"。截至目前，该项宣传活动已相继举办了四届。2013 年 9 月，该省民政厅颁发了《"浙江慈善奖"评选表彰办法》，进一步规范了慈善奖的评选规则和程序，为省域慈善事业的持续推广提供了制度保障，目的在于通过社会环境的营造，激发社会的慈善氛围。

3. 监督管理层面。2013 年 7 月，浙江省民政厅向所有设区市及义乌市民政局下放了非公募基金会登记管理权限。同年 9 月，省民政厅又开始在全省范围内开展了公益慈善类社会组织直接向民政部门依法登记工作，这种社会组织管理体制的变革，简化了非公募基金会的前置审批程序，进一步激发和调动爱心人士创办慈善组织的积极性。另外，2013 年 9 月，浙江省率先在全国范围内启动了将社会组织纳入国家社会信用体系建设范畴，并将等级评估作为社会组织信用体系建设的重要内容。

为此，该省在制定评估指标、完善评估办法、加强专业培训基础上，将社会组织的基本信息、监管信息、评估信息等及时录入公共信用信息平台，这样既促进了基金会的信息透明、能力提升，也便利了民众的信息查询、实时监督。

总体来看，浙江省对非公募基金会的支持力度远不及江苏省，但在发展势头方面，表现出类似浙江经济的发展特点：充分发挥民营经济的活力优势，充实和带动全省经济。浙江省的非公募基金会也在地方宽松政策的引导下，体现出了强劲的后发潜力，政府在其中发挥了营造环境、不具体干预，鼓励创新、注重实效，民间创新、政策支持，体现出了"自下而上、民创政引"动力机制。借助人们在市场中形成的攀比心理，民间参与创办非公募基金会的活力正以持续稳健的方式迸发出来。

三 非公募基金会发展模式的启示

从年度民政统计年鉴中可以看出，浙江省非公募基金会发展之初快于江苏省同类组织。如 2005 年，该省非公募基金会有 20 家，江苏省有 14 家。尽管之后在"相对自主型"发展模式和"政府嵌入型"发展模式的推动下，两省非公募基金会组织数量都在持续增长，从各省（自治区）横向对比来看也位于全国前列，但到 2013 年底，浙江省非公募基金会有 192 家，而江苏省非公募基金会已有 295 家。表面上看来，江苏省的非公募基金会发展迅速、数量明显超过了浙江省的非公募基金会，似乎显示出"政府嵌入型"发展模式优于"相对自主型"发展模式。但仔细分析两省非公募基金会的组织构成可知，在企业基金会层面上，两省组织数量基本持平；在个人基金会层面上，两省基金会数量也相差不多；而在学校基金会层面上，江苏省由于教育资源丰富、高校基数大、存量多，陆续成立基金会后组织规模就远大于浙江省同类组织。另外，由于江苏省首创了村办基金会这一特色非公募基金会组织类型，所以其在组织数量上也自然占据了优势地位。可见，和浙江省非公募基金会的稳步发展相比，江苏省非公募基金会的异军突起，主要得益于学校类和乡村类基金会的注册登记。

客观来讲，我们应从多个层面看待学校类和乡村类非公募基金会的创设。首先，成立学校类或乡村类非公募基金会，既符合我国政府发展慈善事业的意愿，对于学校或乡村来讲也是"自我激励"。所以，在教育资源丰富、乡镇民营经济发达的背景下，江苏省政府部门的主动作为，契合了两类非公募基金会的发展需求，政府"嵌入式"的动员引导，加速了它们的成立步伐。其次，根据《基金会管理条例》的规定，我国基金会分为公募基金会和非公募基金会，尽管学校类基金会和村办基金会都属于非公募基金会范畴，但它们都是其中的特殊类型，而非典型组织形式。毕竟，学校基金会和村办基金会不同于企业基金会和个人基金会，其原始基金的主要来源不是出于创办者本体的捐赠，而是校缘基础上的校友捐赠和地缘基础上的"乡友"捐赠。从实质上讲，它们主要是为本校（或本村）这一固定组织（或特定范围）的"自我发展"而向"内部人"筹集资金的公益组织，其善款出自社会资本网络下的个人（或企业）。可见，与企业基金会和个人基金会这种资源相对"自主型"的基金会相比，学校类基金会和村办基金会都存在不同程度上的"第三方"资源依赖。所以，学校类和乡村类非公募基金会的成立和发展，最终仍需依赖企业（或个人）慈善资源的不断释放。再次，村办基金会属于江苏省非公募基金会的制度创新，其登记机关和业务主管单位的一体化模式将为其他地区提供可借鉴的运作经验，最终促进该类基金会在各地特别是民营经济发达村镇开花结果。最后，尽管设立学校类基金会存在政府和学校的双重激励，但该类基金会的发展规模所受的限制是明显的，它要受到各地教育资源存量等客观因素的制约。

从上述分析中我们可以得出以下启示：首先，学校类基金会和乡村类基金会由于存在组织自身的特殊性，和"相对自主型"发展模式相比，"政府嵌入型"发展模式更能推动它们前期的注册登记。所以，从目前来看，江苏省非公募基金会的整体组织规模较浙江省而言优势明显。但从长远来讲，仅靠依赖这两类非公募基金会来保持自身的领先地位并非长久之计。毕竟，个人（及企业）的爱心捐赠才是发展慈善事业的源头活水。其次，企业基金会和个人基金会是非公募基金会范畴中的典型组织类型。从发展效果上看，"政府嵌入型"模式和"相对自主型"模式对它们的推动作用可谓是并驾齐驱，两省在企业基金会和个人基金会发展规模方面不相上下。可见，地处东部沿海的江浙两地，其典型性非公募基金会的持续发展，不仅要依赖当地政府部门的动员引导，注重培育民间社会自主行善、感恩散财的慈善情怀，还应注重对非公募基金会的自然孕育、自主成长的养练。

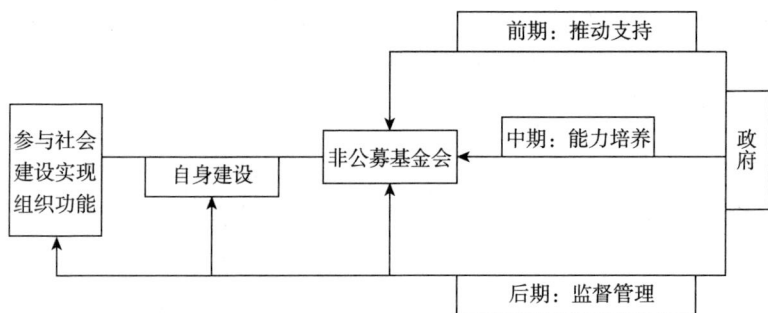

图6　非公募基金会发展模式

总之，从社会发展的角度讲，无论是政府机构、市场主体还是社会组织，都在利用自身的组织优势发挥着应有的社会功能，共同推进着整体社会的发展。非公募基金会作为我国社会组织的一员，是汇集民间慈善资源的制度平台。从学理上讲，它不仅能弥补"政府失灵""市场失灵"下特殊公共服务的供给不足，还能利用陌生人间的爱心传递，缓和不同阶层的利益冲突，营造和谐友爱的社会氛围。因此，推动我国各地区非公募基金会的有序发展，充分发挥其服务社会的组织功能，对促进我国社会发展来讲意义重大。从组织社会学角度来看，非公募基金会作为一种组织类型，其产生、发育、完善等过程有其自身的成长规律。但对于中国的社会组织而言，政府培育尤为重要。与西方国家相比，我国集权传统浓厚、公民社会薄弱，社会自组织发育尚且滞后，完全依赖社会力量促进社会空间不断扩张，最终实现"政府—市场—社会"的三元均衡发展趋向，不一定符合我国的发展实情。在深化行政体制改革、转变政府职能，"全能政府"向"有限政府"过渡的背景下，依托国家权力主动退出社会空间，培育引导社会力量参与社会建设则具有现实可行性。它既能缩短社会组织形成时间，又能加快其健康发育的步伐。也就是说，有悖于西方的自主发展模式，我国社会力量的成长壮大更多的是政府自我改革、主动作为的结果，这和市场经济改革初期，我国政府支持、培育市场主体发展壮大如出一辙。当然，培育本身属于"次生型"发展，并不等同于自然发展，政府积极培育社会组织带有强烈的建构印记，它是长期政社一体背景下社会组织自然生长缓慢，无法满足社会转型需求的外力助推，是为改善社会组织生存环境而实施的政治嵌入。这种"强政府"引导模式在组织发育前期作用直接、效果明显，但行政干预的长期持续效果值得深思。

所以，综合考虑实际需要，我们既应尊重国情，选择社会组织发展本土化道路，也应顺应非公募基金会发展的自身规律，在尊重其主体地位基础上，重视政府组织的推手作用，即在社会组织借力发展并步入正轨之后，政府部门就应主动退出，着重提高社会力量自身的发展能力，以防对其自主性和创造力造成伤害，最终形成政府主导而自身活力不足的路径依赖。也就是说，我们应在吸收借鉴江苏、浙江非公募基金会成功发展经验基础上，尝试推广"强政府—强社会"相结合的共赢模式：即前期"培育引导，促进成立"，中期"能力建设、自主独立"，后期"退出介入，自主运行、监督为主"模式（如上图6所示），最终推动其他地区非公募基金会的优化建设，促进我国慈善事业的持续发展。

参考文献

〔匈〕卡尔·波兰尼（2007）：《大转型：我们时代的政治经济起源》，杭州：浙江人民出版社。

〔美〕珍妮特·V. 登哈特、罗伯特·B. 登哈特（2004）：《新公共服务，服务而不是掌舵》，丁煌译，北京：中国人民大学出版社。

胡放（2013）：《"关系"两个字，温暖温州人》，载《今日早报》，2013 - 10 - 12。

杭春燕、黄伟（2014）：《江苏民营经济打造"升级版"》，载《新华日报》，2014 - 06 - 03。

〔美〕安德鲁·卡内基（2006）:《财富的福音》，杨会军译注，北京：京华出版社。

〔德〕康德（2013a）:《道德形而上学的奠基》，李秋零译注，北京：中国人民大学出版社。

—— （2013b）:《道德形而上学》，张荣等译注，北京：中国人民大学出版社。

梁其姿（2001）:《施善与教化：明清的慈善组织》，石家庄：河北教育出版社。

张宝娟（2013）:《公益性社会组织培育发展研究——基于江苏省的实证分析》，《社团管理研究》，（3）。

Granovetter, M. (1985), "Economic Action and Social Structure: The Problem of Embeddedness", 3 *American Journal of Sociology*.

Staats, E. B. (1988), "Public Service and the Public Interest", 2 *Public Administration Review*.

Development Path of Private Foundations —Comparison Between Jiangsu and Zhejiang Modes

Chen Xuqing, Tian Zhenhua

[**Abstract**] Under the restraint of multiple factors, the private foundations in Jiangsu and Zhenjiang follow different development modes, namely, the "government-embedded" and "relatively autonomous" modes. Research findings indicate that the former exerts obvious influence in the initial-stage advancement of the foundations at schools and villages. As for foundations of enterprises and individuals, the effect of the two modes is almost the same. Based on the experience of the two provinces, it is proposed that in the long run the "strong government-strong society" mode is likely to shed light on the development of private foundations in other areas.

[**Keywords**] private foundation; development mode; embed; "strong government-strong society"

（责任编辑：郑琦）

"历史—国家分析"视野下的制度变迁

——对当代中国社团管理体制的再考察兼答闫东先生

丁　轶[*]

【摘要】从转型中国国家治理的两大核心特征（即"治"与"变"）出发，我们可以提炼出一套"历史—国家分析"路径。简言之，"历史—国家分析"是一种坚持动态分析方法，秉承实践导向的转型观念，以"能动型国家形态"和"实践性国家观"为中心的理论视角。根据这种理论，"游离型监管"模式向"嵌入型监管"模式的转变，应该被理解为一种"总体性国家观"向"实践性国家观"的转换，而 21 世纪以后社团管理体制的创新可以被总结成一种"内核与外核"间的互动模式。总体上，通过正式制度与非正式实践间的有效互动以及中央与地方政府间的合理分工，当代中国的社团管理体制能够满足社会发展的需要，有效回应改革中产生的转型危机。

【关键词】历史—国家分析　内核/外核模式　实践性国家观"治"与"变"

笔者与邓正来先生合作发表于《学术界》2012 年第三期的《监护型控制逻辑下的有效治理——对近三十年国家社团管理政策演变的考察》一文（以下简

---

* 丁轶，政治学博士，东北财经大学法学院讲师。谨以此文缅怀恩师邓正来先生。感谢匿名评审专家对本文初稿的详细意见和建议，文责自负。

称《治理》），对 1978 年以来当代中国社会组织管理政策的演变进行了一种历史性的宏观考察，并揭示出了国家在社团监管方面所具有的一种"机会主义"立场，在此基础上，主张一种扬弃了"法条论者"和"实证论者"、① 以"生存性智慧"为主体的"市民社会与国家"的互动研究路径。文章发表后，引起了学界的关注。其中，闫东先生在《中国非营利评论》2013 年第二期的《对当前国家社会组织管理模式的研究述评》（以下简称闫文）一文中，更是对《治理》一文进行了深入的剖析。笔者感谢闫东先生的评论，同时，本着促进有效沟通、实现知识增量的学术目的，本文拟就闫文中针对《治理》一文的若干质疑之处加以回应。进而，在回应的基础上，本文拟对《治理》一文中未加深化的一大主题（即当代中国社团管理体制研究路径问题）进行初步的讨论，以期为未来相关领域中的深度研究提供一种可供借鉴的分析思路。

一　问题的归纳

在闫文中，作者将《治理》一文所主张的研究思路称之为"历史—哲学"分析路径。针对这种路径，闫文评价道："历史—哲学研究角度，是一种新的研究路径，强调历史的发展变化，通过从某些相关事件、争论、政策产生过程以及相关文献等角度的长期历史观察与分析，弥补了实证主义中无法全面调查党政机构及其干部的真实态度与思维方式的缺陷，从中发现国家社会组织管理的真实态度，同时采取诸如一种'市民社会与国家'的互动范式的哲学的理论思考，从而能更好地把握国家社会组织管理的未来取向。"（闫东，2013：254）

然而，尽管这样一种思路具有一定的可行性和优越性，在闫文看来，"历史—哲学"的分析路径仍然在两个方面存在重大缺陷：

首先，与实证主义路线类似，"历史—哲学"的路径也存在着对于"国家"的理解、"对中央、地方与党、政两对关系的研究深度不够"的问题。详言之，闫文认为，当代中国的国家形态远非是一种同质的、统一的整体，相反，在所

---

① 需要指出的是，这里对于"法条论者"和"实证论者"的称呼，并不指涉某个固定的作者，也不为某种具体的研究贴标签。毋宁是，这种做法仅仅想凸显出在不同作者的当代中国社团管理研究成果中所反映出来的某些共同的理论倾向，而在笔者看来，这些倾向或思路是有一定缺陷的，更是值得进一步讨论的。当然，即使是同一位研究者，其不同时期的研究成果也很有可能采取不同的立场和框架。

谓的"国家"名义下，无论在执政党与政府间，还是在中央与地方间，围绕着社团监管方面的一系列事项会存在着众多纷繁复杂的利益关系，进而，就会产生出形形色色的应对机制和互动效应。因此，如果在研究中仅仅"把国家看成是一个缺乏发展变化与情感的经济人，整体主义倾向严重，并未深入分析党和政府、中央与地方及其领导干部在社会组织管理中的不同地位与作用、特色"的话，那么，这种研究势必会忽视掉当代中国社团管理实践中丰富多彩的经验素材以及这种实践所反映出来的深层次监管逻辑和治理技术。

其次，闫文对"历史—哲学"路线的另一个批评在于"历史的客观性与真实性如何评判"的问题，换言之，在闫文看来，这种新兴的分析路径有可能为了强求论证逻辑上的一致性而忽视了真实历史的演进过程。对此，闫文的质疑主要集中在了《治理》一文对于1990年代国家先后三次大规模清理整顿市民社会组织这种"运动式治理"之原因的分析上。

在《治理》一文中，作者观察到了这样一种有趣的现象：中国总共进行了四次大规模的社团清理整顿运动，其中，1990年代就占了三次。这种看上去颇为奇怪的现象迫使作者进一步追问其缘由，进而认为，理解1990年代这种高频率的整顿运动的关键切入点就在于当时由国家所主导的市场化改革，亦即，为了保证这场以"城市经济体制改革"为中心的强制性制度变迁能够顺利进行，国家就必须将有可能会严重威胁到市场秩序和改革环境的社团组织牢牢控制住，以防止其做出不利于国家的事情。这种分析逻辑遭到了闫文的质疑，这是因为，"……三次清理整顿，中央常委专门开会讨论，其实质就是对政权安全、稳定与执政合法性的强化。执政安全本身就与市场化改革同等重要，某种程度上超越于市场化改革的重要性。现实就存在一种严重倾向，为了稳定反而弱化市场化改革的动力。党中央三次清理整顿的主要理由都是基于政权安全，附带着规范社会组织的市场行为"（闫东，2013：254~255）。

进而，闫文认为，直到21世纪，甚至在1996年中国共产党正式提出"依法治国"的主张之前，"1990年代动员型治理技术本身就来自中国共产党的政治动员传统，在20世纪90年代是一种常态"。换言之，在闫文看来，《治理》一文所展示出来的社团管理方面的常规化治理与运动式治理的二元对立在事实上似乎并不存在，自然，其中的相关论述就与闫文所认定的"历史现实"产生了一定的差距，反倒有"逻辑推演"之嫌。

「历史—国家分析」视野下的制度变迁

二　回应与问题的细化

针对闫文的上述批评，本文试做出如下回应：

首先，我们大体上接受闫文的第一点批评。在《治理》一文中，虽然我们讨论了中央与地方政府在社团管理上的不同地位、角色、作用和策略，但对同为"国家"的执政党与政府在该事项上所可能存在的不同立场及其成因等问题却揭示得不够。比如，在当代中国的社团治理中，政府部门所供给的具体管理政策有可能与执政党的意志发生冲突吗？如果存在这种可能性，支撑政府的这种"不一致"行为的潜在结构性原因是什么？相应地，政府会通过何种应对手段或机制来缓解、减小甚至消除这种意识形态上的风险？……总而言之，对于社团治理中所存在的中央与地方、执政党与政府间的这两对关系的深度研究值得成为"历史—哲学路径"在未来的重要研究课题。

其次，也是更为重要的是，我们并不完全接受闫文的第二点批评。大体上，闫文的第二点批评可以分为两个方面：（1）1990 年代，国家对社团所进行的大规模清理整顿主要是基于"政权安全、稳定与执政合法性的强化"方面的考虑，而非是为了保障市场化改革的顺利进行。（2）《治理》一文所描述的社团管理方面的常规化治理与运动式治理的二元对立状态实际上并不存在，因为1990 年代中国共产党的治国方式基本上还是主要依靠政治动员传统。

就第一个方面而言，闫文似乎并没有注意到《治理》一文在探讨此问题时的语境和背景：《治理》一文意图追问的是，为什么大规模的社团清理整顿这种独特的"运动式治理"会全部集中在 1990 年代？换言之，任何对于此类国家运动发生成因的解释都不仅需要回答该运动为什么会发生，更需要回答该运动为什么会发生在 1990 年代？如果单纯出于政权安全和稳定之考虑的话，闫文就必须向我们进一步解释，由于前述问题在 1980 年代也同样存在，为什么大规模的清理整顿并没有发生在该时代呢？而《治理》一文反倒揭示了，在 1980 年代，国家对于社团的监管基本上是放任的。这就表明了，实际上，某些远比政权安全和稳定更为深层次的因素决定了 1990 年代的社团清理整顿运动。

从类型学的角度来看，实际上，我们很难把 1980 年代的改革称之为一种纯粹的强制性制度变迁或者供给主导型的制度创新。这是因为，1980 年代的改革充满了断裂和变数。大体上，我们可以将该时期的改革分为两个阶段：即 1978 年至 1984 年的农村改革阶段和 1984 年至今的城市改革阶段。其中，在前一个阶段中，政府主导的色彩较弱，反倒具有了诱致性制度变迁的若干特色。另一方面，直到 1985 年，城市经济体制改革才刚刚起步，然而，不同于 1990 年代，其主要的改革目标在于确立一种以市场价格为核心的价格机制，而在企业改革方面，则主要是以提升企业经营自主性的承包制改革为主，并没有触及一系列深层次的问题（诸如下岗、住房、医疗、社保、教育等）。并且，虽然社会团体的发展在此阶段相当迅速，但远没有成气候，"它们大部分都带有半官方色彩，它们与国家的关系一般来说是屈从性的合作，而不是平等意义上的讨价还价甚至对抗"（赵鼎新，2007：xxii）。上述 1980 年代改革的种种特征就决定了，在这个时期内，那种大规模的社团清理整顿运动是不大可能出现的：这是因为，一方面，1980 年代的农村改革总体上还是一种成本较小的制度变迁，农民在这个时期内从改革中获益较大，并没有像 1990 年代那样作为一个整体被卷入市场化浪潮中，更没有大量涌入城市。另一方面，虽然价格体制改革产生了一定程度的分配不平等现象和寻租行为，但上述现象和行为却是在 1990 年代愈演愈烈的；与此同时，1980 年代国有企业改革的重心也主要是集中在扩大企业的自主权上，而在失业和下岗压力之下，当时的国家"不得不在一段时间里采取多并、转，少关、停的策略"（汪晖，2008：104），这样就在无形中减小了可能的社会动荡程度，尽管工人们的铁饭碗面临着危机，各项社会福利也没有得到改善（甚至还有倒退），但是，相比于 1990 年代以后大规模、全面的企业改制所带来的巨大震荡，毕竟不可同日而语。

相比之下，如果说 1980 年代的改革还兼具诱致性制度变迁与强制性制度变迁的双重特色的话，那么，1990 年代的市场化改革则是一场地地道道的强制性制度变迁：国家明确了建立市场经济体制的总任务，以代替先前的双轨制经济，同时将 1980 年代未完成甚至未触及的诸多社会改革继续了下来，并通过其高度的资源提取力、强大的暴力垄断权和排他性的意识形态，掌控着改革的广度、深度、方向和形式。然而，在深化了经济体制改革和社会改革的同时，政治体制改革却停滞了下来，换言之，"1980 年代试图在各领域进行全面改革的努力被终止，人们所说的'渐进式'改革策略被确立起来"（渠敬东等，2009：113）。而根据新制度主义的基本观点，只有当制度创新所带来的潜在收益大于创新过程所可能产生的各种成本时，这种创新才会发生。从这个角度来看，在不与市民社会进行协商的同时，直接对有可能会干扰到市场化改革进程的各类社会团体加以严格的监控和规训无疑就成为国家在 1990 年代的一个重要任务。

相比之下，根据闫文的逻辑，我们可以得出两个推论：（1）执政合法性等价于政权的安全；（2）政权的安全与市场化改革二者间是彼此分离的，有时甚至是对立的。我们认为，闫文对于当代中国国家合法性的理解是值得商榷的。因为，已经有越来越多的研究表明，当代中国的政体属于一种"新德治政体"（应星，2009）或"革命教化政体"（冯仕政，2011a），同时，当代中国的国家合法性也具有双重来源，即实质上的卡里斯马权威与形式上的法理型权威融为一体（周雪光，2012；周雪光，2013；冯仕政，2011b；蔡禾，2012）。事实上，上述合法性方面的研究并不神秘：这表明了当代中国国家合法性的一种重要形式——政绩合法性。不同于西方国家，当代中国的国家合法性并不依赖于制度程序，相反，世俗化的经济绩效或政绩几乎构成了政党国家获取民众支持的全部来源。从这个角度来看，执政合法性离不开经济绩效，反过来，对于社会团体的任何清理整顿亦是同样出于维持合法性（即保证经济发展）的考虑。如此的话，政权安全与市场化改革就并不是分离的抑或是对立的关系。进而，纵使一段时间内的清理整顿影响到了市场化改革，但从长远来看，还是出于对强制性制度变迁的顺利进行扫除障碍的考虑。因此，即便政权安全的考虑放在当时的语境下具有合理性，它也不应该成为解释当时大规模社团清理整顿的唯一因素。

就第二个方面来说，闫文似乎并没有真正理解运动式治理的产生原因和运行机制。对此，很多研究者的分析可以提供一个很好的借鉴和参照。比如，冯仕政就认为，包括运动式治理在内的当代中国国家运动是三方面动力耦合的结果："一是对国家对社会改造的远大抱负或所面临的绩效合法性压力，这使国家对社会改造有强烈兴趣，并希望获得超常绩效；二是基础权力严重滞后于社会改造需要，国家不得不打破既有的制度、常规和专业界限，以便将有限的基础权力集中起来，投入国家认为最重要的目标上去；三是国家拥有的强大专断权力，不但有意愿这样做，而且能够这样做。"（冯仕政，2011a：83）周雪光则认为，运动型治理机制是政党国家的二元合法性逻辑所产生的必然结果：它实际上是针对常规型官僚体制的组织失败所衍生出来的应对机制，并且，当代中国党政并存的组织结构、相应的红专人事管理、动员机制的日常工作节奏化等等要素保证了这种独特制度实践模式的反复出现（周雪光，2012）。换言之，运动式治理并不是一种执政党是否愿意坚持或放弃，而是有着必然存在的结构性渊源（与政党国家的二元合法性来源共存）的治理模式。只要政党国家的合法性基础没有实现完全转换、国家可支配的"配置型资源"（吉登斯，1998）没有足够丰富，这种治理模式就将在不同领域以不同形式长期存在下去。而对照闫文的论述，我们会发现，闫文似乎认为，只要执政党提出了或者按照依法治国的纲领来实施治理，运动式治理就将退出历史舞台。显然，闫文对于运动式治理的理解与《治理》一文中的界定差别较大，相应地，基于这种理解所展开的批判也不具有足够的说服力。

三 历史—国家分析：一种初步的框架

鉴于主题所限，《治理》一文并没有深入讨论这样一个问题：我们应该通过何种视角或者分析框架来认识当代中国的社团管理体制？在《治理》中，作者曾经对两种路径进行了检讨：一种是"法条论者"的规则中心主义路径，另一种则是"实证论者"的实证主义和科学主义路径。经由分析，《治理》一文提出了一种新的思路，亦即被闫文所称为"历史—哲学"的分析路径。那么，这种研究视角的提出究竟有何必要性？其具体特点又是如何呢？不同于闫文，在本文中，笔者将这种路径称为"历史—国家分析"。大体上，对于这种新路径，可以从两个方面展开剖析。

（一）制度分析的历史之维

之所以称这种路径为"历史—国家分析"，其首要的原因在于，该路径试图将当代中国社团管理制度纳入历史演变的背景中，进而，通过动态分析方法的引入，我们就可以"将时间作为研究对象的因变量，并因此将研究对象置于一个持续性变化过程之中"（江国华，2011：89），对这套体制的形成、变迁过程以及未来的大致走向具有较为深度的把握。大体上，将历史的视野和动态的视角引入研究中，就要求研究者注意到如下两个方面。

1. 实践导向的转型观念

不同于前东欧社会主义国家，当代中国的转型实际上是在政体连续、权力精英连续和主导性意识形态连续的基础上展开的（孙立平，2002；孙立平，2008）。因此，为了保证改革的稳定性和可接受性，当代中国很多领域中的转型都是通过变通或者非正式实践（相比于表面上的正式规则、规范而言）的方式运作的。然而，这种变通并非不重要，这是因为，处于实践中的非正式因素会在一段时间以后反映在新的体制之内，从而成为正式制度的一部分。

以 2000 年出台的《取缔非法民间组织暂行办法》为例。在此之前，国家对于社会团体的取缔主要依照的是 1989 年颁布的《社会团体登记管理条例》（1998 年修订）（以下简称《条例》）。而对比修订前后的《条例》，我们惊讶地发现：1989 年颁布的原《条例》明确地将行政机关的取缔行为界定为一种具体行政行为（行政处罚），并且，社会团体如果对取缔决定不服的，还可以提出行政复议；而在 1998 年修订的新《条例》中，不但对行政相对人的复议权利只字未提，而且，取缔的法律性质也变得模糊起来（属于行政处罚、行政强制还是其他）。类似的立法逻辑在两年后的《取缔非法民间组织暂行办法》（以下简称《办法》）中得到了基本完整的继承。

对于此问题，如果说"法条论者"倾向于将其视为立法上的倒退，那么，"历史—国家分析"则试图追问，为什么会发生这种"倒退"？按照《条例》和《办法》中的界定，取缔的对象自然是非法存在的社会团体组织（未经批准、未经登记或被撤销后继续活动的）。不过，一旦作此理解，严格来说，取缔就既不完全属于行政处罚（因为行政处罚的前提是行政相对人先前具有合法的身份），又不完全属于行政强制措施（因为行政强制属于一种暂时性的限制）。换言之，参照现有的行政法律制度分类，取缔本身的法律性质并不具有明确性。

然而，正是在这样一个法律上的模糊空间内，我们看到了转型中国特有的治理实践：在《取缔非法民间组织暂行办法》颁布之前，国家对于非法社团组织的处理并没有完全按照 1989 年出台的原《条例》执行，因为一旦通过行政处罚的方式进行取缔的话，势必会有大量行政相对人提出行政复议，换言之，原《条例》中确立的科层制、常规化治理模式会严重影响到国家根据改革形势和环境而做出专断行动的有效性。于是，进入 1990 年代以后，在实践中，对于非法组织的取缔主要依照的是诸如《国务院办公厅转发民政部关于清理整顿社会团体请示的通知》（国办发〔1990〕32 号）、《国务院办公厅转发民政部门关于清理整顿社会团体意见的通知》（国办发〔1997〕11 号）和《中共中央办公厅、国务院办公厅关于进一步加强民间组织管理工作的通知》（中办发〔1999〕34 号）这样的临时性文件，同时伴随出现的则是几次众所周知的大规模社团清理整顿这样的"运动式"治理模式。可以说，"政策治理—运动式治理"反倒构成了 1990 年代社团治理的"常态"。而在 2000 年出台的《取缔非法民间组织暂行办法》中，我们就看到了这样一种奇特的制度规定：一方面，对于非法社团组织的认定和取缔，国家拥有极大的自由裁量权，而行政相对人却无法通过行政复议等方式得到救济；另一方面，大规模的社团清理整顿宣告结束，国家试图在制度化、常规化的渠道内解决非法社团组织的处理问题，换言之，之前的运动式治理开始趋向科层制治理转变。上述悖论性的实践及其制度规定表明，国家对于社团组织的管理实际上遵循着一种独特的治理逻辑：长远来看，的确需要将社团治理纳入行政法制轨道，然而，当整个社会尚处于市场化改革初期，国家为了实现有效治理的目的，往往在实践中通过各种变通的政策手段和治理策略，绕过正式的制度规定来解决各类现实的社会问题，甚至会出现在局部制度规定上的"立法倒退"现象。

显然，如果我们注意到了上述悖论性的现象，就必须对当代中国的转型过程和治理实践予以重视，进而，从这种悖论现象出发，"对其中的实践做深入的质性调查，了解其逻辑，同时通过与现存理论的对话和相互作用，来推进自己的理论概念建构"（黄宗智，2005：93）。同时，也要求研究者不局限于正式的制度规范，而将注意力集中到转型过程中的非正式因素及其实践上，对各种看似不合理现象的真实原因和运行机制加以进一步的揭示、总结，以求把握转型中国治理实践背后的运作逻辑。

2. 路径依赖下的"制度微调"

用历史的视野、动态的视角来研究当代中国的社团管理体制还需要注意到具体制度变迁的非预期后果，以及国家为应对新情况的出现所推动的"制度微调"。

在《治理》一文中，我们曾经对 1998 年修订的新《条例》进行了分析，并指出，新《条例》中的规定包含了几项重要的治理原则（即经济原则、扩散原则、渗透原则和过滤原则），这表明国家在通过法律进行治理时所运用的治理技术取得了重要的"进步"。然而，在进入 21 世纪以后，这套制度在运行过程中却产生了诸多非预期后果，比如"由于获得合法身份的门槛太高，越来越多的非政府组织转而采取工商注册的形式，或者在其他党政部门的支持下取得各种变相的合法形式，或者甘冒不登记注册的风险。……同时，在法律给定的合法性得不到保障的情况下，各种形式的社会合法性便大行其道，部门挂靠、媒体报道、领导出席、名人挂帅等，都成为一些组织获得合法性支持的重要渠道"（王名、刘求实，2007：129）。很显然，国家原本用来监控市民社会组织的制度设置却在现实运作中产生了诸多始料不及的结果。对此问题，"历史—国家分析"主张，我们必须要在未来的研究中注意到两个方面。

首先，任何制度安排都会存在着一个"路径依赖"（Path Dependence）的问题。换言之，在现实世界中，一旦人们在一开始选择了某种制度，那么，久而久之，这种制度就自然会产生一种自我强化的机制，进而使得改变或废除这种制度的成本越来越大，最终导致事物沿着某种特定路径发展，而排除了其他可替代性选择的实现（North，1990）。实际上，当代中国的社团管理体制也存在着类似的特点。在1989年首次制定的《社会团体登记管理条例》中，就初步确立了"归口登记、双重负责、分级管理"的管理体制，而在1998年的"修订版"中，新《条例》又进一步深化了监护型控制的治理逻辑，将对社会团体进行总体监控的诸多新技术渗透到已有的制度安排中，并通过复杂的科层制体系加以配合。抛开任何制度都应该具有一定程度的稳定性和可预测性不谈，虽然在现实生活中，这套体制给社团的发展带来了巨大的束缚，然而从管理者的角度来看，它却是一种可取的制度安排：因为它一方面有利于国家更方便地对那些具有一定资源和挑战能力的社会团体进行控制（比如《治理》一文中所谈到的经济原则和扩散原则）；另一方面，即便在监管中出现了疏漏，双重负责体制的特征也有利于分散由此带来的政治风险，合理规避相应的政治责任。从理性经济人的角度来看，既然这套体制既能带来管理便利又能实现责任分散，即使给社团组织的发展带来了再大的麻烦，其规则的制定者也很难有动力去马上改变它。相反，我们倒是看到，在中央层面，在随后几年内相继出台的《民办非企业单位管理登记暂行条例》、《取缔非法民间组织暂行办法》和《基金会管理条例》中，新《条例》里的监管技术和治理逻辑几乎被原封不动地复制到了前者之中，直至今日。

其次，尽管这套体制具有"路径依赖"的特性，但事情还没有严重到已经进入"锁定"（lock-in）的恶性循环。相反，我们应该看到，即便在现实运作中产生了某些"非预期后果"，现有的管理体制还是能够有效应对这些新情况的，因为从历史制度主义的角度分析，这套体制是可以随某些非预期的后果或者新信息、新观念输入的影响而对自身进行某种"微调"（何俊志，2004）。在《治理》一文中，我们曾经对21世纪以后发生的"中央冷、地方热"的社团管理新局面进行了剖析，指出国家通过一种基于机会主义立场的"中央掌控'叫停权'下的放权"框架来解决改革过程中所出现的新问题。实际上，诚如某些研究者所言，在2004年以后，国家对社会团体的管理已经从单纯的"分类控制"深化到了"嵌入型监管"的程度，即从原有的国家对社会团体的重点识别和区分能力，发展到了制度化水平提升、合法化吸纳能力加强和管理手段的多元化（刘鹏、孙艳茹，2011；刘鹏，2011）。然而，无论管理的方式深化到了何种程度，上述变化几乎都是在地方层面发生的。对此，在本文看来，一个可行的解释是，国家对于既有的社团管理体制进行了某种"制度微调"。

一方面，介于1990年代后期形成的刚性监管体制在运行过程中出现了某些"非预期后果"，国家对这套制度的功能进行了细微的调整，亦即，通过默许甚至鼓励其在制度创新中的积极性和能动性，让地方政府在实践中形成一套灵活的制度安排，以此来松动既有的二元管理模式，从而更突出了社团登记管理机关的主导作用。于是，我们看到，尽管目前还不太明显，现有的社团管理体制大体上已经形成了一种"内核/外核"的模式。其中，内核属于中央政府创立的全国性社团管理体制，其制度变迁相对较慢；外核则属于各级地方政府构建起来的地方性社团管理制度，相应地，其制度变迁的速率较快。然而，内核与外核之间并不是静止的关系，相反，二者间存在着复杂的互动。换言之，外核的行动权限是由内核授予的，自然，外核需要在中央政府的制度框架内进行边际调整，内核可以视情况随时中止乃至于收回外核的行动权。同时，外核的自主创新又为内核未来的制度变迁提供了宝贵的经验、教训，也就是说，外核的创新成果也有可能随时被内核合理吸收，从而体现在内核未来的变化中。可以说，2001年以后形成的这种独特的"内核/外核"间的互动模式已经成为先前所提到的"嵌入型监管"得以实现的动力之源。

另一方面，21世纪以来所发生的上述变化还反映了某些新观念、新信息对于原有制度的影响。这里的一个关键问题是，国家为什么会促成这种"内核/外核"模式的形成？我们知道，任何制度都不是存在于真空中的，相反，它总要受到外在环境的影响。而在 2001 年以后，这种外在环境的变化确实是明显的：随着加入世贸组织，中国已经全面进入全球性的经济秩序中，其经济增长模式也发生了巨大的变化。对于各级政府而言，不但要进一步加强已有的吸引外资、开放市场的重大作用，更要在投资环境、市场监管、法律法规等方面与国际全面接轨。于是，从中央到地方，这个时期的治理理念也发生了转变，即依靠"行政吸纳政治"的逻辑来进行社会建设，努力从经营型政府转变为服务型政府（渠敬东等，2009）。无疑，相比于中央政府，各级地方政府在政府职能转变这方面具有更大的变革动力，因为中国目前的行政体制大体上还是属于一种"压力型体制"（荣敬本等，1998），相应地，各级政府官员间均存在着激烈的"政治锦标赛"竞争（周黎安，2008），而 2001 年之后大环境的变化更是加剧了这种压力和竞争的程度。这样，从制度变迁的角度来看，我们就会发现，某种新观念、新信息的输入必然会带来原有社团管理体制的"微调"：作为制度的执行者，各级地方政府更为重视社会团体在促进经济发展、提供公共服务方面的积极作用，而当原有体制不利于社会团体发挥其正面作用时，地方政府就会在实践中按照自己的意愿和理解来执行制度，从而在不触及中央权威的前提下，对制度做边际性的修正乃至于创新。同时，由于中央政府也部分改变了原先的治理理念，自然愿意看到这种创新型实践的展开。于是，一种中央与地方政府间的"共谋型"制度变迁得以发生。

（二）基于"实践性国家观"的"能动型国家"视角

实际上，主张一种历史的、动态的分析必然会涉及国家，因为无论是先前所讨论的实践导向的转型观念还是路径依赖下的"制度微调"问题，都是国家主导下的治理实践在不同领域内的反映，因此，论及当代中国社团管理中的方法论问题，一个无法回避的议题就是我们应该如何看待国家，以及如何在研究中处理好国家视角与社会视角间的关系。

1. 重拾国家分析

本文认为，在未来的研究中，一个更好的理论视角应该以国家为中心：具体来说，应当坚持一种"能动型的国家形态"，以其独特的二元合法性逻辑为主轴，配合一种"实践性国家观"，来考察自主性的国家与市民社会间的具体互动，进而揭示出当代中国社团管理体制的现状、演变规律以及可能的发展道路。

（1） 能动型国家形态

具体来说，这种以国家为中心的分析思路要求我们将国家视为一个能动的行动者，"是一个具有相对自主性、有其相对独立的偏好、利益及运作机制的行动主体"（冯仕政，2012：27）。建立在对于国家上述理解的基础上，我们引进了一个与本文所分析的主题密切相关的概念：国家形态。所谓的"国家形态"，按照学界的界定，"并不是我们熟悉的规范性的国家类型理论，而是指一个国家在特定时期所形成的治理结构以及由此治理结构而产生的行为特征和治理绩效"（杨光斌、郑伟铭，2007：32）。因此，不同于主流理论所规定的那些稳定的、绝对的国家类型，根据国家形态概念所界定出来的国家类型更具有阶段性、周期性和相对性的色彩。换言之，国家形态就是由某个时期内独特的治理实践、治理结构、治理绩效、行动特征、合法性来源等因素所规定的、具有一定时代特征的国家类型。在这个意义上，借用达玛什卡的分类，当代中国的"国家形态"更应该被理解为一种强势的"能动型国家"，而不是西方市民社会经典理论中所预设的那种消极的"回应型国家"（达玛什卡，2004）。相应地，这种能动型国家形态也构成了本文所主张的"历史—国家分析"的逻辑起点。

大体上，我们可以发现，当代中国的能动型国家形态具有如下几点特征。

首先，能动型国家表现为众所周知的"政党国家"或者"党国体制"（party-state）形态。在这种国家的原初版本中，政党与政府是融为一体的，"公共行政大体上只是党务的副产品"（萨托利，2006：74），政党则构成了社会生活的主轴：它具有强烈的、排他性的、全面的意识形态，高强度的对社会资源的提取力、对社会的强制力和对民众政治参与的动员力，能够对几乎所有的社会团体进行一元整合，组织内部则具有高度的凝聚力，决策模式具有相当大的专断性（陈明明，2009）。虽然在 1978 年以后，国家与社会开始逐渐分化，但这种政党国家的权力基础大体上还是保留了下来，形成了一种独特的"后全能主义"体制，仍然具有较强的进行体制变革的动员能力以及对抗非常事件与危机的动员能力，构成了推动当今中国"赶超型现代化"的权威杠杆（萧功秦，2001）。

其次，也是更为重要的地方在于，自改革开放以来，政党国家的合法性基础发生了重大变化，借用韦伯的著名分类，即由原先的领袖——政党卡里斯马权威转变为常规化的政党卡里斯马权威与法理型权威并存。详言之，在 1978 年之前，政党国家的合法性主要来源于意识形态。在这其中，科学规律、历史使命和群众支持构成了这套意识形态必不可少的组成元素（丁轶，2014）。而在新的历史时期，随着经济市场化和社会多元化改革的深入，卡里斯马权威开始向法理型权威转化，但远未完成，因此在现实生活中，"实质上的卡里斯马权威与形式上的法理权威融为一体，成为人民共和国的国家支配方式"（周雪光，2013：16）。

最后，目前二元的卡里斯马权威与法理型权威并不是处于和谐共处的状态下，相反，二者间存在着深刻的矛盾，可以说，它们之间的张力决定了包括社团管理在内的当代中国诸多治理实践的产生和发展。

论及二元合法性权威间的冲突原因，目前已经产生了很多的研究成果（周雪光，2012；周雪光，2013；冯仕政，2011a；冯仕政，2011b），大体上，这些研究都认为，与1978年之前诉诸于阶级斗争、不断革命、群众运动等具有高度理想主义色彩的意识形态相比，在改革开放后，政党国家将意识形态全面世俗化，转而把经济发展、人民富裕、国家富强等内容作为新时期意识形态中的核心话语和理想图景（萧功秦，2008）。这样做的一个结果便是，政绩或经济绩效取代了原先的革命主义理想成为了政党国家的重要合法性来源，换言之，政党国家在新时期的一切行动都是围绕着追求绩效合法性而展开的。一旦这样，在现实的制度运作中，作为卡里斯马权威而存在的"党务系统"必然与作为法理型权威而存在的"政府系统"产生冲突：法理型权威固然能够带来可预测的、常规化的、理性化的治理，但它并非构成了政党国家合法性基础的全部。相反，基于意识形态方面的考虑，执政党在新时期只有不断为群众创造出有效的、甚至是超常的政绩才能实现赶超型现代化战略，才能真正维持其政治上的合法性（丁轶，2014）。于是，随着不同时期的历史形势和发展战略的转变，抑或出现了某些国家亟须解决的社会问题，又或者在常规的科层制治理过程中产生了某些非预期后果，执政党为了实现有效治理的目的，往往会在一定阶段内诉诸某些非科层制甚至是反科层制的治理资源来做出回应，或者干脆置正式制度于不顾，转而依赖某些变通的实践或非正式手段来解决问题。

（2）实践性国家观：理解"市民社会与国家互动"的新视角

那么，坚持以国家为中心来分析当代中国的社团管理体制，会不会与《治理》一文所提倡的"市民社会与国家"的互动研究主张产生冲突呢？在本文看来，二者之间并不存在矛盾，因为我们所理解的"能动型国家形态"还蕴含了一种"实践性国家观"。

这里有个问题需要即刻澄清：尽管当代中国的国家形态属于一种积极的能动型国家，但这种国家是否真能实现治理的有效性？一般而言，有效性又分为两个层次：一是自上而下的有效性，即国家意志和政策得以准确、迅速地贯彻和执行；二是自下而上的有效性，即国家意志和政策的执行是否真的带来了国家发展、社会平等与秩序（蔡禾，2012）。显然，能动型国家的确在追求有效治理，并且，在二元合法性逻辑的作用下，国家对于这种目的的追求愈发显得急切。然而，愿望并不等于现实，因为在威权体制中，权力是自上而下授予的，同时，中央与地方间的关系也没有实现真正的法治化，而是依靠执政党的组织化模式来加以调控的。这就有可能导致两个重要的后果：其一，由于各级基层政府间存在着众多的"共谋行为"（周雪光，2008），国家自上而下的治理有效性并不能完全得到保证，相反，不同政策的执行效果产生了极大的差别，个别情况下甚至"政令不出中南海"；其二，即便自上而下的治理有效性得到了保证，"但是由于自上而下的决策过程既不能保证它与基层实际相一致，也不能保证它能建立在各种利益群体共识的基础上。在一定条件下，这种自上而下的有效性不仅不能带来自下而上的有效性，甚至可能是无效或者负效"（蔡禾，2012：141）。

能动型国家在治理有效性方面所存在的上述困境无疑为我们提供了良好的契机来重新思考"国家与市民社会互动"中的国家角色。固然，国家在本质上是一种"在一定领土之内（成功地）宣布了对正当使用物理暴力的垄断权"团体（韦伯，2009：248），但这并不要求能动型国家总是一种强大的、高高在上的实体，更不需要它构成一种统一的整体，看上去铁板一块，密不透风。相反，由于在现实运作中总是存在着治理有效性的困境，这就要求能动型国家有时呈现出另一幅面孔。换句话说，在这种情况下，国家必须诉诸某些灵活的甚至看上去柔弱的治理实践，将自己融入市民社会中来实现有效治理的目的。这种意义上的国家，看上去就是一系列联系起来的实践碎片所积累起的总体效应，而不是一种压制性的实体，"它更偏好于检视互相强化的、矛盾的实践以及各个不同部分之间的联合"（米格代尔，2013：23），"是一个不同事物混合起来的现实，一种神秘的抽象，其重要性比我们许多人想象的要有限得多"（福柯，2010：92）。如果说在第一种视角下，国家是一种总体性的静止存在物，是法律、禁止、压制、否定、惩罚的同义词，与社会间也存在着鲜明分界线的话，那么，在第二种视角下，国家则开始肯定、鼓励、引导、奖励某些事情，是一种松散的过程性实践，并通过这种实践与社会发生接触，进而被社会所重构，而在这种重构的过程中，国家与社会间的界限也变得模糊不清起来。相比于第一种"总体性国家观"，我们将第二种视角称为"实践性国家观"。

很显然，这种"实践性国家观"与前述的动态分析具有十分紧密的关联。在传统的总体性国家观下，国家是一种结构性的独立变量，继而，从某一特定时刻开始，从国家的正式制度安排或者从国家非正式的治理手段出发，研究者就可以为决定当前社团运行状况的因果机制提供一种解释。但这种研究的缺陷在于：它大体上属于一种静态的分析，而没有考虑到时间维度在其中所起的重要作用。相反，从"实践性国家观"出发，国家不见得只是一种固定不变的实体，它所作用的对象又会反过来影响甚至改变它自身，进而使国家的应对策略不断复杂化、多样化，最终导致国家形象的多面化。而在此过程中所产生出来的正式制度安排和诸多非正式的、变通性的治理实践也会发生互动，使得国家与社会间的界限变得不再那么分明。

运用这种"实践性国家观"也可以更好地理解其他研究者的成果，比如，我们可以合理地解释从"游离型监管"模式到"嵌入型监管"模式的转换过程。根据刘鹏的描述，在"游离型监管"模式中，国家与社会的分离程度较高，国家对社会组织管理的制度化水平较低，管理手段单一，重点识别和区分的能力也不足，受政治精英态度的影响较大，没有明确的政策预期，大量社会组织也无法被吸纳到体制中，从而为了防范政治风险，国家往往在管理中"胡子眉毛一把抓"，四面出击（刘鹏，2011）。显然，根据《治理》一文的描述，我们可以认为，1990 年代国家对于社会团体的管理就典型地体现为一种"游离型监管"模式。那么，为什么这套当时刚刚形成的管理模式会在 21 世纪以后发生重大的变化？难道仅仅是国家因素与社会因素简单叠加的结果？① 在"实践

---

① 刘鹏认为，嵌入型监管的发生机理主要包括四个方面：从国家因素来看，政府的职能转移改革（放松、扩充）为该模式的产生提供了外部条件，同时，政府所具有的成本与风险控制能力也发挥了作用，因为这决定了政府在放松、扩充的同时还要对社会团体进行监管并采用嵌入的方式。从社会因素来看，则主要分为两个方面：1. 社会结构和需求的多元化，这构成了推动嵌入型监管的宏观动力——植入嵌入；2. 社会组织的自利逻辑，这构成了微观动力——接受嵌入。参见（刘鹏，2011：96~98）。

性国家观"看来，上述转变充分表明了能动型国家在国家治理水平方面的不断提升，而这种提升则是由经济、社会方面的"转型危机"所引发的。

众所周知，自1978年以来，当代中国就步入了急速的经济—社会转型轨道中，而在这种剧烈的变迁中，国家面临着巨大的治理压力，这种压力不但体现在需要保证经济的快速发展以便于实现绩效合法性的再生产，还体现在面对经济和社会关系的急剧变化所产生的大量社会矛盾和冲突，国家能够对这种"转型危机"及时给出回应并加以有效解决，而不至于发生全面的制度崩溃（徐湘林，2011）。具体到社团管理上，我们发现，进入1990年代之后，随着市场化改革的全面展开，各类因改革而产生的社会矛盾陡增，为了不使社团组织成为改革的绊脚石，国家亟须调整原有的管理体制和治理策略。于是，在放弃了1980年代那种近乎"放任式"的管理模式后，在整个1990年代，国家对社会团体采取了一种"高压式"的管理模式。

对于1990年代的上述管理模式，《治理》一文已经给出了详细的描述和分析，这里只需补充两点：其一，这种高压管理模式的确立，并不是国家偶然选择的产物，而是深刻地反映了能动型国家在当时的改革形势和政治环境的双重作用下，面对未来不确切的改革前景，所采取的一种理性应对措施。换言之，社团的稳定高于社团的发展，进而通过社团的稳定来换取市场经济的快速发展。其二，透过1990年代的高压管理模式，我们看到了能动型国家的第一个面孔——那种高高在上的、压制的、否定的、禁止的面孔。这就是前文所述的"总体性国家观"在现实生活中的真实体现。在第一个面孔中，国家完全是暴力机器的代名词：它与社会是截然分离的，并对立于、高于后者。

然而，就像1990年代的"转型危机"一样，进入21世纪以来，改革形势的变化和制度运作的"非预期后果"也共同带来了新的"转型危机"。加入世贸组织以后，经济全球化已经成为大势所趋，这时的国家已然成为世界结构支配下的单位，构成了一种"关系性视角"下的存在（邓正来，2011）。这就意味着，在社会团体的监管问题上，此时的国家不但要考虑到国内改革出现的新情况，更要满足经济全球化对国家提供"善治"的迫切需要：一方面，1990年代刚刚确立下来的强监管体制在现实运作中却产生了众多非预期后果（"非法"的社团组织不但没有减少，反而大量涌现，并采取各种方式来规避国家的监管）；另一方面，经济全球化要求之前的经营型政府向服务型政府全面转变，自然也要求政府高度重视各类社团组织在提供公共服务方面的优越性，而不是将防范其政治风险放在首位。如果国家处理不好上述两个方面，那么，不但对社团组织的有效监管会化为泡影，更无法带来经济的高速发展，甚至会严重侵蚀政党国家的合法性基础。于是，为了回应改革中出现的新问题，一种不同于1990 年代"总体性国家观"的"实践性国家观"开始在现实运作中浮现出来，相应地，高压式的"游离型监管"模式开始向灵活的"嵌入型监管"模式转变，而国家与市民社会的关系也由先前的"分离—对立"状态向"嵌入—融合"状态转型。

对于上述转变，这里也有两点评论：首先，就像1990 年代的高压管理模式一样，新世纪以来所确立的嵌入型监管模式也是由一系列现实的约束条件所共同决定的。一如前述，1990 年代国家对社会团体进行了三次大规模的清理整顿，然而，效果又是如何呢？实际上，这种类型的清理整顿只能带来两三年内的"良好"局面，时间一过，各种类型的社团又如雨后春笋般地涌现出来，令国家防不胜防。因此，在十年内搞了三次清理整顿之后，国家开始意识到，与其不断地通过这种费时、费力却又"治标不治本"的方式来将各类社团控制住，不如让它们发展起来，而国家则在吸纳能力、重点识别和区分、制度化水平、管理手段等方面下功夫，努力实现一种社团监管上的经济学状态（即成本最小化、收益最大化的有效监管），换言之，国家在依旧保持其"能动性"本质的同时，逐渐在自己原有的暴力化面孔的基础上，更多地体现出协调者、引导者、仲裁者的形象。其次，如果说由刚性面孔转向柔性面孔具有某种客观必然性的话，那么，相应地，国家与市民社会间的关系也必然会发生重大转变，即由原来的"分离—对立"状态转为"嵌入—融合"状态。那么，上述国家与社会间的新关系是如何形成的呢？对此，我们可以发现，至少在社团组织管理这个方面，国家与社会间的接触与融合并不是通过中央政府而是各级地方政府实现的：中央通过默认甚至鼓励地方政府的社团管理体制创新，以及在此基础上所形成的"内核/外核"模式，将改革中新出现的问题以及隐藏在转型背后的潜在社会矛盾得以有效化解。而在这个过程中，由于地方政府逐步松动了现有的二元管理体制（比如由民政部门直接负责管理，或者将登记管理机关与业务主管机关合二为一，抑或对某些草根民间组织实行备案制），并通过各种形式与社团组织产生联系（比如对某类组织进行经费、场地方面的支持，或者实行政社合作、购买其服务等等），国家就得以渗透乃至于嵌入市民社会中，不但获得了众多原先实行高压式管理模式时得不到的宝贵信息，更有利于在出现问题时采取有效的处理措施，而不至于产生"运动式治理"过后那种尴尬的局面。

透过上述转变，我们也得以发现，能动型国家在解决治理有效性的"老问题"上已经取得了"新突破"：解决自上而下的有效性与自下而上的有效性困境的关键在于，中央政府需要给地方政府在政策制定和执行方面更多的自主权与灵活性，同时，也需要赋予市民社会在此问题上以更多的话语权。而在"内核/外核"模式中，我们恰恰就发现了这样一种解决之道：通过一种我们所谓的"中央掌控'叫停权'下的放权"框架，可以发现，只要不发生政治风险，地方政府可以结合本地区的经济、社会发展状况，对现有的二元管理体制进行全面创新，对除了政治性团体以外的各类组织（甚至包括各类维权组织）予以不同程度的体制性吸纳，从而将可能发生的"转型危机"消灭在萌芽状态。与此同时，地方政府为了实现创新的可行性和有效性，自然需要考虑到各类社团组织的意见呼声和利益诉求，从而在不断的修正与调适中完善制度创新的成果。①而中央政府在这个过程中，则保持着决策的开放性与参与性，尤为注重各方意见和偏好的汇总与协调，进而努力将地方实践中的合理性因素整合起来，为未来《社会团体登记管理条例》的立法修订奠定坚实的基础。甚至可以说，21世纪以后在社团管理上形成的"内核/外核"模式已经充分表明，一种独具中国特色的"共识型"决策体制（樊鹏，2013）正在逐渐形成，而这种新型体制有望摆脱传统单一决策体制所存在的"自上而下的有效性与自下而上的有效性"之间内生的悖论性困境，为中国未来的国家治理探索出一条新的道路。

---

① 比如，2013年4月1日，《深圳特区报》、《深圳商报》、深圳电视台、深圳广播电台、深圳人大网等媒体就向社会发布公告，公开就深圳市的行业协会立法征求意见；5月27日又在《深圳特区报》、"深圳人大网"、"深圳政府在线"和"深圳新闻网"全文公布了《深圳经济特区行业协会条例（草案）》，公开向社会征求意见，受到了社会公众的广泛关注。据媒体报道，截至7月上旬，3个月时间，深圳市内务司法工委办公室共收到电子邮件150多件，传真60多份，接到市民电话100多人次，市民在"深圳新闻网"相关论坛上发表意见800多人次，相关论坛浏览点击量达5万多人次，共收集到意见和建议3000多条。参见深圳新闻网，2014年8月17日，http://www.sznews.com/news/content/2013-08/28/content_8461859.htm。类似的例子在全国各地的地方性社团立法中屡见不鲜，尤见于经济发达地区，诸如广东、浙江、上海等地。

四　结语：重新认识转型中国——一种
"治"与"变"的辩证法

　　1989 年之后，随着东欧社会主义国家尤其是苏联的倒台，围绕着中国特色的社会主义改革能否坚持下去的悲观论调大量出现，许多论者甚至认为，中国的威权主义统治即将崩溃，代表"历史终结"的自由民主制度自然将在中国建立起来（Chang，2001；Pei，2006）。然而，事实证明，上述预测均没有说服力，1989 年后的政治实践反倒表明，当代中国的国家治理已经取得了丰硕的成果和宝贵的经验，不但没有发生大规模的动乱，各项领域的改革均在有条不紊进行，虽然这套体制还存在着一定的问题，但政党国家总能够通过不同方式的改革来回应现实中的问题，进而实现有效治理的总目的。因此，从学术研究的角度来说，我们就应该关注如下一些问题：既然这套体制总能够保持一种"威权主义的弹性"（Nathan，2003）或者能够不断地"收缩与调适"（沈大伟，2012），那么，它在不同领域中的具体实践又是如何表现的？其背后的运作机理是什么？而从具体的实践与运作机制的分析中，我们又能够提炼出何种研究框架和理论模式？

　　经由本文的研究表明，至少在当代中国的社团管理领域，政党国家的确能够根据不同时期的改革形势以及新出现的"非预期后果"，不断地调整既有的管理体制、监管策略和治理实践（比如从运动式治理到科层制治理、从高压控制模式到"内核/外核"间的互动模式、从"总体性国家观"到"实践性国家观"、从单一决策体制到"共识型"体制等等），在最大限度内回应了由时代变迁所引发的、对于制度安排的新要求和新挑战，进而将改革中可能产生的"转型危机"和"治理危机"减小到了最低程度，从而也证明了，在当代中国的国家治理中，确实存在着一种渐进性的"危机—体制改革—适应"的推进模式（徐湘林，2011）。因此，我们想再次强调，对于转型中国的任何研究都不能只从表面上的制度规定或者西方化的理论体系和价值观念出发，而是应该从当代中国特有的治理实践和治理经验出发，追问这种实践与制度、经验与理论间产生张力乃至于冲突的缘由，并以此为契机，对既有的研究框架和理论模式进行反思和重构，从而贡献出一套能够有效分析当代中国国家治理机制和逻辑的转型理论。

进而，我们认为，本文所提出的"历史—国家分析"框架确实是一套适合于转型中国现实的理论路径，因为这种路径敏锐地把握了当代中国国家治理的两大特征：一是"变"，二是"治"。言其"变"，是因为自1978年以来的当代中国改革进程，除了经济发展以外，没有任何既定的"理想图景"可以作为社会动员与整合的价值基础，这也就自然而然地赋予了改革以正当性，换言之，"'变'成了一种社会意义上的常态"（李汉林等，2005：94）。这意味着，在今日的转型中国，任何制度安排都不具有终极性，相反，一切体制性的因素都构成了制度变迁中一个不确定的暂时支点，继而，唯有通过一种动态的、历史性的视角方能把握这种"变"的规律、趋势和实质，而通过对于"变"的关注，我们就可以发现诸多变通性的实践或者制度外的因素对于制度变迁所起到的推动作用。言其"治"，则是因为在中国的历史传统里，如何治理好社会从而实现理想的政治秩序始终是历代统治者们所关注的核心问题，强调"治术""治道"的"政道"思维也明显与西方流行的"政体"思维形成了鲜明的对比（王绍光，2012）。即使在改革时期，这种独特的"重治"倾向也没有发生重大的转变。而在研究"治"的过程中，自然需要关注从事治理的主体（政党国家）以及由此所产生的一系列丰富的治理实践、治理技术、治理机制和治理逻辑。同时，一旦将"变"与"治"联系起来，我们就可以洞识到，即使是国家本身也是在不断变化的：国家在回应各种危机与矛盾、在与社会的具体互动中，不但改变了治理的客体，也被客体改变了主体，从而使自己的面孔更为多样化，形象也更为复杂化。

反过来，我们也可以说，介于"变"与"治"在当代中国的转型过程中占据了如此重要的角色，任何有关转型中国的理论研究就自然无法忽视它们的"支配性"地位。换言之，一种研究是否体现出了"变"的趋势，是否注意到了"治"的作用，就成为评价这种研究的一个重要标尺。在这个意义上，"历史—国家分析"同时与两种研究取向产生了差别：一种研究预设了某类"他者"的价值观或理想图景，继而从这种价值标准出发，对现有的体制做全面的批判；另一种研究则反其道而行之，仅仅对目前的体制做静态的研究，试图论证既有制度安排的优越性和有效性，最终蜕化为对现状的全面辩护。而在"历史—国家分析"的框架中，上述转型中国研究中经常出现的两种"不良"倾向却得到了有效的克服。这是因为，"历史—国家分析"并不预设任何理想图景，而是坚持从"治"中看"变"，又从"变"中看"治"，进而从"治"与"变"的无限循环中看到某种"不变"：首先，转型中国国家治理的一个总体逻辑是有效治理，这就意味着，任何制度安排一旦在运行中无法满足时代的需要，国家就必然要推动制度的变迁；其次，这种制度变迁的归宿仍然是追求某种"治"，换言之，国家不会荒唐到推动某种解决不了任何现实问题的制度变迁，亦即，能否回应社会需要、有效化解转型危机始终是国家评价制度变迁的价值标准；最后，很显然，只要时代在发展，上述"治"与"变"间的循环是就是无限的，但从无限的循环中，我们还是可以把握某些"不变"的规律：其一，任何体制都不是终极的制度安排，相反，它总是在解决了某些问题的同时却又产生了一些新问题，抑或为新问题的产生埋下了伏笔，而当新问题随着时代的发展逐渐形成"累积效应"时，国家自然要推动制度的变迁，来解决这些新问题。其二，由于时代一直在变，相应地，各种无法预料的新问题也会接踵而来，这就导致我们无法按照一套固定的价值标准来评价某个制度体系，而只能抱持一种实用主义态度，以问题为中心，对这套制度解决现实问题的能力做出客观的评估，并提出可行的改进意见。自然，一旦我们把思路调整到"治"与"变"间的"辩证法"上，原先困扰研究者的要么"全盘否定"、要么"全面辩护"间的两难困境将会得到有效化解。

很明显，通过上述分析，我们会发现，1978年以来的改革历程已经为当代中国的转型研究提供了足够丰富的宝藏，然而，作为开采者的研究者们却无法直接获取矿藏，除非他们拥有合适的"开采工具"。在我们看来，这种工具绝不可能从西方"直接进口"，而只能从转型中国种种独特的治理实践和治理经验出发，在对既有研究路径和理论模式进行不断对照、反思与修正的基础上获得。在这个意义上，"历史—国家分析"框架的提出并不奇怪，它只不过是对两种看上去司空见惯却又容易被忽略之现象的理论抽象：一是转型中国时刻都处于变化的状态中，二是政党国家在中国的"赶超型现代化"事业中居于绝对的主导地位。当然，"历史—国家分析"并不指望囊括转型中国治理领域的全部，更不指望成为一种长期有效的研究框架，它仅仅想提醒我们，转型中国是一个多面的、复杂的矛盾统一体，是任何成熟的西方理论模式所解释不了的，相应地，对于它的认识也是无止境的，更是值得付出努力的，这也是本文的主旨所在。

参考文献

蔡禾（2012）：《国家治理的有效性与合法性——对周雪光、冯仕政二文的再思考》，《开放时代》，第 2 期。

陈明明（2009）：《党治国家的理由、形态与限度》，载陈明明主编，《复旦政治学评论》（第七辑），上海：上海人民出版社。

达玛什卡（2004）：《司法和国家权力的多种面孔》，郑戈译，北京：中国政法大学出版社。

邓正来（2011）：《生存性智慧模式——对中国市民社会研究既有理论模式的检视》，《吉林大学社会科学学报》，第 2 期。

丁轶（2014）：《当代中国法治实践中的"转型法理学"——基于转型中国二元合法性间张力的考察》，《人大法律评论》，第 2 期。

樊鹏（2013）：《论中国的"共识型"体制》，《开放时代》，第 3 期。

冯仕政（2011a）：《中国国家运动的形成与变异：基于政体的整体性解释》，《开放时代》，第 1 期。

——（2011b）：《法治、政治与中国现代化》，《学海》第 4 期。

——（2012）：《国家政权建设与新中国信访制度的形成及演变》，《社会学研究》，第 4 期。

福柯（2010）：《安全、领土与人口》，钱翰、陈晓径译，上海：上海人民出版社。

何俊志（2004）：《结构、历史与行为——历史制度主义对政治科学的重构》，上海：复旦大学出版社。

黄宗智（2005）：《认识中国——走向从实践出发的社会科学》，《中国社会科学》，第 1 期。

吉登斯（1998）：《民族—国家与暴力》，胡宗泽、赵力涛译，北京：生活·读书·新知三联书店。

江国华（2011）：《中国宪法学的研究范式与向度》，《中国法学》，第 1 期。

李汉林等（2005）：《组织和制度变迁的社会过程：一种拟议的综合分析》，《中国社会科学》，第 1 期。

刘鹏（2011）：《从分类控制走向嵌入型监管：地方政府社会组织管理政策创新》，《中国人民大学学报》，第 5 期。

刘鹏、孙燕茹（2011）：《走向嵌入型监管：当代中国政府社会组织管理体制的新观察》，《经济社会体制比较》，第 4 期。

米格代尔（2013）：《社会中的国家：国家与社会如何相互改变与相互构成》，李杨、郭一聪译，南京：江苏人民出版社。

渠敬东等（2009）：《从总体支配到技术治理——基于中国 30 年改革经验的社会学分析》，《中国社会科学》，第 6 期。

荣敬本等（1998）：《从压力型体制向民主合作制的转变：县乡两级政治体制改革》，北京：中央编译出版社。

萨托利（2006）：《政党与政党体制》，王明进译，北京：商务印书馆。

沈大伟（2012）：《中国共产党：收缩与调适》，吕增奎、王新颖译，北京：中央编译出版社。

孙立平（2002）：《实践社会学与市场转型过程分析》，《中国社会科学》第 5 期。

——（2008）：《社会转型：发展社会学的新议题》，《开放时代》第 2 期。

汪晖（2008）：《中国"新自由主义"的历史根源——再论当代中国大陆的思想状况与现代性问题》，载汪晖，《去政治化的政治：短 20 世纪的终结与 90 年代》，北京：生活·读书·新知三联书店。

王名、刘求实（2007）：《中国非政府组织发展的制度分析》，《中国非营利评论》，第 1 卷。

王绍光（2012）：《政体与政道：中西政治分析的异同》，载王绍光主编，《理想政治秩序：中西古今的探求》，北京：生活·读书·新知三联书店。

韦伯（2009）：《韦伯政治著作选》，阎克文译，北京：东方出版社。

萧功秦（2001）：《后全能体制与二十一世纪中国的政治发展》，载萧功秦《与政治浪漫主义告别》，武汉：湖北教育出版社。

——（2008）：《改革开放以来意识形态创新的历史考察》，载萧功秦《中国的大转型：从发展政治学看中国变革》，北京：新星出版社。

徐湘林（2010）：《转型危机与国家治理：中国的经验》，《经济社会体制比较》，第 5 期。

闫东（2013）：《对当前国家社会组织管理模式的研究述评》，《中国非营利评论》，第 2 卷。

杨光斌、郑伟铭（2007）：《国家形态与国家治理：苏联—俄罗斯转型经验研究》，《中国社会科学》，第 4 期。

应星（2009）：《论当代中国的新德治》，载应星，《村庄审判史中的道德与政治》，北京：知识产权出版社。

赵鼎新（2007）：《国家·社会关系与八九北京学运》，香港：香港中文大学出版社。

周黎安（2008）：《转型中的地方政府：官员激励与治理》，上海：上海人民出版社。

周雪光（2008）：《基层政府间的"共谋现象"：一个政府行为的制度逻辑》，《社会学研究》，第 6 期。

——（2012）：《运动型治理机制：中国国家治理的制度逻辑再思考》，《开放时代》，第 9 期。

——（2013）：《国家治理逻辑与中国官僚体制：一个韦伯理论视角》，《开放时代》，第 3 期。

Chang, G. G. (2001), *The Coming Collapse of China*, New York：Random House.

Nathan, A. J. (2003), "Authoritarian Resilience", 14（1）*Journal of Democracy*.

North, D. C. (1990), *Institution, Institutional Change and Economic Performance*, Cambridge ：Cambridge University Press.

Pei, Minxin (2006), *China's Trapped Transformation: The Limits of Developmental Autocracy*, Cambridge : Harvard University Press.

System Evolution from the Perspective of "History-State"
—A Reexamination of Chinese Contemporary Social Organization Management System and a Reply to Yan Dong

Ding Yi

[**Abstract**] Proceeding from the two core characteristics of evolving state governance in China, namely, treatment and transformation, we can draw the route of "history-state analysis". In short, the "history-state analysis" is an approach of dynamic analysis, which upholds the concept of transformation oriented to practice and adopts the theoretical perspectives centered on "dynamic form of the state" and "practice-oriented concept about the state". Under this theory, the transformation from the mode of "dissociated supervision" to that of "embedded supervision" should be regarded as transformation from "holistic concept of the state" to "practice-oriented concept of the state", and the innovation of social organization management system in the new century can be boiled down to an interaction mode between the "inner and outer cores". In general, via effective interaction between formal rules and informal practice as well as appropriate work division between the central and local governments, the Chinese contemporary social organization management system can satisfy the needs for social development and effectively cope with transformation crises attending reforms.

[**Keywords**] history-state analysis; inner/outer core mode; practice-oriented concept of the state; "treatment" and "transformation"

（责任编辑：陈洪涛）

当代中国企业雇员志愿服务解析

张网成[*]

【摘要】中国企业雇员志愿服务具有相对较高的参与率、很高的志愿者流失率、很低的志愿服务频率、很短的志愿服务时长等特点。企业雇员志愿服务较高的参与率与政府大规模的行政动员有关；企业雇员志愿服务的高流失率、低服务频率、短服务时长等特点则与非营利组织缺位有关。中国企业雇员志愿服务表现出来的特点主要是由于"低福利体制下的依附发展模式"下非营利组织缺位而形成的。

【关键词】企业雇员　志愿服务　非营利组织　功能缺位

社会组织和社区的志愿服务组织者们都渴望能够动员大量在职人士（包括居住在社区的上班族）参与社区志愿服务，因为现有的、以退休人员和大学生为主的志愿者队伍缺乏提供专业志愿服务的能力。然而，即便是那些有着大量"驻社单位"的社区也不得不面对这样的现实，即除了在"社区共建"类公益活动中能偶尔看到"驻社单位"的少数职工外，志愿服务的组织者们很难按照居民的需求动员在职人员参加服务，更不用说组建专门的企业雇员志愿者队伍。是大多数在职人士都不提供志愿服务，还是大多数在职志愿者仅仅是偶然提供志愿服务（如参与"社区共建"）？原因是什么？抑或是在社会组织和社区之外

---

* 张网成，哲学博士，北京师范大学哲学与社会学院副教授，北京师范大学社会工作与志愿服务研究中心主任。

还有更强大的志愿服务组织者？如果是，那么这些被动员起来的在职志愿者又在何处提供志愿服务？

本文将利用笔者于 2010 年主持的一项六省市志愿服务调查数据，展示和分析中国企业雇员志愿服务的现状和问题，并尝试从非营利组织缺位的角度给予解释。需要事先指出的是，由于本文使用的数据不是单独针对"企业雇员志愿服务"收集的，因此，并不能全面反映雇员志愿服务的现状与问题。此外，由于样本存在偏差问题，本文中中国企业雇员参加志愿服务的比例、频率等可能存在高估的现象。

一　样本的基本信息

2010 年项目的调查对象是中国大陆地区 18 周岁以上的常住居民，样本选取采取了多阶段抽样办法。首先，根据各地社会经济条件（以人均国民总收入的高低为衡量标准）和社会组织发育状况（以万人平均拥有的社会组织的数量多少为衡量标准）选择了北京、浙江、湖南、黑龙江、云南、甘肃 6 个有代表性的内地省（直辖市）；然后，参考社会经济发展水平高低在每个样本省（直辖市）选取 3 个有代表性的区（县），分别代表省会或大城市的中心城区、地市级城市的一般城区和中等发展水平的县；此后，在每个区/县各选出 1 个中等发展水平、人口在 5 万左右、职业类型较丰富的街道/乡镇作为调查实施地；最后，在每个样本街道/乡镇中随机抽出了 300 个样本家庭供入户调查之用。六个省市最后共收集到 5400 份调查问卷，经严格筛选后剩下 5017 份有效问卷。

"企业雇员"包括工人、职员、务工农民、服务人员、销售人员五类人群，但不包括官员、公务员、教师等非企业雇员，也不包括农民、学生、失业者、家务劳动者等。在全部 5017 份调查问卷中，"企业雇员"填写的问卷共 2068 份，占总数的 41.2%。2068 名企业雇员调查对象的基本信息如下：男女性别比为 50.2 : 49.8，与中国人口性别比基本一致；年龄在 18~29 岁、30~39 岁、40~49 岁、50~59 岁及 60 岁以上的分别占 29.6%、32.8%、21.8%、11.6% 和 4.2%，低龄雇员的比重明显偏高；初中及以下、高中、大专及本科以上学历的调查对象比例分别为 23.8%、36.6%、20.2% 及 19.4%，高等学历者的比重明显偏高；有宗教信仰的占 8%，无信仰人士占 61%，共产党员和共青团员占31%，后者的比例明显偏高；居住在城市和农村的分别为73%和27%，居住在农村的比例明显偏低；月均收入在1000元以下的占20.3%，1000~2000元的占42.3%，2000~4000元的占29%，超过4000元的仅占8.4%。

二 中国企业雇员志愿服务的表现

企业雇员会选择何时在哪些组织参与志愿服务、其服务对象为谁、动机为何、服务频率如何等问题，是本节关注的重点。由于目前的中文文献中，企业志愿服务（corporate volunteering）和雇员志愿服务（employee volunteering）被同等使用[1]（王忠平、史常亮，2014：11），因此这里有必要就企业雇员志愿服务的概念做一些澄清。本文中，雇员志愿服务是指企业雇员参与的、有组织的志愿服务，分三种形式：一是参与所在企业自己组织的志愿服务；二是参与所在企业资助的、由其他组织开展的志愿服务；三是参加与所在企业无关的、由其他组织（包括其他企业）开展的志愿服务。[2] 在此定义界定下，雇员为其他人提供的个人无偿服务行为不在本文关注之列。

1. 志愿服务的历史

在本次调查的企业雇员中，有三分之一的从未提供过志愿服务，换句话说，有三分之二的调查对象参加过志愿服务，明显高于 VSO 北京调查得出的企业雇员志愿服务参与率54%[3]和北京志愿者联合会等调查得出的46.2%（王忠平、史常亮，2014：16）。这种差异可以从两个方面来解释：一是由样本获取方式的不同而造成的，本文使用分层抽样获取样本，具有较高的代表性，而其他两项则采取了线上调研的方式获取样本，随意性较大和代表性较低；二是由不同的动员主体造成的，本文的调查对象更多是受到政府的影响而参加志愿服务，而其他两项研究的调查对象更多是受到企业的动员而参加志愿服务。

如图1所示，超过三分之一的企业雇员的志愿服务历史不超过2年，这说

---

[1] VSO 北京代表处：《推动中国企业志愿服务（2012.03 – 2012.10）》，第16页，http://www.doc88.com/p – 2701068372406.html。

[2] 第三种形式的员工志愿服务与其所在企业并无关联，将其纳入企业志愿服务的范畴显然是不恰当的。

[3] VSO 北京代表处：《推动中国企业志愿服务（2012.03 – 2012.10）》，第20页，http://www.doc88.com/p – 2701068372406.html。

明近 7 成的企业雇员在 2008 年（四川汶川地震、北京奥运会）以前还没有开始志愿服务。在 2003 年（"非典事件"）之前未曾参加过志愿服务的比例高达 85.7%。2001 年（国际志愿年）之前开始志愿服务的企业雇员仅为 10.8%。这种情况表明，中国企业雇员的志愿服务起步很晚，但在 21 世纪有较为快速的发展，尤其是明显受到了一系列重大事件的推动。这与中国志愿服务的整体发展情况是基本一致的。

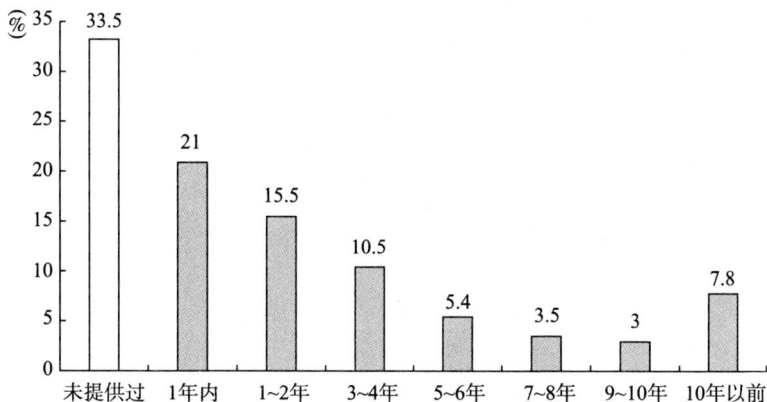

图 1　第一次志愿服务至今多长时间

本次调查数据还表明，在 2009 年 9 月至 2010 年 9 月间的一年内，企业雇员中参与过志愿服务的比例高达 43.6%。在参与过志愿服务的志愿者中间，近一半（48.4%）的雇员志愿者是当年开始参加志愿服务的，这说明 2010 年前后中国的企业雇员志愿服务处于快速发展期；但同时，这也意味着，半数以上更早开始参加志愿服务的企业雇员在过去一年中并没有参加志愿服务，可见企业雇员志愿者的流失率之高，从一个侧面反映了中国企业雇员志愿服务的组织者还不能很好地管理和使用志愿者。

仅从参与率的角度看，中国企业雇员参与志愿服务的比例并不是很低的。2010 年，加拿大从业人员中参加志愿服务的比例为 50%，高于失业人群的 34% 和非就业人口的 44%。

2. 父辈的影响

很多国家的实证分析都发现，父辈从事过志愿服务是对子女有正面影响的（Bekkers，2005；Jones，2000）。加拿大统计局 2010 年的"慈善捐赠、志愿服务和公民参与"调查（CSGVP）显示，父母单方或双方参与过志愿服务的调查对象的志愿服务参与率为58%，而父母没有参与过志愿服务的调查对象的志愿服务参与率仅为38%（Vézina & Crompton，2012：44）。本次调查中，30.3%的受调查者报告说其父母曾经提供过志愿服务，33.2%的人回答说其父母没有做过志愿者，另有36.5%的人不知道其父母是否提供过志愿服务（见图2）。交叉分析的结果表明，父母当过志愿者的企业雇员从来没有参加过志愿服务的比例仅为14.6%，远远低于其余的企业雇员从未参与过志愿服务的比例（43.3%），也明显低于全部企业雇员未参加过志愿服务的比例（33.3%）。这种情况表明，父辈的影响在中国同样存在（张网成，2011：18）。可问题恰恰是，中国参与过志愿服务的父辈的比例是很低的。这种情况决定了中国的企业雇员志愿服务还将在很长一段时期内依赖于有意识地动员，包括行政动员。

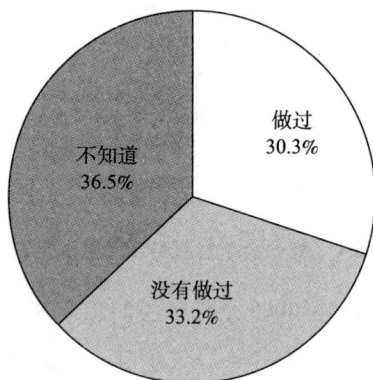

图2 父母是否参加过志愿服务

3. 志愿服务的时间选择

从图3显示的数据来看，35.8%的企业雇员志愿者选择在节假日和双休日从事志愿服务。由于中国的节假日相对而言是比较少的，且很多企业（尤其是私营企业）的雇员并不能享受每周两天的休息时间，因此，大量有志愿服务意向的企业雇员选择在节假日和双休日提供志愿服务是可以理解的，但事实上这么做的人不会很多。此外，有略过三分之一的企业雇员志愿者选择了在工余时间从事志愿服务。但问题是，此次调查发现，约六成企业雇员的周劳动时间超过了40小时，也就是说，大部分企业雇员的工余时间并不多，因此，有意愿在工余时间参加志愿服务的企业雇员中有相当一部分实际上不会这么做。交叉分析证明，当每周工作时间超过45小时后，人们的志愿服务参与率会迅速下降。

虽然有近五分之一的雇员志愿者随时准备参加志愿服务，但正确的理解是，这仅仅表明了他们的态度，而并不意味着他们确实能够这样做，因为绝大部分的中国雇员并不能自由选择工作时间。

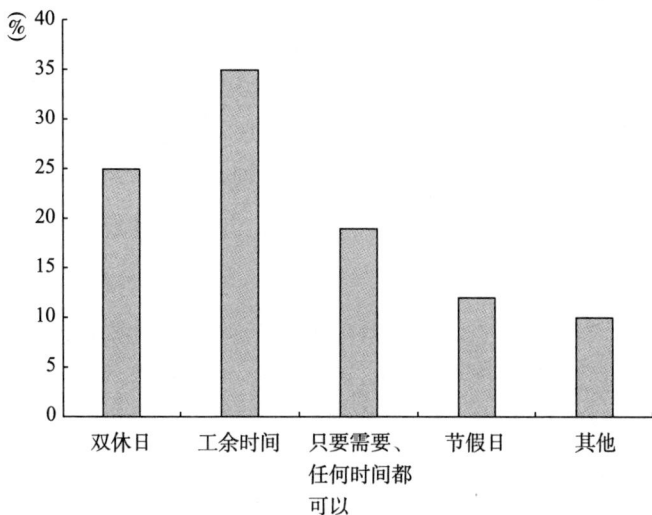

图3 志愿服务的时间选择

4. 志愿服务的动机

从图4给出的数据来看①，选择"帮助他人"的企业雇员志愿者最多（58.2%），其次是"做些有价值的事"（34.6%），"改善社区环境"和"保持积极生活态度"也是选择较多的理由。在总的选择次数中，"利他主义"理由（帮助他人、改善社区、给孩子树立榜样、回报社会、重在参与、宗教信仰等）占50%，"利己主义"动机（发挥自己的经验和技巧、保持积极生活态度、自我实现、做有价值的事、积累工作经历、学习新知识、社会交往等）的占42.3%。有意思的是，只有5.6%的人视"单位或学校的要求"为其从事志愿服务的理由，这与四成志愿者是在被要求的情况下才参与志愿服务形成鲜明的对比。这至少说明，中国自上而下的志愿服务动员模式不会从根本上对志愿服务的基本价值构成消极影响。企业雇员参与志愿服务动机的多样性，反过来说明了企业组织志愿服务的局限性。

---

① 问卷中本题为多选题，答案为选择其中3项。

尽管不能排除其他动机项中有与社区相关的，但明确与社区相关的仅有一项"改善社区环境"，且只有 19.6% 的企业雇员志愿者做了此选择。这与西方发达国家的志愿者形成了鲜明的对比，如加拿大统计局 2010 年的 CSGVP 调查显示，选择"为社区做贡献"为其动机项的志愿者比例高达 93%，是所有动机项中最高的（Vézina & Crompton，2012：47）。遗憾的是，加拿大的报告中没有单列出企业雇员志愿者的动机选择情况。

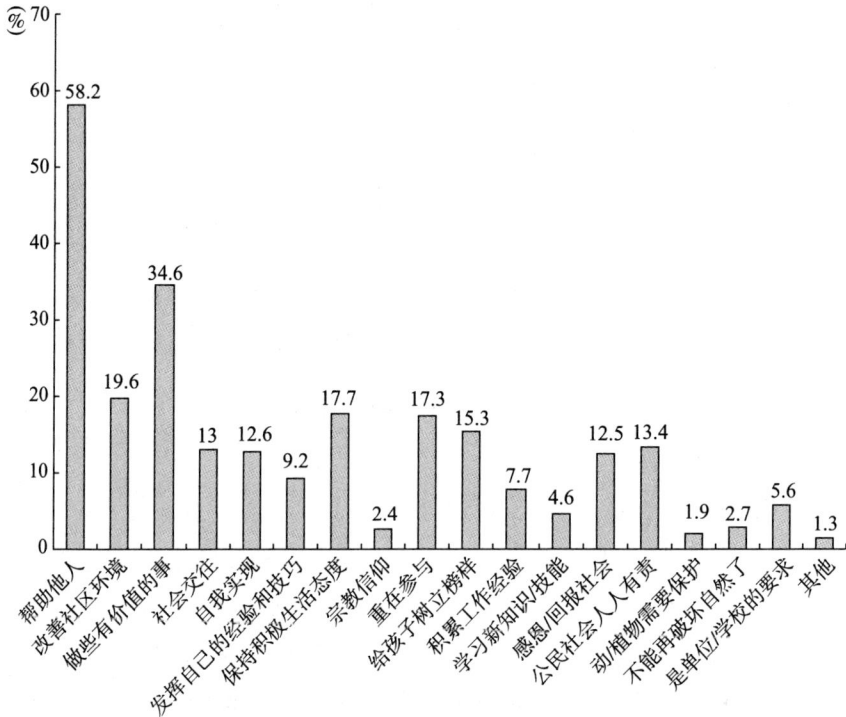

图 4　志愿服务的动机

5. 志愿服务的对象选择

与政府提供的公共服务不同，志愿服务往往会表现出对服务对象的选择偏好。这大概也是部分志愿者不会总是通过自己的企业提供志愿服务的重要原因。弄清这一点，对于企业志愿服务的组织方具有重要意义。此次调查数据的分析①显示（见图 5），企业雇员志愿者的选择是多样的，其中，选择次数最多的

①　问卷中本题为多选题，答案为选择其中 3 项。

是孤寡老人、残疾人、弱势儿童、灾民等传统意义上的慈善对象，这反映了企业雇员对于当代中国社会问题的认识，也可能与中国政府和宣传媒体近年来的倡导和引导有关。选择外来务工人员、失业者、边缘青少年、吸毒者、艾滋病患者等现代社会的边缘弱势人群的企业雇员则相对很少，这可能与调查对象对这些弱势人群了解相对较少有关，也有可能与社会流行的关于这些人群的弱势的成因理解有关。认为环境和濒危动植物最应该成为志愿服务对象的调查对象的比例并不高，这既与中国政府在这些问题宣传上的保守态度有关，也反映了中国环保组织目前的志愿服务动员能力不足。

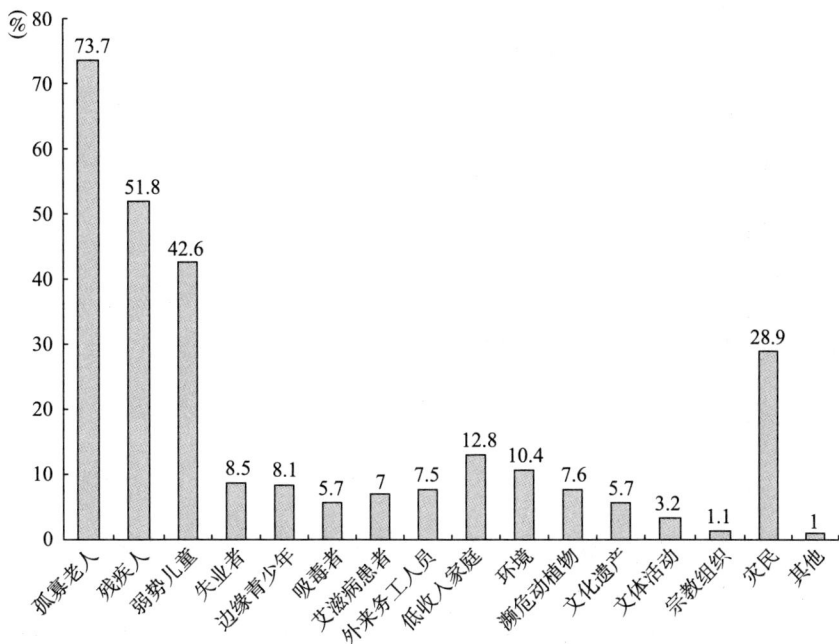

图5　最应该得到志愿者关注的服务对象

与西方国家的情况形成鲜明对比的是，宗教在中国志愿服务发展中的作用非常微弱，不仅因为宗教信仰参与志愿服务的人很少，组织志愿服务活动的宗教组织也很少，而且认为宗教组织应该成为志愿服务对象的人也不多，这与中国政府长期坚持的去宗教化政策是有关的。

企业雇员志愿者所呈现的服务对象选择偏好，将在很大程度上影响中国企业志愿服务的发展方向和模式选择，选择偏好的多样性进一步突出了企业组织志愿服务的局限性。

6. 志愿服务方式的选择

从图 6 中可以看到，企业雇员志愿者从事的志愿服务工作主要是善款和善物的筹集、捐赠物品的售卖、宣传及信息咨询、受益对象的陪伴/倾听/抚慰及场地的准备/清理等五项，而其中最为频繁的是筹集善款与善物。这五项相加，共占总选择次数的 **55.3%**，再加上联络及沟通工作，这些不一定需要专业知识背景和专业技能培训的普通志愿工作的比例高达 **59.5%**，接近六成。而像媒体制作、教练、应急、表演、组织管理、办公室工作、环境与动植物保护等可能需要一定专业知识背景和技能培训的志愿服务占总选择次数的 **22.7%**，不足四分之一。这种情况反映，中国企业雇员目前从事专业志愿服务的比例还不是很高，这与中国志愿服务还处于起步阶段明显有关。

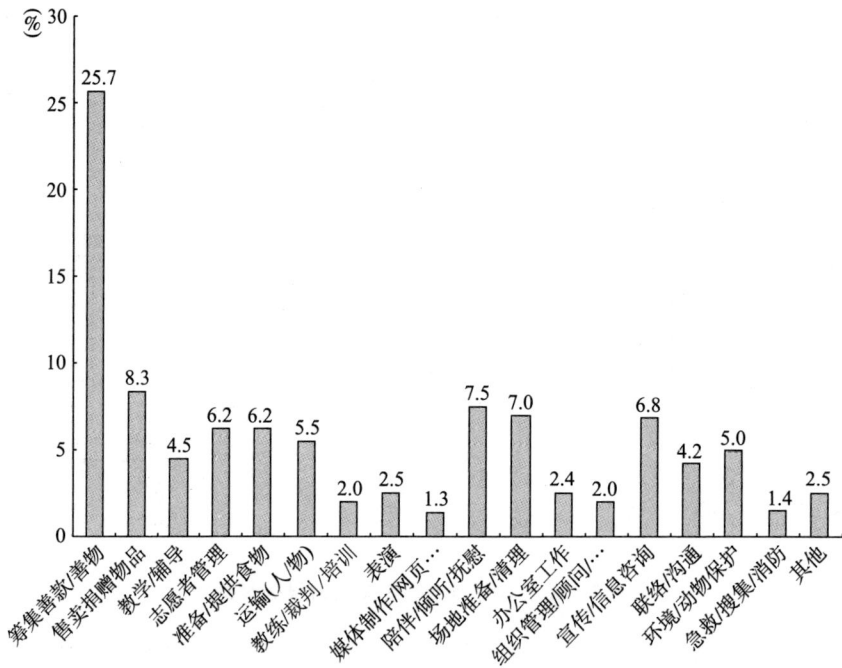

图 6　志愿服务的内容选择

将慈善资金筹集、慈善物品售卖、媒体制作、办公室工作、组织管理等视为间接的志愿服务内容，所占到总选择次数的比例达到 **45.9%**；将教练、表演、陪伴、宣传、环境保护、场地准备等视为直接的志愿服务，所占总选择次数的比例也达到 **44.6%**。这种情况体现了志愿服务组织对志愿者的双重依赖：既依赖志愿者为受益对象服务，也依赖志愿者为组织服务。这也是有组织的志愿服务与个人直接向他人或团体提供无偿服务的重要区别所在。

但是，关于志愿者的满意度研究显示，中国志愿者更加倾向于提供直接的志愿服务（张网成，2011：47）。中国的志愿服务组织结构，尤其是社会组织，面临严重的经费不足问题，这促使它们使用更多的志愿者担当辅助性质的工作。如果这种说法成立，就可以反过来推论，目前提供间接志愿服务的雇员志愿者并不一定都是出于自愿的。不过，这反过来会抑制雇员志愿者的积极性，从而增加流失率。

7. 志愿服务的组织者

中国有组织的志愿服务的一个重要特点是，政府行政动员的色彩很浓。这意味着，对于企业的雇员志愿者来说，参加政府及其延伸性机构所组织（如群团组织）的志愿服务是一件很正常的事。原因可以归结为以下几个方面：一是政府部门及其延伸机构组织志愿服务是天然合法的，但企业组织志愿服务并不总是合法的，部分地方性志愿服务条例规定，企业组织志愿服务应当由官方认可的志愿者协会中介志愿者；二是政府部门及其延伸机构一般会积极响应政府的志愿服务动员，且拥有大量资源，而企业并不必须响应政府动员，一般也很少设置专门的志愿服务经费；三是政府部门及其延伸机构组织志愿服务活动一般会招募社会上的志愿者，而企业组织的志愿服务活动一般仅由企业内部雇员承担。

如图 7 所示，将调研问卷中的三项选择①结果换算成百分比后发现，企业雇员志愿者参加的志愿服务（次数）46% 是由政府部门、人民团体和事业单位等组织的。与上面提到社区对雇员志愿者缺乏吸引力相一致，选择通过社区组织提供志愿服务的企业雇员比例也不高。需要指出的是，与民间公益组织、志愿者协会等并列时，社区组织即指社区居委会及社区党团组织，实际上也是政府的延伸机构。这样，由政府部门、人民团体、事业单位及社区组织组织的志愿服务（次数）就达到了 52.3%。

将国有企业、私营企业和三资企业合在一起视为狭义上的"企业"，那么本次调查中企业所组织的志愿服务活动仅占总数的 9.9%，而其中国有企业占三分之一。就本次调查的数据，可以推断说，企业所组织的志愿服务只占企业雇员所从事的志愿服务的很小一部分。从数量来说，企业要远远超过志愿者协

---

① 问卷中本题为多选题，答案为选择其中 3 项。

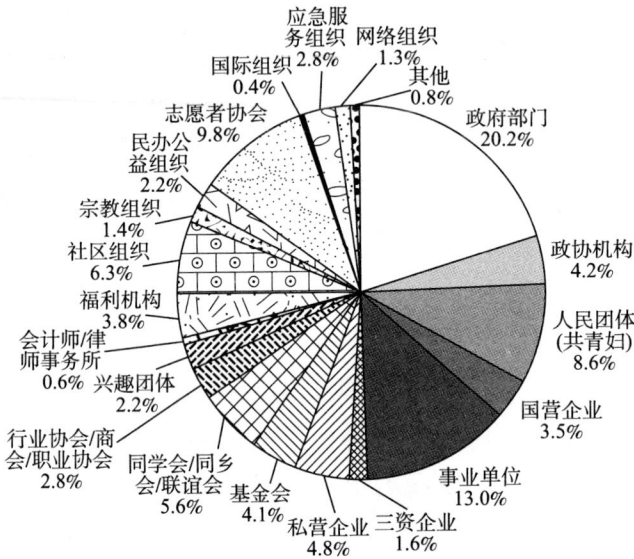

图7 志愿服务的组织者类型

会，但所组织的志愿服务活动次数相差无几。这说明我国企业无论是在积极还是消极的意义上都很少组织志愿服务活动，私营企业更是如此。

将社会组织分为公益性和互助性两类，那么由兴趣团体、行业协会、同乡会、律师协会等互助性团体组织的企业雇员志愿服务活动占总数的12.6%。将政府及其延伸机构、企业及互助性团体合在一起，其所组织的志愿服务活动占总数的74.8%。这就意味着，志愿者协会等公益性社会组织所组织了四分之一左右的雇员志愿服务活动。如果再将基金会、行业协会、志愿者协会、福利机构等中的政府延伸机构挑选出来，那么由公益类民间组织所组织的雇员志愿服务应该仅占总数的10%左右。这显然与这些中国公民社会的发展滞后有关系。

有意思的是，我国志愿者协会中的大部分都是政府及其延伸机构设立的，但似乎也没有取得其主管机构的充分信任，更没有得到相应的支持。这显然限制了它们的组织能力和活动积极性。

在2009年9月至2010年9月的一年内参与过志愿服务的企业雇员中，近四成志愿者通过1~2个组织提供过志愿服务，另外一成的志愿者则服务过3个以上的组织，个别志愿者甚至在10个以上的组织中提供过志愿服务（如图8所示）。如果志愿者们累计服务很长的时间，那么可以推测，大部分志愿者对于其所服务的组织有着很高的忠诚度；如果志愿者们累计服务时间很短，那么可以推测，有相大一部分志愿服务组织（包括所在企业）面临忠诚度缺失问题。从上面关于企业雇员志愿服务历史分析中发现的高流失率看，后者更加接近事实。

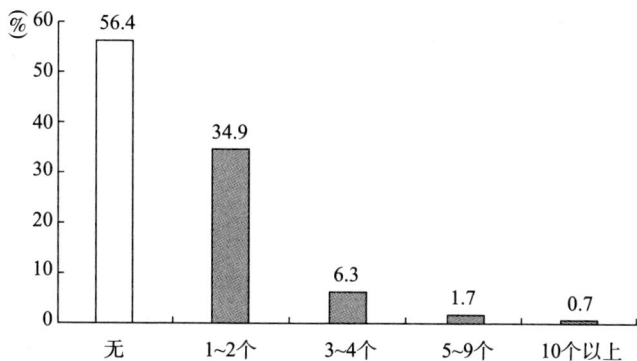

图8　一年内通过几个组织参与志愿服务

8. 志愿服务的偶然性

大部分中国地方性的及部门性的志愿服务条例都要求，注册志愿者每年服务时间要在 20 小时以上。也就是说，志愿者大概需要平均每个月服务一次才能达到这一标准。条例之所以做出这样的规定，是希望人们能够经常参加志愿服务。但此次调查发现，能够每周参与一次志愿服务的企业雇员只是少数，能够每月参加一次以上的也不足三分之一，而约三分之二的企业雇员志愿者参加志愿服务的次数都是有限的。交叉分析还发现，志愿者参加兴趣团体、同乡会、行业协会等组织的互助志愿服务的频率要更高些，这反过来说明，志愿者参加公益类志愿服务的频率要更低一些（见图9）。

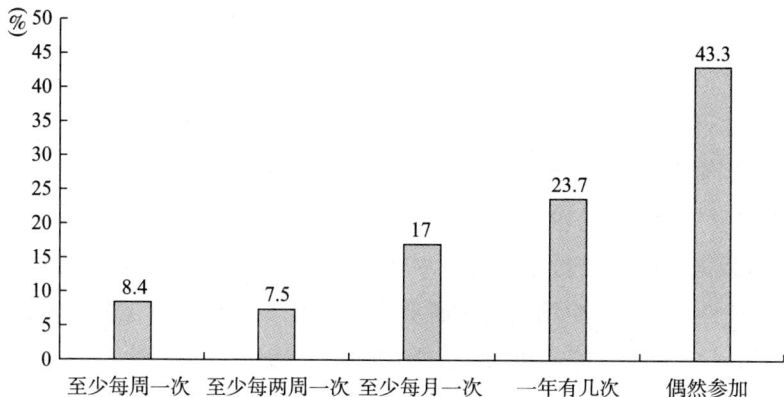

图9　志愿服务的偶然性

9. 志愿服务的时长

志愿服务次数少，不一定意味着服务时间少。为了了解企业雇员志愿者的服务时长，笔者调查询问了志愿者在 2010 年第三季度的服务时长，其结果如图 10 所示。约 20% 的雇员志愿者在一个季度内的服务总时间在 1 小时以内，56% 的雇员志愿者在 2 小时以内，75.9% 的雇员志愿者在 3 小时之内，超过 4 小时的共计 14%，超过 6 小时（大致相当于 1 个工作日）的只有 4.6%。总体而言，企业雇员志愿者的服务总时间是非常有限的。与西方发达国家相比，差距是非常明显的，如加拿大国家统计局 2010 年进行的 CSGVP 调查显示，企业人员人均年志愿服务时间为 139 小时（季度平均为 35 小时），其中，15% 的志愿者年均服务时间超过 160 小时，10% 的志愿者超过 390 小时（Vézina & Crompton，2012：41）。

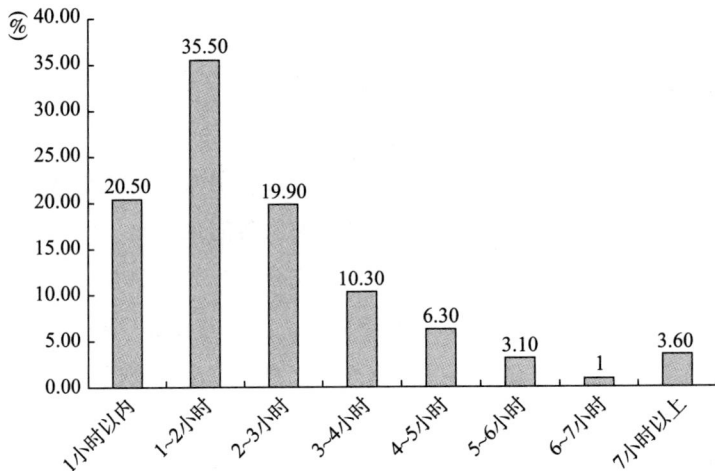

图 10　雇员志愿者服务时长

原因之一显然是中国企业雇员工作时间过长。有调查显示，93% 的中国企业雇员的周平均工作时间超过了法定的 40 小时，62% 的雇员周平均工作时间甚至在 50 小时以上，总平均工作时间为 46 小时（徐锋、邢亚珂，2007：42）。尽管近年来我国加强了劳动法的执行力度，但情况依然没有太大的改观。德国 GfK 的调研结果显示，中国企业雇员平均每周工作 44.6 小时（公方彬，2014：50）。中山大学的调查显示中国每位劳动者平均每周工作更长达 51.3 小时（中山大学社会科学调查中心，2013：79）。

如果将企业志愿服务从企业雇员志愿服务中分解开来，那么可以肯定的是，能够每周或每月至少从事一次企业志愿服务的比例会更低，偶然参加的比例会更高，志愿服务的总时长会更短。

从一些重视企业志愿服务的品牌企业所制定的志愿者带薪假制度和雇员志愿者日制度看，目前推动企业志愿服务的重点在于提高雇员的参与率，而不是参与次数（见表1）。由此可以推测，制定这些制度的目的，与其说是为了推动雇员更多地参加志愿服务，不如说是为了建立企业形象和推广企业品牌。

表1　制定"志愿者带薪假"和"雇员志愿者日"制度的部分企业

公司名称	志愿者带薪假	雇员志愿者日（月）
凯德	3 天	——
豆瓣	2 天	——
西门子	服务满 8 小时兑换 1 天假期	——
佳能	因公外出	——
摩托罗拉	2 小时	6 月 5 日（全球）
LG	服务满 6 小时兑换 0.5 天假期	6 月 5 日
拜耳	——	8 月 2 日
恒生银行	1 天	——
强生	1 天	6 月
如新	——	6 月
赛尼拉斯	1 天	10 月第一、二周
星巴克	——	4 月（全球）
雅培	2 天	4 – 6 月
微软	3 天	每年根据情况灵活确定
普华永道	2.5 天	——
渣打银行	3 天	——
联想	1 天	——
腾讯	1 天	——
花旗银行	——	10 月 22 日
汇丰银行	2 天	——
诺华	1 天	4 月
中国移动	1 天	——
好未来集团	1 天	——
美铝公司	——	10 月（全球）

公司名称	志愿者带薪假	雇员志愿者日（月）
Herman Miller	16 小时	——
西安杨森	1 天	6 月
天创数码	2 天	——
华谊兄弟	4 天	——

资料来源：王忠平、史常亮（2014：51）。

三　企业雇员志愿者的管理现状

企业雇员通过组织参加志愿服务，其表现如何、能否有所收获、服务质量如何等在很大程度上都取决于组织方的管理工作做得怎样。受数据来源限制，仅从三个方面反映志愿服务组织方的管理现状及存在问题。

1. 志愿服务协议

在 2009 年 9 月至 2010 年 9 月的一年内参与过志愿服务的企业雇员中，94.6% 的人报告了他们签订志愿服务协议的情况。其中，只有 6% 的志愿者与过去一年内所有服务过的组织签订过协议（包括口头协议），六成志愿者则从没有与其所服务的组织签订过协议，另有近四分之一的志愿者只与少数志愿服务的组织方签订过协议（见图 11）。对此，可以做两种不同的理解：一是目前各

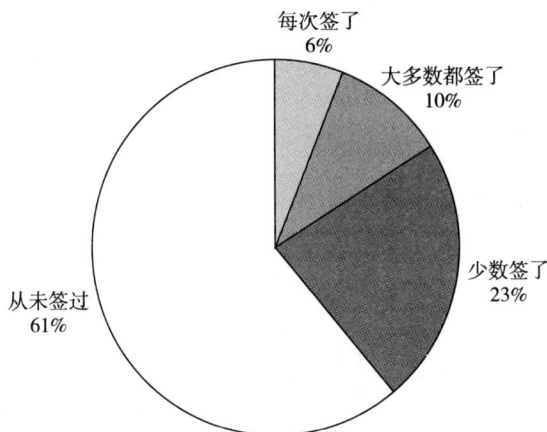

图 11　雇员志愿者签订志愿服务协议的情况

类组织开展的绝大部分志愿服务活动是本地区内的、临时性的、非专业的、无人身安全问题的、非大型社会活动的，因而没有签订协议的必要——但这显然是不符合民事关系的法律处理原则的；二是虽然有需要但事实上由于种种原因没有签订协议——或者由于组织方的责任意识不强甚至推卸责任的，或者由于志愿者的权利意识和维权能力不足，或者因为缺乏相关的法律依据，或者由于相关单位（如保险机构）不配合。从现有的相关研究结论看，支持后一种理解的证据更为充足（谭建光，2007：32－34）。

2. 企业雇员志愿者培训

企业雇员志愿者接受培训的统计结果显示（见图12），41.6%的志愿者从未接受过组织方的任何培训，考虑到不少志愿者曾经服务过多个组织，这一问题就显得更为严重。在接受过培训的志愿者中，培训内容最多的是志愿服务理念、团队意识和安全知识，但仅占志愿者总数的20%～30%；接受过专业服务技能培训的约为五分之一，这或者反映大部分志愿服务活动都是比较简单的，对专业服务技能的要求不高，或者反映了大部分志愿服务的组织方对志愿服务

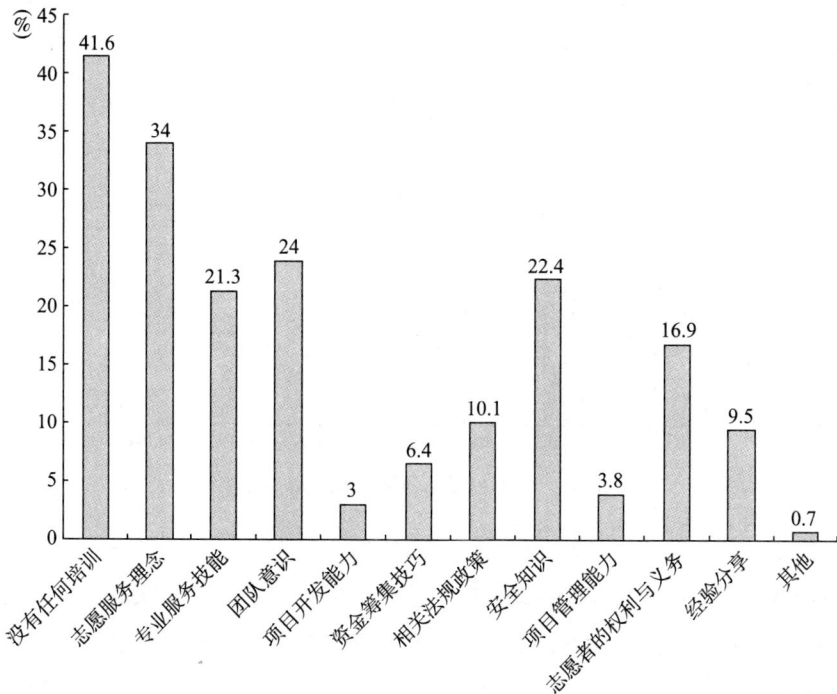

图12 企业雇员志愿者接受培训的情况

的效果并不看重；与前述有关有组织的志愿服务内容的统计数据中所反映的，志愿者从事的最经常服务是善资筹集和善物售卖不相称的是，志愿服务的组织方对于志愿者在资金筹集技巧方面的培训是很少的（6.4%）；志愿者接受过项目开发能力和项目管理能力方面培训的只有3%左右，反映了绝大部分的志愿服务组织方很少注重骨干志愿者的培养，这可能也是志愿者流失率高的原因之一；从接受过志愿服务权利和义务方面培训的比例看，大部分志愿服务组织方对志愿者不是很负责任，这也可以部分解释为什么志愿服务协议的签订率是很低的。

3. 个人花费与补偿

为了了解企业雇员志愿者在服务过程中的成本问题，同时考虑到时间过程容易遗忘，调查仅就调查发生时前一季度（2010年第三季度）的情况进行了询问。结果发现，527名企业雇员在该季度提供了志愿服务，占总数的25.5%。其中，近三分之一的志愿者没有因为志愿服务而形成个人成本，而在其余三分之二强的志愿者中形成的费用因人而异，差距很大，最少的为1元，最高的达到600元，人均个人费用也达到69.5元（如图13所示）。这说明，中国志愿服务组织方向志愿者转移成本压力的现象是普遍存在的，当然在一定程度上也可以理解为组织方缺乏尊重志愿者的意识。

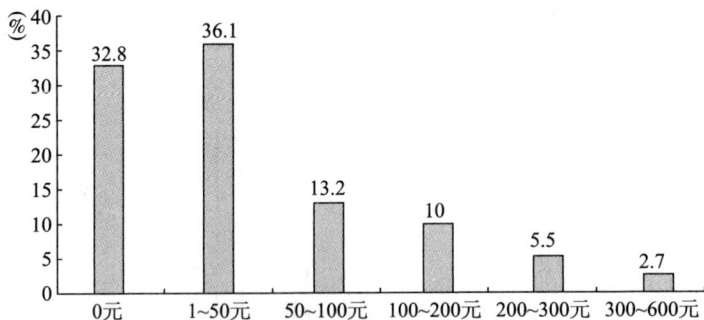

图 13　志愿服务形成个人花费的情况

但是，在2010年提供志愿服务的企业雇员中，14%的没有就是否得到补偿进行选择，而在给出选择的志愿者中接近六成的没有得到志愿服务组织方的任何补偿，仅得到少量补偿的占12%，只有14%的志愿者得到了足够补偿和16%的志愿者基本得到补偿，补偿率是很低的（见图14）。虽然未必所有志愿者都要求补偿，但对于那些认为应该得到补偿而事实上没有得到补偿的志愿者来说，影响将是消极的。

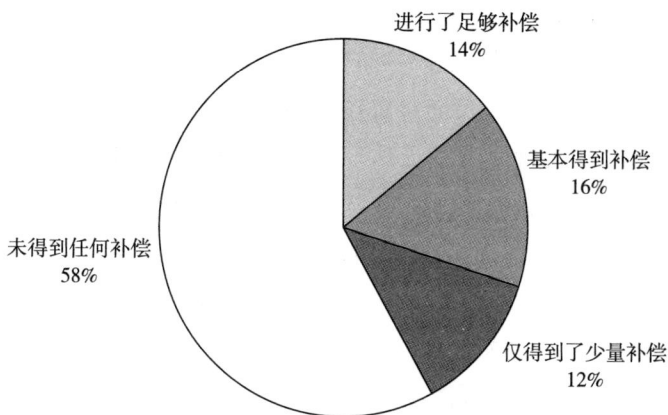

进行了足够补偿
14%

基本得到补偿
16%

未得到任何补偿
58%

仅得到了少量补偿
12%

图 14　个人费用的补偿情况

四　非营利组织缺位与中国企业
雇员志愿服务特点

为了描述各国政府与非营利组织（志愿部门）的关系特征，吉德伦、克莱默和赛拉蒙等以服务的资金筹集与授权及服务的实际配送为两个区分维度，将政府与非营利组织的关系分为四种基本类型，即政府主导型、非营利组织主导型、政府与非营利组织合作型、政府与非营利组织分离发展型（二元模式）。在政府主导型模式中，政府在资金筹集和服务配送中都处于支配性的地位。政府既是主要的财政提供者，也是福利服务的主要提供者。政府通过税收制度来筹集资金，并由政府雇员传送需要的服务。在非营利组织主导型模式中，非营利组织在资金筹集和服务配送中发挥着支配性的作用。政府主导型模式和非营利组织主导型模式分别处于政府与非营利关系模式的两极。政府与非营利组织合作型模式，处于政府主导型模式和非营利组织主导型模式之间，在此模式中，政府和非营利部门以合作的方式共同开展公共服务，一般有政府提供资金，非营利部门组织配送服务。在政府与非营利组织分离发展型模式中，政府和非营利组织都卷入了资金筹集和服务配送当中，但又都局限在各自界定的领域内（Gidron et al. ，1992）。

尽管中国政府与非营利组织之间的关系模式无法归入上述四类基本模式中

的任何一类，但还是可以用他们提出的两个核心要素（服务资金的筹集和实际服务的配送）来进行分析。

其一，中国福利体制具有低水平的特点，政府用于福利服务的资金规模不会很大，这就决定了政府支持非营利组织发展的能力有限（熊跃根，2010）。

其二，中国的非营利组织明显地分为体制内非营利组织和体制外非营利组织两类，而且在关系渊源上体制内非营利组织与政府的关系更近，这使得政府与非营利组织之间的关系既不是简单的合作型，也不是简单的分离发展型。体制内非营利组织与政府的关系是合作型的，但在低福利体制的前提下也是一种非常特殊的合作关系，政府经常给予的仅仅是一个授权而没有资金支持。体制外非营利组织与政府的关系则是分离型的，但也不是简单的各自为战，而是一种替代性的关系：政府视（至少某些）体制外非营利组织为国家权威的潜在挑战者，因此在一些被确认为重要的领域会采取抑制体制外非营利组织发展的政策。

其三，由于低福利体制和政府与体制内、体制外非营利组织之间特殊的合作关系，政府和体制内非营利组织均视向社会（包括企业）筹集资金为重要的资源获取手段，从而在结构上压制了体制外非营利组织筹集社会资金的能力。

其四，由于低福利体制、收入水平低、社会分化严重、非营利组织运行不规范等多种原因，我国可动员的社会慈善资金非常有限，这决定了基于社会资金支持的非营利组织（包括体制外非营利组织）的发展潜力有限。这意味着，即便政府放手让非营利组织发展，非营利组织也难当主导之职。

其五，政府视志愿服务为一种可以无偿撬动的替代性资源，而不是一种低投入、高产出的产品，这使得很多响应政府动员号召的非营利组织不仅要出力而且要出钱。最典型的莫过于所谓的自愿无偿献血制度，如果没有相关单位承担献血者的补助费用，这个制度根本无法运行。

其六，中国政府有强大的应急行政动员能力，能短期动员社会力量——广义上指一切非政府的行动主体及其所拥有的资源，当然也包括企业与企业雇员及其自有资源——为己所用，尤其是在政府不愿意或没有能力投入的领域。

基于以上六个特点，可概括中国政府与非营利组织的关系模式为"低福利体制下的依附模式"。在这个模式下，中国的非营利组织（志愿部门）不仅将面临内部分离带来的干扰和困惑，而且在整体上难以改变对政府的依附地位而取得独立发展的动力。也就是说，由于长期面临来自政策、资金等多方面的发展瓶颈，中国非营利组织很难改变整体上数量有限、规模不大、服务能力不强等特征。因此，面对整个社会日益增长的对志愿服务的巨大需求，中国非营利组织将表现出功能缺位的特征。而政府及其延伸机构近年来大规模介入志愿服务动员和组织工作——可以理解为政府职能越位，将使非营利组织在志愿服务发展中的功能缺位特征暴露得更加明显。

总体而言，在"低福利体制下的依附模式"下，中国企业雇员志愿服务发展模式将依然会呈现出以下特点：（1）由于长期面临资金不足、政策限制等困难，非营利组织在管理规范化和服务专业化上进展缓慢；（2）非营利组织整体上数量有限、规模不大、服务能力不强，无法满足整个社会志愿服务供需对接的需要，非营利组织缺位的现象不会消失；（3）企业雇员志愿服务发展呈现波浪式推进局面，表现为企业雇员志愿服务参与率可能在短期内因政府行政动员而迅速提高，但会因高流失率而旋即回落，且人均志愿服务时长有限；（4）企业雇员志愿服务组织化程度低，包括行政机构和企业在内的各类组织都可能临时成为志愿服务的组织方，但很少会从中孕育出功能稳定的企业雇员志愿者组织。

五 结论与反思

中国企业雇员志愿服务有以下几个方面的特点：（1）中国企业雇员志愿服务的发展史很短，21世纪以来一系列重大事件是重要的推动因素；（2）中国企业雇员的志愿服务参与率还是比较高的，但雇员志愿者服务次数少，服务总时长很短，无法满足社会对企业雇员志愿服务的巨大需求；（3）中国社区对企业雇员志愿者缺乏吸引力；（4）在志愿服务动机、志愿服务对象、志愿服务时间选择、志愿服务内容及志愿服务组织者等多方面，中国企业雇员的选择是多样的，对非营利组织的潜在需求是强烈的；（5）中国企业雇员志愿服务组织方存在诸多管理方面的问题，企业雇员参与志愿服务的积极性难以得到有效的培育与维护，受此影响企业雇员志愿者的流失率很高；（6）政府及其延伸机构是中国企业雇员参与志愿服务最重要的组织者。

从这些特点中，可以发现中国企业雇员志愿服务中存在明显的不足与问题。

这些问题可以用中国企业雇员工作时间过长等因素来解释，也可以从大规模行政动员产生的不良后果来理解，但更为本质的是由"低福利体制下的依附模式"下非营利组织缺位造成的。无论是动员更多的企业雇员到社区提供服务，还是组织更多的企业雇员为非营利组织及政府机构服务，要实现常态化、专业化的志愿服务目标，都必须改变非营利组织的"低福利体制下的依附模式"。中国政府有强大的行政动员能力，在志愿服务的起步阶段能够很好动员社会力量、普及志愿服务行为和意识，但政府垄断过多的资源明显不利于非营利组织，尤其是体制外非营利组织的发展，从长期来说是不利于志愿服务发展的。中国企业容易接受政府动员，且对儒家文化传递的社会责任意识有一定的认可度，但普遍漠视雇员和消费者的利益，因此推动其承担社会责任，首先应该放在遵守法律规定、维护消费者权益上，然后是推动其积极捐献慈善资源，最后才是倡导其组织志愿服务。总之，结合中国的实际情况来看，志愿服务应明确其功能与定位。它首先应该是非营利组织的事，政府和企业的责任应该更多地放在支持和资助非营利组织开展志愿服务上，而不是为了自身利益直接参与志愿服务的供给。当然，企业社会责任运动中的志愿服务潮流也不能一概简单地否定。

参考文献

公方彬（2014）：《中国雇员"最勤劳"与"最不敬业"的逻辑》，《企业文明》，（8）。

谭建光（2007）：《和谐社会需要志愿服务的创新发展——志愿者事业现状、问题和对策调查报告》，《中国党政干部论坛》，（9）。

王忠平、史常亮（2014）：《中国企业志愿服务发展报告（2013）》，北京：经济管理出版社。

徐锋、邢亚珂（2007）：《中国企业雇员工作生活冲突的预警及原因分析》，《企业活力》，（8）。

熊跃根（2010）：《中国福利体制建构与发展的社会基础：一种比较的观点》，《经济社会体制比较》，（5），第63~72页。

张网成（2011）：《中国亲社会行为研究》，北京：知识产权出版社。

中山大学社会科学调查中心编（2013）：《中国劳动力动态调查：2013报告》，北京：社会科学文献出版社。

Bekkers, R. (2005), "Charity begins at home: How socialization experiences influence giving and volunteering", the 34th Arnova Annual Conference, Washington D. C.

Gidron, et al. (1992), "Government and the Third Sector in Comparative Perspective: Allies or Adversaries?", in Gidron B., Kramer R., Salamon L. M. (eds), *Government and the Third Sector: Emerging Relationship in Welfare States*, San Francisco: Jossey-Bass Publishers, pp. 1 – 18.

Jones, F. (2000), "Community Involvement: the Influence of Early Experience", *Canadian Social Trends*, Statistics Canada Catalogue No. 11 – 008. Vol. 57.

Vézina, M. & Crompton, S. (2012), *Volunteering in Canada*, Statistics Canada Catalogue No. 11 – 008 – X.

NP

Analysis of Voluntary Service by Chinese Contemporary Enterprise Employees

Zhang Wangcheng

[**Abstract**] Voluntary service of Chinese enterprise employees shows the following characteristics: a relatively high participation rate, a fairly high loss rate of volunteers, a quite low frequency and very short duration of voluntary service. The high participation rate has a lot to do with the government's large-scale administrative mobilization; the latter three characteristics, i. e., the high loss rate of volunteers, low service frequency, and short service duration are caused by the absence of NPOs. In brief, the above characteristics of voluntary service by Chinese enterprise employees are mainly attributable to the absence of NPOs in the affiliated development mode under the low-welfare system.

[**Keywords**] enterprise employee; voluntary service; NPO; function absence

（责任编辑：小志）

当代中国企业雇员志愿服务解析

企业参与社会治理研究

——以深圳市桃源居集团为个案

高　鹏[*]

【摘要】 企业参与是在讨论社会治理问题时不可忽视的一个议题。在社会治理的微观层面——社区，桃源居集团不仅推动了社区治理进程，而且在公益产权、社区社会组织培育等方面做了有益尝试。通过对个案的分析发现：社区平台的搭建、优秀的企业文化、多元主体之间的合作等因素，促成了企业的参与。虽然，企业最终选择了退出，但这并不意味着企业参与的失败。慈善战略可以被视为企业参与社会治理的一条重要路径。

【关键词】 企业参与　社会治理　公益产权　社会企业　慈善战略　桃源居

一　问题的提出

随着市场经济的日益发展，我国的社会结构发生了深刻变化，传统单位体制的解体、单位人向社会人的转变、城市外来人口的增加、人们价值观念和利

---

* 高鹏，北京师范大学中国社会管理研究院 2013 级硕士研究生。感谢匿名评审人提出的修改建议，笔者已做了相应修改，本文文责自负。

益诉求的多样化等，使得大量社会矛盾和问题集聚在社区，社区治理由此被认为是推进社会管理体制改革和加强社会治理的微观层面和重要基础（李慧凤，2010；张秀兰、徐晓新，2012；蓝志勇、李东泉，2010；周秀平、邓国胜，2011）。面对公众多元化的利益诉求，如果在社区治理过程中无法有效满足其理性需求，或者说社区治理仍然沿用以往社区管理的思路，不注重对公民诉求的回应，必然影响社会和谐与稳定，导致社会整合能力的下降。化解多元社会的矛盾，构建和谐的社会氛围，有必要在社区治理过程中建立起多元主体参与、共同合作、满足公众理性需求的社会治理体制。而企业作为一种重要的社会力量，加强对其参与社会治理的关注，显得十分必要。对于企业参与社会治理这一问题，周红云注意到："要想实现对社会的有效管理，就需要努力健全现行社会管理体制，充分发挥公民社会领域和市场机制的作用，形成政府、公民社会和市场力量等多元主体共同治理的局面。"① 郁建兴、瞿志远（2011）则从企业参与居家养老服务提供的角度，考察了企业在加强和创新社会治理中的作用；王敏、顾丽娟（2012）、孙德厚（2012）等侧重考察了企业在参与社会管理体制构建中的社会责任，社会责任已成为当前研究企业参与社会治理的主要视角。在对企业社会责任的理解上，有学者以企业和员工间的关系为核心，从企业对员工负责、与社区互动、参与社会公益三个维度拓展了企业的社会责任（陶传进，2013）；朱晓红则区分了统治型、管理型和服务型三种治理模式下企业社会责任的不同内涵，认为在服务型治理模式中，企业社会责任具有了公共责任意蕴，不仅包含着经济、法律责任，也更多地包含了伦理责任（朱晓红，2007）。相比之下，曹超从价值取向、功能作用、社会治理三个维度探究了企业社会责任和政府公共政策之间的关系，认为应将关于企业社会责任的讨论放到一个更大的国家制度空间背景当中进行（曹超，2010），而不应该仅仅局限于企业内部各利益相关者之间。这种区分，不仅扩展了企业社会责任的内涵，而且使得企业参与社会治理具有了内在的正当性。然而，对于企业参与社会治理还缺乏大量的理论和实证研究，尚不能回答这样一些问题，如企业参与的理论基础是什么？哪些因素影响了企业的参与？企业参与的路径或策略如何选择？

对此，本文试图在社会治理的微观层面，即社区这一场域中，通过对个案

---

① 周红云：《中国社会管理体制改革：现状、原因与方向》，2012 年 12 月 25 日，http：//www.cfen.com.cn/web/meyw/2010 - 12/20/content_715753.htm。

的深入解读，对企业参与社会治理的影响因素，以及企业参与的路径进行分析。本文选取的企业是一个房地产开发集团——深圳市桃源居集团，作为桃源居社区的建设者、开发者和管理者，在近二十年的时间里，企业在与社区居民、社区NGO、地方政府的互动中采取了不同的行动策略，不断改变着社区的治理格局。关于桃源居社区治理，北京大学中国政府创新研究中心课题组和中央党校校刊部课题组分别从社区服务和运行机制、基层党建在社区发展中所起的作用两个视角对其进行了深入研究（北京大学中国政府创新研究中心"中国社会创新案例研究"课题组，2011）。① 但是，社区服务和基层党建的视角，在很大程度上湮没了企业的身影，很难揭示出企业与社区居民、社区社会组织、地方政府之间关系格局的变化。因此，本文将基于两个课题组的研究资料、各种报刊资料，以及企业自身的宣传材料三类资料，以企业为研究视角，通过对企业行为的解读，进而分析影响企业参与的因素及其参与路径。

二　个案介绍

桃源居社区位于深圳市宝安区，占地面积1.16平方公里，建筑面积180万平方米，规划居住人口5万，社区依山面海、环境怡人，且管理达到国际领先水平，被评为"国际适宜人类居住社区"。② 北京大学课题组（2011）对桃源居社区予以了高度评价，认为："桃源居模式探索出了一条加强和创新社区和社会管理的路径：通过创新理念，积极发挥社区社会组织的作用；通过构建社区多元参与的机制，创新社区社会治理的模式；通过创新管理方法，积极培育社区骨干人才，调动居民参与社区公共生活的积极性；通过资源整合模式的创新，较好解决了社区公共服务供给的难题。桃源居的社区治理和服务模式，对于加强和创新中国基层社会管理具有十分积极的意义和推广价值。"社区最大的企业为桃源居集团，主要由社区开发商、物业管理公司两部分组成。面对社区建设

---

① 中央党校校刊部赴深圳桃源居社区调研课题组：《深圳桃源居社区服务型自治模式调研报告》，2012年12月20日，http://www.tyjsqw.com/html/2010/0625/920.html。

② 桃源居社区因社区管理者的突出表现，先后荣获"全球人居环境最佳范例社区奖""迪拜国际理想人居环境优秀范例奖"（联合国人居署颁发）"国际可持续发展的适合人类居住社区建设贡献奖""国际适合人类居住社区环境持续改善项目金奖"以及"联合国最适合人类居住社区"金奖等数十项国际、国内奖项。

和治理过程中存在的公共服务供给不足、政府缺位等问题，社区居民和企业自发行动，在企业的带动下自愿组建了社区公益组织，通过与政府、社区党委的合作，实现了对社区的有效治理。

（一）治理问题社区

桃源居的建设从一开始就被视为一个失败的项目。由于开发商在社区规划中缺乏经验，将社区建设用地选在了靠近垃圾填埋场的五座荒山野岭处，除去四十多万平方米的道路和山体绿地，剩下的三十多万平方米的土地却被规划了238万平方米的建筑面积，其中甚至有两栋高达97层的建筑。由于社区紧邻机场，受航空管制的影响，企业最初的规划方案难以获得通过。经过对规划方案的调整①，开发商直到1994年才拿到土地证，而此时国内房地产业正逐步跌向低谷，企业部分股东又因违反国家相关金融政策而被限令撤资。危机时刻，企业更换了项目负责人。经过努力，桃源居社区首期建设于1997年完成，但由于原开发商没有将社区基础市政与城区相衔接，再加上社区位置偏远，缺乏政府对公共服务的有效供给，首期入住的300多户居民长期处于缺水、停电、无路的尴尬境地。社区治安、环境问题突出，业主抱怨不断。而且，受1997年金融危机影响，银行限令企业立即还清十多亿贷款，企业面临资产被拍卖的风险。通过与银行协商，再向政府求援，企业最终在政府的斡旋下与银行达成监管开发的协议。

面对一片萧条的社区，企业负责人下决心要摆脱困境，"要让桃源居业主过上安居乐业，世外桃源般的生活"。为此，企业负责人带领多位业主代表先后走访了国外十多个知名社区，通过学习其管理经验，企业逐渐树立了"房地产开发不仅是盖房子，而是为老百姓建设一个'家'，这个'家'需要充满爱心才能'营造'。'爱'要贯穿于规划、设计、建造和服务的全过程"的文化理念，②摆脱了"划地—盖房—圈钱—走人"的传统房地产开发思路，并开始按国际宜居社区标准对桃源居进行改造。面对困扰社区居民多年的垃圾山问题，在企业和业主的努力下，宝安区政府专门召开了垃圾山治理专项工作会议，垃

---

① 社区规划方案先后9次修改，到2000年时，项目总建筑面积已核减七十多万平方米，开发商为此损失近3.5亿元人民币。数据来自中央党校课题组的调查报告。

② 桃源居公益事业发展基金会官网：《桃源居的光荣与成就》，2012年11月22日，http://www.mytyj.org/culturenewsInfo.asp？id＝71。

圾场于 2000 年 3 月被关闭，并由企业投资六千万元，将其改造为生态公园。此后，桃源居集团又先后投资 6.8 亿元，对社区公共设施进行建设，现建有 5 万平方米的市民休闲广场和社区商业步行街、文化艺术长廊、可容纳 7000 人的清华实验学校等，再加上植被保留完好的十万平方米的山体森林公园、以运动和生态为主题的二十万平方米的森林体育公园，桃源居社区已悄然成为一个环境优美、公共服务设施齐全的多功能文化社区。之后，桃源居房产销售量不断增加，企业于 2004 年如期还完所有银行贷款，并且收回了损失资金，银行也解除了对桃源居长达四年的监管开发。

（二） 促进居民参与和社会组织发育，培育社区自治能力

1. 创建统一的社区公共服务管理机构，提升公益服务的效率和质量

在社区建设早期，为了有效提供社区公共服务，开发商建立了社区服务中心，随着社区公益性组织的发展，企业意识到：为了有效地向社区提供公益性和福利性服务，有必要对各公益组织进行协调、统筹和规范管理，变松散管理为紧密型管理，建立与社区发展相适应的公益事业发展体系。2006 年，经深圳市政府批准，桃源居在社区服务中心的基础上成立了桃源社区公益事业发展中心，由其负责对老年协会、妇女邻里中心、儿童中心、桃源居志愿者服务中心、体育俱乐部、社区餐厅、义警队、环保督查队八个社区组织的管理。中心的最高决策机构为社区理事会，理事会成员由社区各方举荐的代表组成；此外，还设有监事会（由政府主管部门、基金会、基金信托人、业委会等代表组成），对理事会进行监管。根据发展规划，中心将支持社区公益性组织开展活动，每年收益的 1/3 将用作各种组织的日常办公费用，1/3 用于支持社区社会组织项目活动的支出，剩余的 1/3 将用作社区资产积累的长远发展基金。①

2. 界定产权归属，培育社区经济和资本

为了做好社区公共配套设施的建设和维护工作，同时为社区公益组织发展

---

① 在资金收入和支出方面，该中心接受社会捐赠，但捐赠资金必须按捐赠者的意愿使用；对于政府委托管理的公建资产产生的租赁收入，则用于对政府指定的公益组织项目的资助；对于开发商移交居委会的公益资产所产生的收益，将按照《委托管理协议》的要求，全部用于与全体业主息息相关的社区公共事业发展，包括：图书馆建设、义工奖励、学校教育、社区公共设施维护等，经费不足部分由公益中心的其他收入予以补足。关于社区公益事业发展中心的运行状况可参考《桃源社区 2010 年公益事业工作计划暨开支计划》，2012 年 12 月 23 日，http://www.tyjsqw.com/html/2010/0428/647.html；关于资金使用规划的资料来自（王笑园、张清华，2008）。

提供持续的资金支持，促进社区的可持续发展，桃源居集团积极探索，在厘清社区公共建设设施产权的基础上，逐步培育起了社区经济和资本。经过协商，社区36.4万平方米的公建配套设施被分为三类：第一类为国有资产，主要包括征地合同内规定的5.6万平方米公建面积；第二类为私有资产，由开发商在征地合同规定范围外投资建设的公建资产（产权和经营收益权归开发商所有）和业主所有的私有公建设施（依据楼宇买卖合同约定，归全部业主所有的公建资产）两部分组成。在前两类资产的基础上，又划分出第三类资产，即社区集体资产。该部分资产主要由两部分构成：一部分是征地合同内由政府授权社区企业经营管理的资产中，除去已经由政府接管的部分，剩下的由政府授权社区企业运营管理的公建设施，主要包括：社区教育设施、公交体系、文化教育设施、幼儿园、菜市场等；另一部分为开发商转赠给社区的私有资产，即第二类资产中所有权和经营权归开发商所有的部分公建设施，包括女子学校、儿童中心等。①

第三类资产又被称为"社区资产"，统一由社区公益事业发展中心管理，用以发展社区经济。在开发商负责公益资产管理的过程中，其管理经费由开发商垫付，并未占用物业管理费，而且开发商还将公用设施经营所得长期用于弥补物业管理经费缺口。虽然经过几方协调，设立了社区资产，但是这部分资产成分复杂，而企业在开发阶段又投入了大量的资金，为了使这部分资产能够得到维护和运营，同时又不过分损害企业的利益，桃源居探索出了"五个一点"的社区公建设施运营模式，即由政府、物业管理部门、社区开发商、社区企业、社区义工组织共同承担公建设施运营费用。② 2010年，开发商将投资兴建的公益资产移交给社区居委会，居委会与公益中心签署委托代管公益资产《协议书》，由此明确了社区公益资产所有权归政府，经营权由政府委托公益中心代为行使，收益权归全体业主所有，并且收益只能用于社区公益事业，民政局、房产局、社区所属街道、居委会等主管部门享有监督权的公益产权治理模式。③

---

① 关于三类资产的划分，详见桃源居网站"公建配套"部分，2012年12月11日，http：// www. tyjsqw. com/html/sqjs/gjpt/index. html。

② 参见桃源居网站"公建配套"部分，2012年12月11日，http：//www. tyjsqw. com/html/sqjs/gjpt/index. html。

③ 参见深圳市桃源社区公益事业发展中心：《2010年桃源社区居委会委托代管公益资产经管收支情况的报告》（桃源社区公益中心公示〔2011〕1号），2012年11月21日，http：// www. mytyj. org/shownews. asp？id=110。

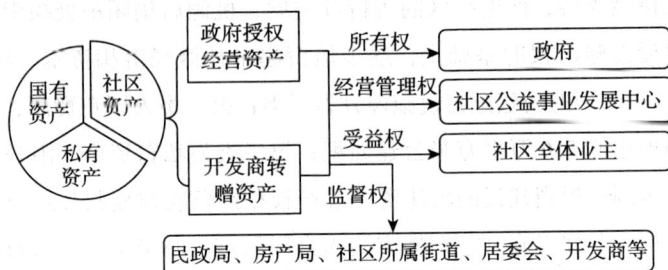

图1　社区公建实施划分情况及社区资本治理结构

3. 增强志愿参与，提升居民管理能力

为了提升社区居民的自我管理能力，培养社区管理人才，在桃源居集团的支持下，社区于2006年成立了"桃源人家志愿者服务中心"。该中心是由桃源居住户中自愿参与共建家园的积极分子组成的社区公益性组织（无会费），旨在建立住户参与共建美好家园的平台，加强住户之间的交流，激励住户积极参与社区公共活动，共建美好家园。为了鼓励会员和更多的社区居民积极加入各类社区团体和组织，桃源人家志愿者服务中心制定了《会员计分、积分管理办法》等多种管理和激励方案，形成了积极的志愿激励机制。社区业主只要参与社区志愿服务，就可以成为社区义工，达到一定服务时间后可以升格为社工，由社区经济组织根据当地最低工资水平给予其一定的经济补偿。服务时间累计达100~500小时的义工还将被授予"一星——五星级"义工称号，并且可以根据积分情况享受多种社区福利，如在社区企业优先就业、社区养老、社区教育等。桃源人家志愿者服务中心通过积分的方式对会员的无私奉献给予了肯定，而会员则可以根据自身的志愿服务情况享受各项优惠和福利待遇，这在很大程度上增强了社区居民参与公益活动的积极性，推动了社区志愿组织的发展，形成了志愿参与的良性循环。截至2010年12月，志愿者服务中心共吸收会员家庭4193户，其会员分布于社区各团体组织，如老年协会、义警队、环保督察队、邻里中心等。[1]

在促进居民志愿活动参与的同时，志愿者服务中心还要承担社区管理人才

---

[1] 参见深圳市桃源社区公益事业发展中心：《桃源人家志愿者服务中心2010年工作总结及2011年工作计划 桃源社区公益中心公示〔2011〕5号》，2012年11月21日，http://www.mytyj.org/shownews.asp? id=114。

的培养工作。其人才培养主要分为三种途径：一是根据居民的表现与积分情况而设置的从社区居民到普通义工、积极分子，再到骨干分子和社区负责人的工作晋升制。为了给社区居民参与管理留有空间，对于各类社区 NGO，开发商均未直接参与管理，其负责人均由社区志愿者担任，在日常管理过程中逐渐培养志愿者的管理才能；二是桃源居集团组织的外出参观考察、学习培训；三是志愿中心对社区各公益性组织的人力资源进行专业的分类、优化和重组。通过这几种方式，志愿中心和桃源居集团为社区各类团体提供了更多专业人才，有效地解决了社区人才队伍建设问题。

（三）探索多元治理渠道，逐步淡出社区管理

尽管在社区建设初期，以及社区发展期，桃源居集团承担了大量公共设施建设和公共服务供给的任务，解决了政府公共服务在新建社区缺位的问题。但是，公共设施的长期投资、运营和维护给企业发展带来了沉重的负担。因此，企业主动调整在社区管理中的角色，积极探索多元化的社区治理渠道。为了使政府公共管理和服务机构能够顺利进驻社区，桃源居集团无偿为其提供办公场所，从 2004 年开始，租赁管理办公室、工商部门、公安部门、计划生育部门等政府机构分别入驻社区；2005 年，社区党委成立；2006 年，宝安区政府在桃源居设立了社区工作站。各组织和机构之间通过合理的职能分工——社区党组织发挥党员先锋模范作用，支持居委会和社区 NGO 工作；社区工作站通过承接政府相关职能在社区开展工作，提供卫生、教育、民政等公共服务；社区居委会和业主委员会为居民自治组织；社区服务中心和物业公司分别为居民提供各项服务——最终形成了由社区党委、社区工作站、社区居委会、社区业主委员会、社区服务中心、物业公司组成的"六位一体"的社区治理模式，以及政府公共服务、企业市场化服务、社会组织公益服务和居民志愿服务四者相结合的多元化公共服务格局。之后，通过与政府部门、社区居民协商，对社区公建资产产权进行界定，并将企业经营管理的公建设施移交给社区公益事业发展中心等举措，桃源居集团开始从社区公共服务中抽身。2008 年，桃源居集团注资一亿元，成立了社区公益基金会——桃源居基金会（社区公益事业发展中心则划归基金会，负责管理社区公益资产），为社区团体和公益组织发展提供资金和人员支持。为了进一步推动社区经济发展，充实社区公益基金，2010 年，开发商不仅将所拥有的全部公益资产赠送给社区，还联合全国妇女发展基金会、中国国

际民间组织合作促进会等机构注资 1000 万元。自此，开发商退出社区经营和管理。

（四）企业再造与公益模式的输出

在开发商退出社区管理之后，桃源居集团在社区仅剩物业管理公司部分。由于社区建设的周期较长，不同楼宇分期开发，结果导致社区物业费标准不一。在上调物业费的过程中，就引发了企业与社区居民的尖锐对立，导致了社区管理的失序。[1] 物业费上调风波平息之后，桃源居集团通过出资资助、股权转让等方式，对物业管理公司进行改制，将其转化为基金会下属的社会企业——为社区居民服务，其收益不用于分红。而桃源居集团下属的房产开发企业，则继续以营利为目的，兼顾公益。以企业在天津的房产开发项目为例，一方面，桃源居基金会通过定向捐助的方式，鼓励新建小区成立社区基金会和社区 NGO；另一方面，新建房地产项目在规划时就包含了政府办公用地，以及医院、儿童中心、图书馆等社区公益设施，通过与政府合作，企业负责社区公共设施的营建，竣工后再由政府委托社区基金会管理，从而实现桃源居模式的输出。在此，社区事务的管理由社区党委、社区居民、社区基金会及其管理的社区 NGO 等共同负责，而企业作为社区房产项目的开发者不再参与其中。

三　企业参与何以成功

在经营社区的十多年时间里，桃源居集团一共独自注资六亿八千万元，用于社区公共设施建设和发展，不仅将桃源居从一个失败的房产开发项目建设成为了国际理想人居社区，而且培育了社区经济和公益组织，提升了社区居民的自我管理能力，形成了"六位一体"的治理格局和多元化的公共服务供给模式，促进了社区从管理走向善治。那么，企业参与为何能获得成功呢？

---

[1]　关于桃源居物业纠纷事件，参考《深圳：桃源居居民拒绝物业涨价，小区变垃圾场》，2014年 5 月 20 日，http：//www.pmone.com.cn/html/cases/2012/01/052313.html；《晶报》官网（2010）：《桃源居"被代表"闹剧让人浮想联翩》，http：//jb.sznews.com/html/2010 - 01/05/content_918137.htm；《桃源居物业管理费纠纷续业主被代表》，2014 年 5 月 20 日，http：//news.dichan.sina.com.cn/2010/01/05/106151.html；《保安怎么成了业主代表　桃源居上演被代表闹剧》，2014 年 5 月 20 日，http：//news.dichan.sina.com.cn/2010/01/05/106194.html。

（一）社区为企业参与创造了平台

社会治理的目的在于处理社会公共事务、化解社会矛盾、满足公众需求、维护社会稳定。如果从物品投入与产出的角度来分析，社会治理的产出是具有较强公共性的公共物品，对于这些缺乏利润的物品，市场往往无法有效提供，企业面临参与性不足的问题。在此，社区建设与治理在一定程度上正好为企业参与提供了平台。因为社区治理在社会治理中发挥着重要作用，它在一定程度上是社会治理的微观基础，其治理成效也是衡量社会治理体制运行效果的一个重要指标。而社区在建设和治理过程中必然涉及社区规划与开发、基础设施建设、公共服务供给、商品房建设等具体内容，这些活动都具有一定的利润空间，这为企业参与创造了条件，并使企业优势在社区治理中的发挥成为可能。

（二）优秀的企业文化有助于企业克服市场失灵

如上所述，社会治理的产出带有较强的公共性，社区治理仅为企业参与其中搭建了平台，而企业作用的发挥在很大程度上仍取决于企业理念及发展策略。如果仅以营利为目的，企业的参与性仍相对有限。在桃源居社区治理的过程中，如果开发商一直抱以通过土地开发营利的意图，没有先进的企业文化和理念作为支撑，不注重自身的社会责任，那么社区治理就不可能获得成功。当前，在城市社区治理中频繁爆发的业主与开发商、物业之间的矛盾，实际上就是企业一味追求商业利益，而忽略居民权益的结果。对于桃源居集团而言，在初期发展受挫后，企业开始转变文化理念，注重培育自身的社会责任和公益精神。①正是在社区房产开发的过程中转变了自身的价值理念，以构建"世界宜居社区"为价值取向，企业才可能在实现盈利目的的同时为社区居民营造良好的生活环境。富有社会责任的、优秀的企业文化不仅在很大程度上帮助企业克服了市场失灵，在营利的同时有效参与了社区公共物品和服务的供给，而且推动

---

① 与一般房地产开发企业的理念不同，桃源居集团认为企业要做负责的企业、回报型的企业，在企业营利与社会责任两者之间，"中国不少成功的商人都经历过坎坷与波折，然而，改革开放带来的巨大机遇，值得企业家感恩。因此，学会'散财'，回馈社会，应成为中国企业家的必修课"。"在所有行业中，房地产与宏观经济环境、社会生存状态的关系最为密切。因此，支持社会组织开展公共服务，以利慈善和公益事业发展不仅是回馈社会的一种方式，更是房地产行业可持续发展的根本"。详见桃源居公益事业发展基金会官网：《桃源居的光荣与成就》，2012 年 11 月 22 日，http：//www. mytyj. org/culturenewsInfo. asp？id＝71。

了社区居民自治和社会组织发育。

（三）多元主体之间的交流与合作弥补了企业短板

企业的力量是有限的，社区公共事务的有效治理需要多方的参与合作。在社区建设初期，企业面临资金问题，正是在政府的帮助下，桃源居才得以走出困境，使社区建设项目成为可能。而企业则勇于担当其社会责任，在政府公共服务供给不足的情况下满足了社区居民的日常生活所需。在社区治理过程中，企业积极与社区居民、社区组织合作，共同管理社区公共事务，并且以合作的姿态为政府服务进社区和社区党委的建立提供了必要的办公场所。通过各方的努力与合作，最终探索出了"五个一点"的社区公建设施运营模式、"六位一体"的社区治理体系，以及多元化的社区公共服务模式，在平衡各方利益的同时促进了社区的有序发展，从而很好地弥补了企业的短板。

（四）社区居民与社区 NGO 治理能力的培育为企业退出奠定了基础

企业参与固然能在一定时间内实现社区的有序治理，但作为社会治理的参与主体之一，企业不可能一直起主导的推动作用，社区最终还是属于社区居民的。无论是社区治理，还是社会治理，均需要调动起居民和社会组织参与的积极性。对于初期居民自发的志愿行为，企业积极支持，还在社区公共服务中心的基础上组建了社区公益事业发展中心，推行积极的志愿参与奖励机制和管理人员培训晋身机制，以此培育社区居民和组织的治理能力。最为可贵的是，企业还主动进行社区资产划分，支持组建社区经济，并且捐资成立了桃源居基金会，为社区发展和社区 NGO 发育提供了资金支持。根据美国学者萨拉蒙的观点，非政府组织存在志愿失灵问题，表现在慈善不足、慈善的特殊主义、慈善的家长式作风，以及慈善的业余主义等方面（萨拉蒙，2008：46~51）。在桃源居社区治理中，对志愿失灵的治理并不是通过传统的非政府组织与政府部门合作的方式解决的，而是依靠企业的帮扶。通过社区居民的广泛参与、统一公益组织的建立、社区经济的发育，志愿失灵得到了有效治理，各公益组织的志愿服务能力也得到大幅提升。而社区经济、社区基金会与社区公益事业发展中心内部治理机制的建立，再加上已有的社区治理和公共服务体系，共同构建起了全方位的、具有经济基础的社区长效治理机制，这使得开发商退出社区经营和管理之后，社区仍能持续运行。

四 企业参与的路径是什么

企业能否积极参与社会治理？这取决于企业在这一过程中所发挥的作用，以及该作用以何种方式突破市场失灵的局限而得以实现。根据传统理论，企业作为基本的市场经济主体，受"理性人"假设的影响，在片面追求经济利益的过程中，往往会忽略自身行为的外部性，甚至形成垄断，阻碍自由竞争。同时，对于具有非排他性和非竞争性、正外部性明显的公共物品，企业缺乏有效供给。市场失灵的存在使得企业很难参与具有非营利性的纯公共事务的治理。然而，通过对桃源居的个案分析可以发现：在社区这一平台，企业不仅主导了社区建设的全过程，还就社区存在的规划、治安、环境污染等公共问题，采取了多种措施予以解决；企业长期的无偿付出和让步，使得社区公建设施得到有效运营和维护。此外，企业不仅捐赠了部分企业资产，设立了社区发展基金会，为社区发展培育了经济基础，还通过培育社区 NGO 和管理人才，提升居民的参与度和自我管理能力，为社区发展注入了持久动力。这些努力和付出，实际上已经完全超出了企业营利的目的，而带有浓厚的人本主义色彩和强烈的企业社会责任意识。值得注意的是，企业这样一个对社区公共事务"大包大揽"的形象并不是计划经济时代长期奉行的"企业办社会"理念的回潮。对社会治理中企业参与及其社会责任的强调，与"企业办社会"有着本质的不同，后者是被动的，不考虑企业成本和收益的，而前者则是建立在企业自愿的基础上的，企业行为存在成本和收益的分析，并且最终能够在一定程度转化为企业发展的动力，而非负担（熊建等，2012；董保华，2006）。

反思企业在社区治理中的各种行为，可以将其归结为一点：企业在无形中推行了慈善战略——通过各种社会公益活动和举措，帮助企业塑造良好的社会形象，从而推动企业发展。因为作为房地产开发集团，社区建设项目的成败与企业发展密切相关。如果社区建设项目失败，企业将遭受重大损失，甚至濒临破产；相反，做好桃源居建设项目，并且积极参与社区治理，可以增加企业的无形资产，在盈利的同时给企业带来更多的发展机遇。事实表明，问题社区的治理、社区公共服务的供给等，在一定程度上帮助企业树立了热心公益、关心社区居民生活的品牌形象，推动了企业的售房活动；而且，良好的社区治理效应也提升了政府对企业的重视和支持力度，使得企业在重庆、天津等地的房地产开发项目得以顺利开展。然而，现实的问题是，慈善战略的长期推行在一定程度上对企业的发展造成了负面影响，社区治理过程中长期的无偿付出不仅增加了企业的运营成本，而且也脱离了企业的市场职责。企业不是政府，更不是非营利组织。在慈善战略的视角下，企业参与的最终目的仍然是营利，在慈善与营利两者之间发生冲突时，慈善战略很可能被企业所抛弃。桃源居集团在社区治理中的参与和退出，似乎吻合了这一点。基于此，我们就不难理解企业为什么要做出"逐渐转变自身在社区治理中的角色，最终退出社区治理，将治理的主导权交给社区居民和社区 NGO"的选择。

那么，企业的退出是否意味着企业参与社会治理的失败呢？纵观桃源居社区的发展历程，在将社区从荒山野岭建设成为"联合国最适合人类居住社区"的过程中，企业发挥了重要作用，它不仅解决了许多社区公共事务，化解了社区冲突与纠纷，而且为政府和党委的力量进驻社区、社会组织的发育，以及居民自治的实现创造了空间和条件，促成了"党委领导、政府管理、社会协调、企业投资、居民共建"的社区治理格局的形成。此外，企业的退出也不是"休克式疗法"，而是一个通过与政府、社区党委、居民和社区社会组织合作，在多元化的社区治理格局中逐渐淡化企业影响力的"渐进式改革"，是通过鼓励社区居民自治和社会组织发育、培育社区经济、推动企业改制的方式实现的。这就保证了企业退出之后，桃源居社区仍然是一个充满活力的社区。值得关注的是，退出桃源居社区管理并不意味着企业不再参与社会治理，企业仍以捐资者的身份作为基金会的监事会成员，在一定程度上影响着社区公益事业的发展；而且，在桃源居公益模式向重庆、天津等地新建社区的输出过程中，企业仍发挥着重要作用。

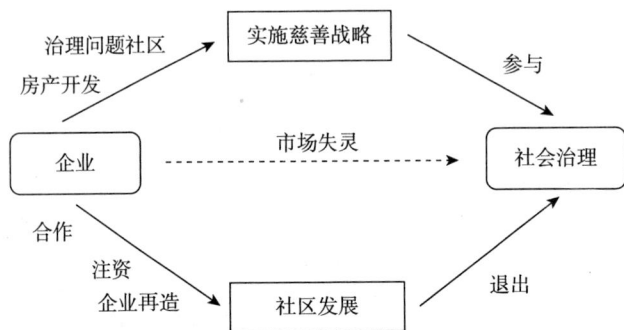

图 2 企业在社会治理中的参与和退出机制

五 结语

本文描述了一个房地产开发集团参与社会治理的历程，对其成功经验和参与路径进行了分析。面对市场失灵，企业以慈善战略的方式积极参与了社会治理，但慈善战略也有其局限，这最终导致了企业的退出。然而，这并不能说明企业参与社会治理的失败，通过对社区治理成效的分析，以及企业在重庆等地的投资活动的观察发现：企业在社会治理中的一进一退都是其在秉持社会责任的前提下，根据社区不同时期的发展需求及企业的成本效益分析而做出的策略选择；在选择过程中，企业也在自我再造，已然从单纯追求经济利益的市场主体升华为营利与公益兼具的社会企业（王名、朱晓红，2010）。在对个案的分析中，本文突出了社会责任在企业参与社会治理中的重要性，在解释企业参与的路径时提出了慈善战略的构想，并且关注了桃源居集团向社会企业的转变。这也暗示了企业参与社会治理的三种研究路径：社会责任、慈善战略与社会企业，限于篇幅，本文未对三者之间的关系展开探讨。此外，在分析企业参与的成功因素时，本文主要关注了社区居民和社会组织自治能力的培育、多元主体的参与等外部因素，对企业内部因素仅涉及企业文化和社会责任，对企业的领导者和内部治理结构等关注不足。事实上，企业领导者的支持以及企业内部各机构间利益的协调，是企业能否无偿支持社区公益事业发展的重要影响因素。对于企业参与社会治理的研究，既要关注企业与其他治理主体之间的互动，又要注重企业内部因素所起的作用。最后，需要说明的是，企业在参与社会治理的过程中既有成功经验，又有失败教训，物业费调整风波即是明例。如果转换分析思路，从社区居民和社区社会组织的视角，或者企业与两者之间的互动来研究社会治理，桃源居社区将呈现出另一幅图景。

参考文献

北京大学中国政府创新研究中心"中国社会创新案例研究"课题组（2011）：《深圳桃源居社区管理和服务模式创新调研报告（摘要）》，《深圳特区报》，（6-30）：第 A15 版。

董保华（2006）：《企业社会责任与企业办社会》，《上海师范大学学报》（哲学社会科学版），（5）。

曹超（2010）：《企业社会责任与公共政策》，《人民论坛》，（36）。

李慧凤（2010）：《社区治理与社会管理体制创新——基于宁波市社区案例研究》，《公共管理学报》，（1）。

蓝志勇、李东泉（2010）：《社区发展是社会管理创新与和谐城市建设的重要基础》，《中国行政管理》，（10）。

萨拉蒙（2008）：《公共服务中的伙伴》，田凯译，北京：商务印书馆。

孙德厚（2012）：《试论社会管理创新中的企业社会责任》，《行政与法》，（8）。

陶传进（2013）：《中国企业履行社会责任》，《中国社会体制改革报告（2013）》，北京：社会科学文献出版社，第54~67页。

王笑园、张清华（2008）：《中国城市社区建设史上具有里程碑意义的一页：桃源居捐资1亿创立首家社区公益基金会》，载《深圳特区报》，2008-8-6。

王名、朱晓红（2010）：《社会企业论纲》，《中国非营利评论》，（02）。

王敏、顾丽娟（2012）：《民营企业社会责任体系的建立和社会管理创新》，《理论月刊》，（5）。

熊建等（2012）：《企业重新办社会是市场行为：关注企业办社会"回潮"（上）》，《人民日报》，（5-9）：第10版。

郁建兴、瞿志远（2011）：《企业在加强和创新社会管理中的作用——杭州"援通"参与居家养老服务提供的实践和经验》，《中共宁波市委党校学报》，（4）。

朱晓红（2007）：《社会治理视角下的企业社会责任》，《WTO经济导刊》，（12）。

周秀平、邓国胜（2011）：《社区创新社会管理的经验与挑战——以深圳桃源居社区为例》，《中国行政管理》，（9）。

张秀兰、徐晓新（2012）：《社区：微观组织建设与社会管理——后单位制时代的社会政策视角》，《清华大学学报》（哲学社会科学版），（1）。

Research into Enterprise Participation in Social Governance
—A Case Study of Taoyuanju Group in Shenzhen

Gao Peng

[**Abstract**] Enterprise participation is a subject defying neglect in discussion about social governance. At the micro-level of social governance,

i. e. , at the community level, the Taoyuanju Group not only propels social governance, but also makes significant attempts in handling public property right and fostering community-based social organizations. Case studies reveal that the community platform building, excellent corporate culture and cooperation among multiple entities promote enterprise participation in social governance. Though the enterprise has chosen to quit in the end, it does not mean enterprise participation is a failure. Philanthropy strategy can be taken an important way for enterprises to engage in social governance.

[**Keywords**] enterprise participation; social governance; public property right; social enterprise; philanthropy strategy; Taoyuanju

（责任编辑：郑琦）

社会组织益贫：西藏农牧区贫困
治理模式初探

——以那曲地区班戈县 S 村为个案

羌　洲　吴春宝[*]

【摘要】 贫困治理离不开社会组织的有效参与。伴随着贫困人口的空间转移及经济的发展，在国家大力扶持西藏脱贫的宏观背景下，西藏的贫困治理应该是一个"政府主导、社会组织参与"，二者良性互动的过程，具体表现为政府在保障贫困农牧民基本生活水平的基础上，大力培育新型农牧民经济合作组织，以"本土化"的社会组织为纽带，通过组织益贫效应的发挥，提高农牧民的参与意识、科技意识及市场意识等，进而形成旨在提升西藏贫困人口自我发展能力的贫困治理模式。

【关键词】 贫困治理　益贫模式　西藏农牧区

一　问题提出

贫困问题是一个世界性的问题。贫困作为一种复杂的、长期的、涉及面较

---

* 羌洲，清华大学公共管理学院博士后，副研究员；吴春宝，中央民族大学管理学院 2013 级博士研究生，西藏大学思政部讲师。本文系 2014 年度国家民委青年项目"西藏新型农牧民经济合作组织参与社会治理研究"（项目编号：2014 - GM - 069）的最终成果。

广的社会经济现象，无论是在经济发达的国家，还是在发展落后的国家，一直是一国政府公共政策重点解决的内容。当下，我国贫困治理工作的重心由原来的"贫困县"已经转移到"连片特困地区"①，这标志着我国贫困治理工作已进入了一个新的阶段。我国民族地区的贫困问题变得日趋复杂，一方面目前导致贫困的原因日益多元，另一方面贫困问题往往与其他社会问题相互交织在一起。这将足以撕裂不同社会阶层之间的关系，激化社会矛盾，诱发一些社会不稳定因素。因此，如果贫困问题处理不好，就有可能引发其他一系列危机。

经过长期的探索，我国政府针对民族地区的贫困治理模式经历了诸多转变。西藏地区作为国家 14 个连片特困地区之一，是新一轮贫困治理攻坚的重地。西藏的贫困治理虽然取得了不俗的成绩，但是面临的挑战依然严峻。当前西藏贫困治理模式还是以"输血式"为主，同时也在缓慢地向"造血式"模式过渡。所谓"输血"，即国家通过全额的财政拨款，以物质输入的方式，保证贫困群体的最低生活条件。此种方式弊端不言而喻，因此备受学者质疑。有学者就指出，"以往的救济方式、扶贫模式侧重于钱、财、物的发放，只能解一时之'贫'，却不能根除贫困之源头"②，同时还养成贫困群体"等、靠、要"的懒惰心理。从这个角度来看，此种贫困治理模式导致扶贫资源得不到有效利用，直接使政府陷入"越减越贫"的治理怪圈之中。因此，这就需要引入以"内源式发展"为导向的社会贫困治理方式，即"造血模式"。然而除自然地理环境因素外，西藏的市场发育程度不高，农牧民参与能力不强、社会组织力量薄弱等原因，使得西藏"照搬内地的经济发展模式，却忽视了民族地区自身的特点，国家对藏区投入的资金越来越多，出现的新问题和矛盾也越来越多"（刘志杨，2012）。特别是在发挥市场机制和价格机制作用的贫困治理过程中，原有模式不但不能为本地"造血"，反而出现了"抽血"现象，致使产生了新的贫困。

当下我国的扶贫战略已经从最初的传统道义救济性扶贫向目标瞄准型开发

---

① 依据最新颁布的《中国农村扶贫开发纲要（2011－2020）》，我国主要扶贫区域为六盘山区、秦巴山区、武陵山区、乌蒙山区、滇桂黔石漠化区、滇西边境山区、大兴安岭麓山区、燕山—太行山区、吕梁山区、大别山区、罗霄山区等区域以及实施特殊政策的西藏、四川省藏区、新疆南疆三地州。由此可见，"连片特困地区"是按照我国绝对贫困人口的空间分布而划分的。

② 韩安庭：《从输血到造血：引入市场机制转变反贫困思想》，中国社会学网，http：//e-sociology. cass. cn/pub/shxw/wgjj/t20080905_18411. htm。

性扶贫转变，从单一性扶贫目标向综合性目标转变，从政府主导和社会组织参与为主向贫困对象自主决定的参与式扶贫方式转变（吴国宝等，2010）。因此，在这样的背景下，西藏地区贫困治理不可能单纯依靠"输血模式"，更不能完全依托"造血模式"。如何获取二者的平衡，寻求一种合理的转型路径，成为今后西藏地区贫困治理的关键。

二　社会组织益贫模式的理论架构

西藏牧区贫困的治理不仅是政府政策实践的产物，而且也是社会科学理论发展的一种反映。特别是作为具有一定典型性特征的贫困治理模式，就更加需要在学理层面，对其进行必要的凝练与总结。我们将要从理论渊源、价值理念以及内容三个方面，对西藏牧区典型的社会组织益贫模式进行理论剖析。

（一）社会组织益贫模式的理论渊源

社会组织益贫指的是在社会组织发展过程中，贫困人口能够平等获取更多的发展机会，在自我能力提升方面获得更大的空间，进而实现自我脱贫。从深层次来看，益贫与扶贫抑或减贫最根本的不同之处就是看待贫困问题的视角。减贫抑或扶贫一般是政府机构通过援助的行为或政策影响贫困群体，通常情况下，表现为物质资助、政策扶持、项目援助等。与之相反，益贫则以贫困人口为主体，从贫困人口群体的基本发展情况出发，通过社会组织的引导，提高贫困人口自身的能力，进而解决贫困问题。由此可见，二者存在着显著性差异。

社会组织益贫模式能够凝练为一种制度化、系统化的实践模式，离不开相关理论的支撑与积淀，其相关理论架构积极汲取了发展经济学中有关经济益贫式增长的相关学说。经济益贫增长（pro-poor growth）是20世纪90年代提出的概念，它的主要含义是一个国家的经济在保持快速增长的同时，更加关注穷人是否会从增长中受益，寻求更有利于穷人的增长方式（周华，2008）。从内容上来看，经济益贫式增长主要涉及"贫困—增长—不平等"这三者之间的互动关系（如图1所示）。

由图1可以看出，该理论认为经济增长和不平等的变化是导致贫困变化的

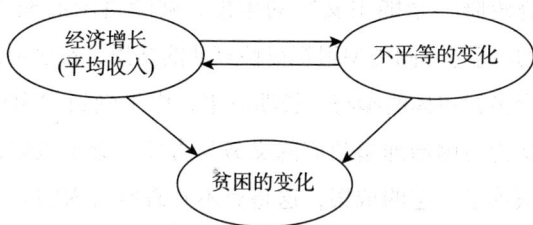

图1 经济益贫增长理论示意图

两个主要因素。也就是说，一个国家贫困变动，要么归因于经济的增长，要么归因于收入分配的变动。一般而言，经济收入的增长会减少贫困，收入不平等减弱同样也会有效阻止贫困的产生。同时，经济增长变化与不平等的变化又存在以下关系：一是经济增长会减少经济不平等，进而影响贫困；二是不平等现象的减少同样会促进经济发展，进而有效抑制贫困的蔓延。

经济益贫式增长理论为我国贫困治理提供了丰富的理论基础，社会组织益贫模式的提出则汲取了益贫式增长理论的积极部分。首先，贫困治理主体除了政府以外，还应包括社会组织（例如农牧民经济合作组织）；其次，社会组织参与贫困治理应该主要从收入分配和收入增长两个方面入手，同时要考虑政治及文化等诸多因素。鉴于此，笔者认为社会组织参与贫困治理的基本框架必须进行修正（如图2所示）。

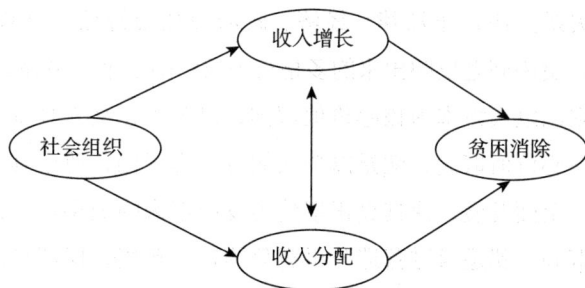

图2 社会组织参与贫困治理示意图

（二）社会组织益贫模式的价值理念

社会组织的价值理念决定了其存在的社会价值。从贫困治理来看，贫困不是简单的经济问题。作为一个社会综合问题，贫困问题的解决应该运用治理的理论与方法，而这就需要价值理念的引导。社会组织益贫模式的价值理念体现为以下两个方面。

首先，要摒弃政府"全能主义"的思想，破除贫困治理中的政府"一元论"。社会的健康运行是不同类型组织良性互动的结果，贫困治理作为一种社会现象，离不开社会多元主体的参与。长期以来，由于受到"全能主义"思想的影响，诸多学者认为贫困治理是政府的义务与责任。毋庸置疑，从实践层面来看，我国反贫困取得了一定的成果，这是离不开政府行为的。但不能因此就认定政府是治理贫困的唯一主体。英国政治学家霍布斯指出："人们为了抵御各种外来的风险，自己创造了一个利维坦（Leviathan），创造了一个能让他们有归属感的庞然大物——政府，但政府这个利维坦有双面的性格。"（霍布斯，1985：9）政府既可以保护人们，表现出积极的一面；同时也存在消极的一面，可能会损害人的各种权利。由此可以看出，政府行为在某些社会领域内必须受到有效的限制，这就需要其他社会主体来填充社会权力的真空，对政府行为形成制约，以此弥补政府权力的消极影响给人们带来的伤害。从这个意义上来说，贫困治理应该更多地强调社会组织与政府的互动与合作①。

其次，要坚持公平正义的哲学理念。阿玛斯亚·森在研究贫困时发现，人们即便是解决了饥荒，免受绝对贫困之害，但相对贫困却依然存在。这是因为"市场需求反映的不是生物学、心理学的欲望，而是建立在权力上的选择，一个人无法要求太多，否则就会败给那些需求较弱但权利较强的人……权利的方法强调不同阶层的人们对粮食的支配和控制能力，这种能力表现为社会中的权利关系，而权利关系又决定于法律、经济、政治等社会特征"（森，2001：1～5）。由此可知，贫困问题反映出来的多是有关权利的公平、平等、正义等问题。组织益贫模式则以以人为本为核心价值取向，以公平正义为基本价值取向。所谓以人为本的核心价值取向，就是以个人的发展为导向，尊重其合法权益，努力促进其自由、全面发展，使其真正享受到发展带来的成果。所谓以公平、正义为基本价值取向，就是通过营造公平竞争的正义环境，保证贫困人口能够获取与他人一样的发展机会，平等参与并分享组织发展所取得的收益。

（三）社会组织益贫模式的机制内容

社会组织益贫模式的内容主要涉及三个方面，即经济益贫、文化益贫以及政治益贫。从这三个方面来看，经济益贫是基础，文化益贫是关键，政治益贫

---

① 关于社会组织与政府合作机制问题，鉴于篇幅限制，详见羌洲《安徽藏区社会组织与政府合作机制研究》，兰州大学博士学位论文，2012。

是重点。

第一，积极利用经济收入杠杆。不言而喻，发展经济、提高社员收益是农牧民合作组织的首要目标，其益贫效应则是通过合理调整收入分配格局，在讲究效率和公平的基础上，有倾向性地关注贫困人群。即农牧民经济合作组织在"做大蛋糕"的基础上，还要合理有效地"分配蛋糕"。一般而言，经济合作组织一方面整合不同农牧民之间的经济资源，切实保护市场竞争能力极弱的贫困户，从而降低其面临的市场风险；另一方面，通过收入杠杆的调节，能够保障贫困户的基本生活水平，防止在同一牧区社区内，不同农牧民之间收入差距拉大。

第二，充分挖掘区域文化资本。文化本身作为一种柔性的社会规范，对人们日常行为起到了约束作用。这一点在我国区域文化鲜明的少数民地方表现明显。文化的关键性主要体现在当前文化对贫困治理的作用机理上。通过民族文化，以认同的方式，发挥黏合剂的作用，把不同收入群体的农牧民融合进合作组织当中，从而防止社会不同收入群体之间的断裂和摩擦。一般而言，贫困人口往往处于被边缘化的状态，如何帮助贫困群体融入社会基本秩序当中是治理贫困的重点，而社会组织的文化益贫效应则可以较好地解决这个问题。通过文化枢纽把社会组织营造成一个共同体，一方面可以增强贫困人口自身的文化素质，另一方面可以有力地消弭不同收入群体之间的隔阂，从而实现社会的稳定和谐。

第三，加强贫困群体的参与能力提升。参与意识以及参与能力问题一直都是制约贫困群体发展的瓶颈。在贫困治理过程中，贫困群体的被动参与现象尤为突出，而贫困群体主体地位的丧失会直接造成贫困治理水平的低下。在具体实践层面来看，诸多扶贫项目始终把贫困群体视为麻木的"旁观者"，并且通过"交钥匙"工程①以求消除贫困的目标。此种方式弊端显而易见。这将直接导致贫困群体的主动性丧失。与之相反，社会组织益贫则是以培养贫困群体的能力为突破口，达到"人尽其才、物尽其用"的目标。具体而言，以社会组织为载体，贫困群体通过政治动员机制，积极参与到贫困治理中，化"被动"为

①　"交钥匙"工程是在国家扶贫项目实施过程中出现的现象。由于扶贫工程缺乏与贫困群体之间的有效互动，这种"授人以鱼"的方式使得贫困群体的主体性地位无法体现，扶贫资源不能被充分利用，进而导致扶贫项目的扶贫效果减弱。

"主动"，可以有效提升贫困群体的参与能力与参与意识（如图3所示）。

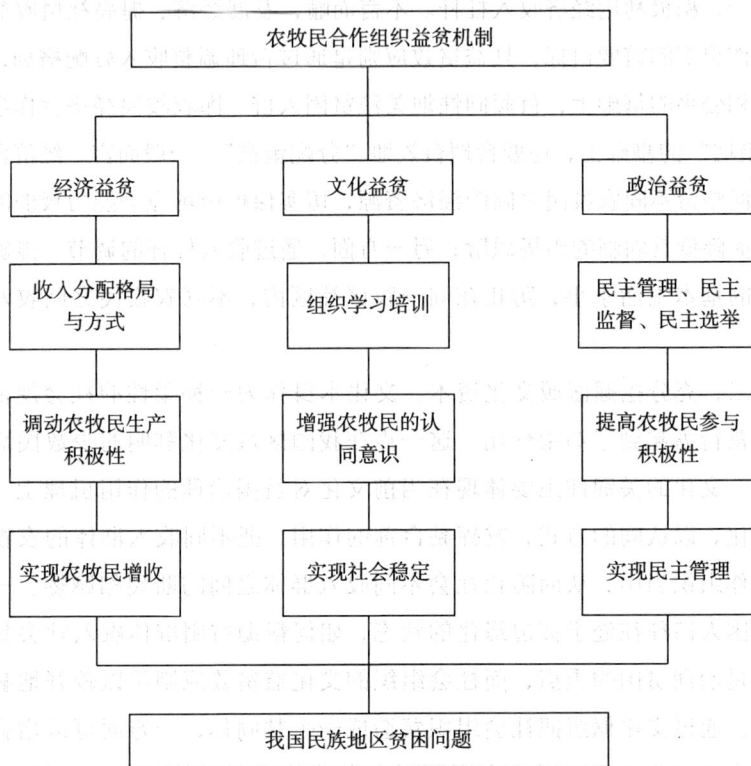

图3　我国民族地区农牧民合作组织益贫机制示意图

三　西藏新型农牧民经济合作组织的
益贫——个案观察

在市场经济机制下，经济合作组织是一种有效的经营生产方式。它改善了西藏农牧区的微观经济发展条件，推动了西藏牧区贫困治理的新格局。从该角度来看，作为西藏社会组织的主要组成部分，经济合作组织除发挥益贫作用以外，在文化方面，凝聚了农牧民对集体的认同，增进不同收入的农牧民之间的团结与互信；同时经济合作组织通过广泛的动员机制，还促进了农牧民的参与意识与能力。该组织形态20世纪80年代后期就分别在西藏那曲、阿里等主要牧区出现了，不过当时形式比较简单，以联户和互助组为主。伴随着市场经济的逐步完善，西藏新型农牧民经济合作组织也在不断成长、壮大，经过十几年的发展，截至 2012 年，在西藏农牧厅注册的农牧民专业经济合作组织已经达到 980 家①。我们就以那曲地区班戈县 S 村的农牧民经济合作社为个案，对其社会组织益贫效果以及存在的不足进行全面剖析。

（一）基本情况

S 村位于西藏那曲班戈县佳琼镇东北方向 44 公里处，处于马前乡、强玛镇、双湖县三地环绕之中，离班戈县城 110 多公里，是地震多发地带。当地平均海拔在 4700 米以上，气候极其恶劣，自然条件严酷，生态环境脆弱，草场生产能力低下，草皮层的草和植物因干旱而脱落，表层明显沙化，草畜矛盾十分突出。S 村的各个村民自然小组居住分散，距离最远的两个村民小组相距 40 多公里，且无正规公路连通，冬季雪天和夏季雨天根本无法出行。截至目前，村内所有牧户均未通电，只有国家配发的太阳能供电设备，而且没有通信信号。

S 村辖区总面积 254,202 亩，可利用的草场面积 204,339 亩，现有牧业人口 59 户共 255 人，其中贫困户为 22 户，占总户数的 37.29%，共计 89 人，占全村总人数的 34.90%。牲畜存栏总数 4,337 头（只/匹），其中牦牛 667 头，绵羊 3,463 只，山羊 204 只，马 3 匹。② 2013 年底全村牧业总收入 182.35 万，其中第一产业收入 103.45 万，第二产业收入 64.13 万元，第三产业收入 14.77 万元，农牧民人均收入达到了 7,150 元左右，经过抽样调查，我们对该村调研农户的恩格尔系数进行测算，进一步科学评估 S 村牧户的经济发展水平（见表 1）。

表 1　2013 年末 S 村牧户恩格尔测算情况

样本		尼玛	多吉	琼布	曲央	格桑	达瓦	格次
家庭人数		5	8	8	8	4	5	2
宰杀牲畜量（只/头）	绵羊	30	20	20	50	13	12	10
	山羊	0	0	4	0	6	0	3
	牦牛	0	2	2	1	1	2	0

---

① 数据来源：http://news.xinhuanet.com/local/2013－03/27/c_115183623.htm。

② 数据来源：关于 S 村及 S 村牧业经济合作社的数据来自村委公布的统计材料，如无特别说明，文章数据均出于该统计资料。

续表

样本		尼玛	多吉	琼布	曲央	格桑	达瓦	格次
售出牲畜量（只/头）	绵羊	33	20	16	30	3	30	2
	山羊	0	16	8	0	0	20	0
	牦牛	0	2	2	4	5	2	0
禁牧补助（元）		10240	10000	11273	12580	8198	10000	3600
总收入（元）		69240	65600	62873	94580	56690	68300	12450
食物消费支出（元）		25619	26896	26407	51100	24950	30300	8964
恩格尔系数		0.37	0.41	0.42	0.54	0.44	0.44	0.72
备注（说明）		1. 山羊市场价格 350 元/只；绵羊市场价格 630 元/只；牦牛市场价格 6000 元/头。 2. 年末宰杀的牲畜数量均被该户全年自己家食用。 3. 食品消费支出为面粉、大米、酥油、糌粑、盐、清油、肉、茶砖八类食品支出总额，除肉食自产外，其他均为购买，按最低生活保障标准，需要每人每月消费 175 元。 4. 禁牧补助视草场状况而定，若被列入禁牧牧场，则根据草场面积给予政府补助，补助标准为 6 元/亩。						

2013 年的数据测算表明，在随机抽样调查的牧户当中，样本 7 为贫困牧户，恩格尔系数为 72%；类似 2 号样本的牧户有四户，恩格尔系数在 41%～44%，属于小康水平；4 号样本的恩格尔系数为 54%，属于温饱水平；与前者所比较，1 号样本的恩格尔系数值最低，为 37%，属于富裕牧户。整体而言，测算的恩格尔系数表明，除个别牧户外，调研牧户经济发展达到中等偏上水平，且两极分化现象并不显著。

（二）组织运行

2007 年，S 村所在县成立了牧业专业合作经济组织领导小组，同时留职下派管理人员和技术人员到各个行政村蹲点指导，负责所在行政村的牧业专业合作经济组织建设发展的服务工作，帮助农牧民做好合作组织成立前的各项筹备事宜。同年 3 月，在县政府引导下，S 村结合自身特点制定了牧业专业合作经济组织的相关制度，并在村民大会上讨论通过，成为牧业专业合作经济组织建立的标志。

组织建设方面，在原有村级组织的基础上成立了专业合作组织委员会、专业合作组织顾问小组、专业合作组织畜群结构调整领导小组、专业合作组织畜产品上市领导小组、专业合作组织劳动调配领导小组等分工明确的组织，进一步加强了对专业合作经济组织的领导，对劳动力实施统一调配管理，对牲畜进行分群放牧，针对畜产品的产量和质量确定了统一的标准化模式，对畜产品实行分批统一屠宰和销售，使分散的生产要素得到优化配置，初步形成了以自然村为基础的绵羊专业组、牦牛专业组和山羊专业组养殖基地。

利益分配方面，S村牧业专业合作经济组织是群众入股、实行按劳和按股分配利润相结合的经济合作组织，总收入按照4.5∶2.5∶2∶1的比例进行综合分配。具体而言，一是把总收入的45%作为工资，按工分多少进行分配；二是把总收入的25%作为红利，按畜股多少进行分红；三是把草场折成股份，拿出总收入的20%，按草股进行分配；四是把总收入的10%作为牧业专业合作经济组织正常运转、购置生产工具的经费。

配套措施方面，在培育牲畜、经营产品的同时，S村专业合作组织坚持"公私分明"的原则，积极开展多范围的双层经营模式，努力增加合作组织和贫困农牧民的收入。为了使全村的劳动力能够充分就业，做到人尽其才、物尽其用，在保证合作组织正常运转的前提下，该组织积极鼓励贫困农牧民个人从事劳务输出、饮食服务等第三产业，以增加家庭收入，实现经济收益多元化。此外，S村还组建了草业专业组、缝纫手工专业小组、畜产品加工专业小组、蔬菜种植基地、商品经营点等多种组织，有效地开展分工协作，全方位调动贫困农牧民的生产积极性，拓展增收渠道。

（三）益贫成效与不足

经过近几年的具体实践，S村牧业经济合作组织益贫的主要成效体现在经济、文化、政治等三个方面。

一是牧业经济合作组织总收入增加，组织经济益贫效果明显。S村农业经济合作组织组建后，2013年的总收入比组建前的2006年的总收入增加了724,331.8元，人均增收2840.5元。同时按照收入的分配比例来看，经济合作组织总收入的45%按照工分（成年人每工作1日记工分1分）分配，这显然有利于贫困人口收入的增加。同时，通过落实奖惩机制，工作积极、认真负责的贫困社员可以从占总收入25%的红利中获得分红。由此可以看出，农牧民经济合作组织在两个方面已经发挥了积极的益贫效用：一是提高了经济收入总量，二是构建了合理的收入分配机制，使得增加的经济收入能够被贫困社员所享有。实践效果显示，S村贫富差距在逐步缩小，特别是对那些无草场、无牲畜的牧户而言，他们的生活得到了极大的改善与保障。合作组织成立前全村贫困户有22户，到2013年底全村已基本消除了绝对贫困户。

二是牧业经济合作组织引导文化思想，文化益贫效果初步显现。一方面，民族地区扶贫理论与实践证明，"治穷先治愚，致富先富脑"。这说明，文化在社会扶贫中起着关键性的作用。另一方面，从扶贫经验来看，我国一些贫困地区在脱贫的同时，也出现了"富了口袋，穷了脑袋"的现象。但从S村的农牧民经济合作组织的文化益贫效果来看，在牧业专业经济合作组织的引导下，S村农牧民社员的观念有了明显转变，特别是集体共同体意识得到极大的强化，可谓"致富与治愚"并行。经过近几年的探索和实践，农牧民经济合作组织不仅增加了农牧民的收入，而且也促使农牧民的思想产生了诸多变化，农牧民群众的主体意识以及靠劳动、智慧、技能致富的意识得到了进一步巩固，不务正业、好逸恶劳、聚众赌博、酗酒滋事、不求发展的思想行为明显减少，治安案件发案率大幅下降，社会稳定和谐成果得到进一步巩固。与此同时，在调研访谈中我们发现，诸多农牧民已经充分意识到受教育的重要性，S村的青少年都接受了国家义务教育，小学、初中的入学率均为100%。

三是牧业经济合作组织提供公共服务，增强农牧民参与意识及参与能力。长期以来，西藏牧区贫困农牧民受到自身文化素质制约，无法合理参与村庄的经济发展过程。因此，这将进一步导致西藏农牧民贫困问题的积累与恶性循环。统计数据表明，西藏的人口科学文化素质存量为15.59，是北京47.20的三分之一，而且西藏城乡之间的差距更加明显，二者相差5年，西藏农牧区的文盲率仍在40%以上，在一些贫困乡村，50%以上的青壮年是文盲或半文盲（徐贵恒，2010）。从现实来看，人口素质不高的问题是我们必须面对的事实，而且西藏人口科学文化素质存量问题无法通过发展牧业经济合作组织从根本上解决。但是，从另外一个角度来看，牧业经济合作组织可以通过职业技能培训、基础公共设施修建（如修路、打井等）等方式，吸纳贫困群体参与村庄公共事业管理。这种"授之以渔"的方式，通过对贫困农牧民的参与行为的有序引导，使贫困农牧民逐步融入村庄集体，进而实现自我管理、自我服务的目标。

毋庸讳言，S村牧业经济合作组织在社会益贫方面取得了一定成效，但在其他方面也存在一定的问题与不足，例如：基础建设薄弱，抗御自然灾害能力较差，特别是无法吸纳牧区典型的文化传统，使得组织可持续发展的能力不强，发展速度和发展水平受到信息和交通不畅的制约，同时还存在组织结构不完善、职能界定不清晰、应对策略存在风险等方面的内部问题。这些因素致使组织益贫效果受到了严重影响。

四　总结与展望

农牧民经济合作组织作为典型的社会组织形式，在西藏农牧区能够产生、发展，是因为它在社会扶贫方面发挥了重要作用。对西藏牧区而言，受外部环境条件影响制约的牧业生产经营方式，表现出了典型的异质性。这种异质性又塑造了农牧民经济合作组织独特的益贫形态与运行机制。S村农牧民经济合作组织的益贫模式表明，在市场发育不成熟的民族地区，农牧民经济合作组织作为有效的社会整合方式，发挥了社会益贫功能，调节了贫富牧户之间的差距，有效阻止经济贫困者被排斥、被社会边缘化的危险，牢牢地将贫困户吸纳进相应的社会阶层，从而维护了社会结构的稳定。从该角度来看，该模式在推动西藏牧区经济发展的同时，也发挥了更大的社会作用，具体表现为：在社会贫困治理领域内，由政府政策大力支持的经济合作组织，通过发挥益贫功能，激发了农牧民在经济领域的参与能力与规范意识。并且在参与能力与意识的推动下，农牧民增强了对经济合作组织的认同，从而减弱社会风险系数，由此也大大降低了国家治理贫困的成本。

"西藏特色，中国特点"的农牧民经济合作组织益贫模式虽然还处于摸索阶段，存在一定的问题，但在一定程度上已经取得了较大突破，为我国其他民族地区贫困治理问题提供了必要的实践性经验。这些突破具体表现如下：首先，西藏农牧区贫困治理重点强调了除市场、政府之外的第三部门即社会组织的作用，突破了政府一元主导的贫困治理模式；其次，西藏农牧区贫困治理重点强调了"参与式治理"，贫困农牧民个人、公共部门与私人部门、政府力量与社会力量等多个主体共同参与其中；最后，西藏农牧区贫困治理强调了"协作式治理"和"多中心治理"，政府处于中心地位，社会与市场则处于协同地位，三者基于消除贫困等公共利益目标的"伙伴关系"，通过有效的协商、合作解决贫困治理问题。总之，西藏新型农牧民经济合作组织参与贫困治理的模式反映了"多元参与和合作共治"（黄家亮、郑杭生，2014）的思想，即在政府的主导下，一些政府职能向市场和社会转移，强调政府与非营利组织的协作，注重发挥不同行动者（例如贫困人口个人等）的主体作用。

S村农牧民经济合作组织益贫模式虽然已经初步成型，但是还需进一步完善。首先，要以培植本土化的社会组织为重点。本土化意味着社会组织的建立不能原封不动地照搬其他地方的组织形式，需要依据本地区的实际情况，扶植适应性较强的不同类型的社会组织。其次，要注重地方性知识的作用。在贫困治理过程中，除了需要必要的法律制度作为治理规范外，还应注重意识形态、道德、宗教等软约束力量的作用，要充分利用意识形态、道德、宗教等规范塑造贫困人群的公共价值观念，从而使贫困治理达到事半功倍的效果。最后，还需进一步界定政府、市场、社会组织三者的行为边界，构建三者之间的良性合作机制。政府应按照"有所为，有所不为"的原则，从社会环境的营造、经济市场平台的搭建以及相关法律法规的完善等方面入手，为组织的自主经营提供各种服务，通过"赋权、放权、维权"等行为，激发市场与社会组织活力，积极推进我国民族地区贫困善治目标的实现。

参考文献

〔英〕霍布斯（1985）:《利维坦》，黎思复、黎延弼译，北京：商务印书馆。

黄家亮、郑杭生（2014）:《国外社会治理的基本经验》，载《人民日报》，2014 - 05 - 04，第 5 版。

刘志杨（2012）:《作为人类学的藏学研究——人类学（民族学）的藏族及周边民族研究述略》，《青海民族研究》，第 4 期，第 18 ~ 27 页。

羌洲（2012）:《安多藏区社会组织与政府合作机制研究》，兰州大学博士论文。

〔美〕森·阿马蒂亚（2001）:《贫困与饥荒》，王宇、王文玉译，北京：商务印书馆。

吴国宝等（2010）:《中国式扶贫：战略调整正当其时》，《人民论坛》第 1 期，第 42 ~ 43 页。

徐贵恒（2010）:《西部少数民族地区贫困问题新解》，《中国民族》第 11 期，第 66 ~ 67 页。

周华（2008）:《益贫式增长的定义、度量与策略研究——文献回顾》，《管理世界》，第 4 期，第 160 ~ 166 页。

Social Organizations' Poverty Relief Endeavor: Initial Research on Poverty Governance Mode in Tibetan Farming and Stockbreeding Areas
—A Case Study of Village S, Baingoin County, Nagqu Prefecture

Qiang Zhou, *Wu Chunbao*

[**Abstract**] Poverty governance is impossible without effective participation of social organizations. Under the background that the country makes great efforts to lift Tibet out of poverty, the poverty governance in Tibet should go on under the government' leadership and with social organizations' participation (with the two sides in beneficial interaction), given the geographical migration of poor population and economic development. Specifically, the government should, on the basis of ensuring the basic living standard of the farming and stockbreeding population, vigorously develop economic cooperation organizations for them and leverage the pro-poor effects of localized social organizations to enhance the farmers' awareness of participation, technology and market, and thus to shape the poverty governance mode intended for the Tibetan poor population to uplift their own development capability.

[**Keywords**] poverty governance; pro-poor model; Tibetan farming and stockbreeding areas

(责任编辑: 林志刚)

社会组织益贫: 西藏农牧区贫困治理模式初探

逻辑偏离：市场内生型行业协会内部运作的组织分析

——以 G 省 J 行业协会为例

胡辉华　陈世斌*

【摘要】根据学术界对市场内生型行业协会的界定及实地调研结果，将某些市场内生型行业协会运作过程中存在的"找婆婆"现象称为逻辑偏离行为，资源依赖理论框架有助于解释市场内生型行业协会逻辑偏离行为发生的根源与机制。J 行业协会的逻辑偏离现象反映了我国市场内生型行业协会具有必然性的组织困境。在结社传统不足、社会资本匮乏以及政府垄断资源的环境下，志愿结社而组成的市场内生型行业协会维持集体行动的资源和手段极其有限；它通过服务会员以求获得组织发展所需资源的努力，却因为所提供的服务缺乏吸引力或激励效应以及协会的行为缺乏威慑力而受挫；在协会内部治理失效、理事会成员默许的情况下，秘书处发现走投无路，转而求助于政府，希望通过依附于政府而分享政府的权威和公共资源，这几乎成为协会谋求组织生存和发展的唯一选择。

【关键词】市场内生型行业协会　会员逻辑　影响逻辑　逻辑偏离

---

* 胡辉华，暨南大学公共管理/应急管理学院教授；陈世斌，暨南大学公共管理/应急管理学院研究生。本文为国家哲学社会科学基金项目"行业协会成长的内在机制研究"（批准号：11GBL105）的研究成果。

一 问题的提出与个案选择

关于行业协会的探讨自 20 世纪后半期在西方渐趋热烈，进入 21 世纪，尤其是中国加入 WTO 之后，行业协会在中国的发展越来越快，国内外对其进行研究的文献也层出不穷。其中，行业协会的行为逻辑受到了国内外不少学者的关注（Waarden，1992；Schmitter & Streeck，1999/1981；Bennett，2000；Perry，2008；Reveley & Ville，2010；吴军民，2005；张沁洁，2007；郁建兴等，2011）。总结他们的研究成果可以得出这样的结论，"会员逻辑"是市场内生型行业协会组织行为的支配逻辑。然而，在中国当下的现实中，某些市场内生型行业协会却存在"找婆婆"的现象，即寻找政府职能部门作为其业务指导单位的现象，这是一种对"会员逻辑"的偏离。在这种情况下，笔者认为，对市场内生型行业协会运行过程中存在的行为逻辑偏离，及其产生的组织基础进行研究十分必要，但目前这方面的研究尚未受到重视。因此，本文尝试从组织分析的角度，对某些市场内生型行业协会运行过程中的行为逻辑偏离问题进行研究。

对于行业协会行为逻辑的研究，中外学者提出了不同的视角。Schmitter 和 Streeck 在研究西方发达国家行业协会组织行为时，提出了支配行业协会运作的根本法则即"会员逻辑"（The Logic of Membership）和"影响逻辑"（The Logic of Influence）（Schmitter & Streeck，1999/1981）。他们指出这两个逻辑对行业协会组织运作的特征具有深远的影响作用："会员逻辑"占主导的行业协会表现出多元主义环境中的组织特征；"影响逻辑"占主导的行业协会表现出法团主义环境中的组织特征。科尔曼在研究商业与政治活动中的集体行动行为时表明，在自愿入会体制下，行业协会受"会员逻辑"驱动，主要从事多元主义模式下的政策倡导活动；在强制入会体制下，行业协会受"影响逻辑"驱动，主要从事行业自律活动，承担法团主义模式下的私益政府角色（Coleman，1988：47～65）。Bennett 专门研究了英国地方商会的"会员逻辑"，他指出英国地方商会没有政府赋予的政治地位，同美国一样具有多元主义的色彩，并且论证了商会的形成、运作和成功都依赖于会员对个体服务和集体行动的需求，"会员的动机及其结社观支撑会员逻辑，后者必定是协会成败的关键决定因素"（Bennett，2000）。

贾西津等在对我国转型时期行业协会进行综述研究时指出，行业协会根据生成路径的不同可划分为政府推动型、市场内生型和混合型三种（贾西津等，2001，103~120）。这里的市场内生型行业协会基本等同于英美国家的行业协会，也就是在一种多元主义环境中产生的行业组织。该类行业协会依靠会员的支持，依法在登记部门注册登记，具有相对独立的组织运作空间。吴军民尝试从社会资本的视角分析我国行业协会的组织运作，指出社会资本存量是影响行业协会组织运作模式的重要因素之一，社会资本存量越丰裕，组织越显横向性，而社会资本中的一个重要构成就是企业的参与网络，因此，行业协会若想实现自主的组织运作，就需要在社会资本，尤其是企业的参与网络方面多做努力（吴军民，2005）。这与 Reveley 和 Ville 对两个新西兰行业协会的成败对比研究的结论一致：社会资本存量高是一个协会成功的原因，而社会资本严重匮乏是协会失败的原因。因而，会员企业的参与、支持和贡献从根本上决定行业协会的运作方式及其成败（Reveley & Ville，2010）。Waarden（1992）、Doner & Schneider（2000）和 Perry（2008）则分别从会员逻辑对协会成长、对行业协会的经济贡献以及对行业协会促进行业发展的角度，强调了会员逻辑对协会组织运作的重要影响。

在我国政治体制改革、政府职能转移和市场经济发展等需求的共同作用下，市场内生型行业协会迎来了发展的时机，获得了广阔的发展空间。这些自下而上成立的市场内生型行业协会同英美等具有多元主义体制环境的国家的行业协会一样，在其运作过程中"会员逻辑"占据支配地位，坚持独立自主的办会原则，享有充分的自治权，不依赖政府支持，也不寻求政府保护。它们依靠为会员提供行业资讯、培训服务、交流平台、政策建议，订立行业标准，维护市场秩序等集体物品，来收取会费、服务费、赞助费等费用来维持协会的生存和发展，推动行业的发展和繁荣。然而，某些市场内生型行业协会在组织运作过程中似乎将其所拥有的自治性、自主性或独立性视为障碍而不是发展的助力，视为一种限制而不是发展空间的扩展，它们想方设法寻求接近政府的门径，迫切地祈望政府部门成为自己的业务指导单位，宁愿放弃自主性也要附庸和托庇于政府；它们宁愿放弃"当家做主"的自由，也要找个"婆婆"来管自己。这是一种偏离"会员逻辑"的组织行为，笔者将之称为"逻辑偏离行为"。本文尝试回答两个问题：其一，市场内生型行业协会为什么要找个政府部门来管自己，即逻辑偏离行为发生的原因是什么？其二，市场内生型行业协会的逻辑偏离行为作为一种不合理的现象，却仍然"合理地存在"，导致其发生的社会机制是什么？

本文以中国 G 省 J 行业协会为研究对象，对该协会在举办地区会员联谊会（以下简称"联谊会"）和筹办一届四次会员大会（以下简称"会员大会"）工作中所表现出来的逻辑偏离现象做个案研究。"联谊会"和"会员大会"是协会工作中极具意义的大事，一定程度上，从筹办此类事件的具体工作中可以反映出 J 行业协会在日常工作中的各种行为表现，这是观察中国市场内生型行业协会组织运作过程的较好切入点。

J 行业协会是 G 省的一家全省性行业协会，成立于 2011 年。该省从 2006 年起在全省范围内启动了行业协会"五自四无"（"自愿发起、自选会长、自筹经费、自聘人员、自主会务""无行政级别、无行政事业编制、无行政业务主管部门、无现职国家机关工作人员兼职"）改革，并取消了前置性审批，行业协会直接向民政部门申请登记，业务主管单位一律改为业务指导单位。J 行业协会完全由发起单位自下而上成立，志愿结社的特征明显。由于会员来自生产某种技术产品的企业，这种技术产品既适用于生产车间，也适用于医院和日常生活领域，该协会缺乏一般行业协会所具有的行业性，其业务活动涉及政府众多部门的职责范围，因此，在该协会的"社会团体法人登记证"上，其业务指导单位是"政府相关职能部门"，这就意味着没有哪个部门是它的业务指导单位。

J 行业协会现有 170 家会员企业，这些企业规模普遍较小，产品种类差异较大。会员企业员工人数 300 人以下的占 92.9%，300 人及以上的占 7.1%；1000 人以上的只有 2 家。员工人数在 300 人及以上的 10 家企业当中有 2 家是理事单位，并且这 10 家企业大都有多个主营业务，和本行业相关的仅占一部分。理事会由 26 家企业的代表组成，其中理事单位 20 家，没有常务理事单位，会长、副会长单位共有 6 家。协会工作由专职会长主持，会长原先是一家企业的老板，为了做好协会工作，他转让了公司股份，做专职会长。秘书处包括秘书长在内有 4 名专职工作人员。秘书处设有财务会计部、行业服务部及会员工作部。本文作者之一以实习生的名义进入 J 行业协会，对 J 行业协会进行了历时 8 个月的参与式观察，并以秘书处工作人员身份，参与了"联谊会"和"会员大会"工作的全过程。文中的资料主要来源于实地观察和实证调查，包括对会长、秘书处工作人员的访谈和观察日志。

二 市场内生型行业协会的"逻辑偏离"：概念与分析框架

（一）市场内生型行业协会的行为逻辑与"逻辑偏离"

参考贾西津对行业协会三类的划分，笔者将市场内生型行业协会定义为由市场中同行业企业为实现共同利益，自下而上自发成立，具有互益性、自治性、民间性、非营利性等特征的互益性社团。市场内生型行业协会同其他类型行业协会的根本区别在于其民间性和自治性，即人、财、物与政府脱钩，决策自主。

行业协会的行为逻辑因协会自身性质的不同而表现出不同的倾向，市场内生型行业协会的行为逻辑主要是"会员逻辑"。"会员逻辑"概念最初由 Schmitter 和 Streeck 提出，它指的是行业协会为了汲取会员企业的资源，必须为后者提供足够的激励，其活动必须一切以会员为中心（Schmitter & Streeck，1999/1981）。市场内生型行业协会作为一个民间的、自治的组织，它得以产生并生存下来的最根本原因在于它遵循"会员逻辑"，即通过组织的活动满足会员企业个体和集体的需求，依靠会员的支持、参与、合作达成组织目标。根据 Schmitter 和 Streeck 的观点，市场内生型行业协会组织运作过程中还必须遵循"影响逻辑"，即行业协会为了影响公共权威必须为之提供足够的激励，并从这种交换中获得适当的资源。通过向政府提供有效的激励，如行业代表地位、行业统计数据或行业自律等，协会获得在本行业政策制定等方面的影响力，以及政府的认可、容忍、让步或资助。这两个逻辑对所有行业协会来说都是必须遵循的运作法则，但在不同的行业协会中其发挥作用的程度存在差异，这使行业协会表现出不同的组织特征。主要受"会员逻辑"支配的行业协会在运作上表现得更像企业和俱乐部；而主要受"影响逻辑"支配的行业协会表现得更像私益政府和社会运动组织。在现实中，这两个逻辑具有竞争性，并且往往是冲突的，它们共同限制也引导协会的组织运作。

市场内生型行业协会的吸引力主要来自行业协会能给企业带来收益（贾西津等，2004：133），陈剩勇等人对市场内生的众多温州商会的研究也充分说明"有利可图"是企业结社的强大动力（陈剩勇等，2004：76）。Bennett 发现，在英国"虽然主要以获取代表方面影响为目的的集体活动是几乎所有行业协会存在的目的，并且是几乎所有行业协会章程规定的使命及民主结构的一部分内容，但是，会员加入协会的最大动机是可以享受服务。……对服务的不满也是退会的主要原因"（Bennett，2000）。因此，市场内生型行业协会的一切工作都必须围绕会员，以维护和增进会员利益为根本原则。通过服务会员，协会换取会员的支持和奉献，即获得了最基本的社会合法性，"会员逻辑"是这类行业协会中占支配地位的行为逻辑。

从理论上说，任何协会一旦获得社会合法性就足以维持生存和发展，只要在政治合法性、行政合法性和法律合法性上不出问题，它们无须外界的支持就"具备了最本质的生命力和最强烈的发展动力"（陈剩勇等，2004：76），温州众多的市场内生型行业协会发展良好就是极有说服力的例子。当然，如果拥有政治合法性、行政合法性和法律合法性等方面的资源，它们的发展可以得到额外的有利条件，但是，这些合法性资源并不值得行业协会偏离"会员逻辑"、牺牲社会合法性去追求。无论如何，托庇并依附于政府必然以自主性的丧失为代价。实证研究表明，行业协会的自主性高低同其与政府的关系强度成反比例关系，与政府关系强度越高，其自主性越低（张沁洁、王建平，2010）。而自主性的丧失以及政府约束和干预的增加一定会带来"一仆二主"的困境，因此，市场内生型行业协会寻求政府部门来管自己的逻辑偏离行为看起来就似乎是不可思议的事情。

（二）市场内生型行业协会逻辑偏离的分析框架

上述逻辑偏离行为并非只是在某一家的市场内生型行业协会发生的行为，并且这种行为在形式上和实际上得到了会员的认可，那么，这种明显偏离"会员逻辑"的行为是怎么出现的？其背后存在着怎样的机制？

任何组织的生存和发展都需要拥有一定的资源，对行业协会这样的非营利组织而言，组织资源更为稀缺、更加依赖外界。资源渠道是否多样和稳定、资源的多少和价值、资源的可替代性以及资源的种类等因素决定了行业协会运作的所有方面。因此，资源依赖理论是目前解释行业协会行为的主要进路。

菲佛和萨兰奇克认为，组织是根植于由其他组织组成的环境之中的，它们对其他组织由于资源的需求而具有依赖性（菲佛、萨兰奇克，2006：2）。环境中的资源对组织来说越稀缺、越重要，越不可替代，组织对环境的依赖就越严重，因而，其活动和行为受环境的影响就越大。按照陈剩勇等人的观点，资源依赖理论对组织的分析包括两个方面工作：确定组织的需要及需要的来源，分析关键资源的获取途径（陈剩勇等，2004：70）。他们尝试将资源依赖理论运用于分析行业协会组织行为，很遗憾的是他们只是确定了组织的需要，没有继续对需要的来源和关键资源的获取途径进行相应的分析。本文希望依照其思路继续研究，分析组织需要的来源和关键资源的获取途径，把资源依赖理论作为分析市场内生型行业协会为什么会出现逻辑偏离行为的基本框架。

在解释市场内生型行业协会逻辑偏离行为背后的作用机制时，必须将市场内生型行业协会的特殊组织特征考虑在内。按照 Schmitter 和 Streeck 的观点，任何商业利益社团的特性都可以从分析的角度被看成是会员逻辑和影响逻辑互动——通常是折中的结果（Schmitter & Streeck，1999/1981）。本文接受这一假定，通过对会员逻辑和影响逻辑之间复杂互动关系的分析，揭示市场内生型行业协会逻辑偏离行为发生的必然性。

三 J行业协会"逻辑偏离"的实证观察

（一）"联谊会"：偏离显现

"联谊会"是J行业协会为会员企业提供的一个交流平台，也是非会员企业了解行业协会的一次机会，是J行业协会的一项重要工作内容。这种有片区的会员和非会员企业共同参加的联谊会是增进会员与会员、会员与非会员之间关系的桥梁，也是探讨协会发展事宜的地方。在联谊会的晚宴上，话题的焦点是如何订立行业准入标准和施工规范，会员企业各抒己见，J行业协会Y会长做总结时说：

> 我们成立行业协会的目标之一就是订立行业标准和施工规范，这有赖于大家的共同努力，对于大家所关心的标准和规范的可靠性及其出台之后能不能得到有效遵守的问题，协会已经并将继续做工作，包括寻找业界权威专家制订标准和规范，积极争取政府相关部门的支持和认可。[①]

[①] 资料来源于笔者对J行业协会会长及秘书处工作人员的访谈及观察日志，该访谈资料为 Y20140520。

会长清醒地认识到，协会制定的标准、规范以及其他行规行约能够得到会员企业的遵守，其前提条件是政府部门的认可和支持。自主治理理论所强调的"可执行协定、可信承诺和监督"等集体行动的制度条件几乎完全无效并且需要借助政府的权威。自主治理的失败反映出行业协会面临基本职能严重受阻的困境，于是会长萌生出求助于政府，希望通过政府的权威使行业标准和规范得到遵守的念头。

秘书处在此次联谊会工作过程中的遭遇，也让工作人员感觉到如果背后有政府的支持，或如果有政府那样的权威，协会开展工作就容易得多。在发出联谊会举办通知之后没有得到会员的积极响应的情况下，会员工作部部长 LJF 就致电会员单位及近期有意愿入会的企业询问是否参加此次联谊会，结果通话不是很顺利，LJF 部长便说道：

> 哎，还要一个个打电话问他们要不要参加这次活动，听电话的态度还不好，有的说暂时没空就把电话给挂了。哪像政府部门发的通知，他们一个个主动去了解情况，还用得着像我们这样，连起码的尊重都没有。①

无论是会长还是秘书处员工都感到缺乏政府的身影，协会的工作难以有效推进，他们觉得依靠政府，协会才有权威，协会工作的诸多难题就能迎刃而解，逻辑偏离行为即滥觞于此。

（二）"会员大会"：积极地偏离

第一届第四次会员大会是 J 行业协会最重要的年度工作之一，其目的是向会员汇报一年来协会的工作情况和发展状况，也借助这样的机会让更多的行业内企业了解协会以期吸引更多的会员，同时也向政府展示协会的工作动态和努力方向。会员大会能否高质量地完成对协会的发展来说意义重大。笔者有幸以一名工作人员的身份参与到这次会员大会的筹备工作当中，亲身体验了行业协会的会员大会筹办工作是如何进行的。

会员大会的筹办事宜中，包含邀请与会单位和个人等工作内容。邀请的与会单位除了会员企业和行业内非会员企业之外，还包括相关政府部门。所谓相

---

① 资料来源于笔者对 J 行业协会会长及秘书处工作人员的访谈及观察日志，该访谈资料为 LJF20140513。

关政府部门，站在协会的角度来讲，就是指与本协会所处行业有直接或间接业务关联的政府部门。在计划邀请名单的相关政府部门一栏里，协会 Z 秘书长罗列了 12 个政府相关部门，甚至包括看上去与 J 协会没有什么联系的政府部门，对此，笔者表示不解，便询问"为什么要邀请这么多政府部门呀？"Z 秘书长的回答显示了协会工作中"找婆婆"行为的主动性、积极性，他说：

> 多请点部门来，联络感情，让他们看看我们协会的发展情况，也让会员单位看到协会具有的良好平台，希望能有哪个部门愿意做我们的业务指导单位，何况这些政府部门还不一定都来呢！①

针对这件事，Y 会长同样给予了高度重视，某个工作日他特地跑到秘书处询问 Z 秘书长关于邀请政府相关部门参加会员大会的进展情况：

> 小 Z，邀请名单上的政府相关部门的邀请函都发了吗，和他们都联系了没呀？（得知还没有）还不快点啊，都什么时候啦，还指望人家主动找你呀！要把这事放在心上，赶紧落实。②

从 Z 秘书长和 Y 会长的话中可以看到，这时他们对找哪个政府部门做业务指导单位还没有一个明确的目标，只要有一个政府部门愿意做业务指导单位就行，但希望找到可以依靠的政府部门的迫切心情溢于言表。Y 会长本人曾经积极创造机会，多次拜访过不同的政府部门，介绍协会的情况，尝试与政府拉近关系。Y 会长在聊到近期和政府相关部门沟通结果时感叹道：

> 我们找了很多政府相关部门，他们大都说需要考虑考虑，虽然没有肯定的答复，倒也没有直接拒绝我们的请求。不过他们这样耗着我们也吃不消啊。③

---

① 资料来源于笔者对 J 行业协会会长及秘书处工作人员的访谈及观察日志，该访谈资料为 Z20140811。
② 资料来源于笔者对 J 行业协会会长及秘书处工作人员的访谈及观察日志，该访谈资料为 Y20140825。
③ 资料来源于笔者对 J 行业协会会长及秘书处工作人员的访谈及观察日志，该访谈资料为 20140616。

在此次筹备会员大会的过程中，笔者参与了两次会长宴请该协会顾问的活动，在第一次宴会上，会长谈到了协会工作的难处，很明确地表达了希望有政府做靠山的想法。第二次宴请是感谢该顾问为协会寻找业务指导单位指出了一个可行的方向，并感谢他通过关系已经与某个政府部门牵上了线。

透过上面两个典型事件可以明显地观察到，"找婆婆"行为，即逻辑偏离行为，在 J 行业协会的重大事务中成为重中之重。

四 "逻辑偏离"现象的组织分析

（一）弱者的生存术：逻辑偏离行为作为一种方便法门

任何组织的生存发展都面临着内部资源约束问题。组织资源是否稳定，是否充足，使用是否便利、有效，直接决定着组织能力的强弱和组织目标的实现程度（杨爱平、余雁鸿，2012）。市场内生型行业协会的组织资源是指其工作正常开展所需要的各方面条件，主要包括人力资源、财力资源及权力资源等。就实际情况而言，市场内生型行业协会内部组织资源不足的问题十分明显。

人力资源不足是我国行业协会普遍存在的问题。笔者在实习过程中，经常听到秘书处工作人员抱怨"人少事多"。J 行业协会目前有 170 家会员单位，而秘书处包括秘书长在内只有 4 名正式工作人员，人力资源短缺与协会工作量之间存在巨大反差。在 J 行业协会，活动经费主要来自会费和赞助费。因此，会员工作部的主要日常工作就是发展新会员、催缴会费。Z 秘书长隔段时间就会询问会员工作部发展会员和会费收缴的情况，以及每次大型活动前的赞助费争取情况，该协会财政上捉襟见肘的窘况可见一斑，这对协会的运行产生深远的影响。

人力和财力的不足对 J 行业协会来说还不是致命的难题，它像其他行业协会一样也遇到了组织集体行动的困难，即难以摆脱奥尔森所说的"理性的个人"往往导致非理性的集体行动的宿命。协会领导人把集体行动困境的根源解释为行业协会缺乏像政府那样的权力或政府授权，Y 会长就曾这样说过：

> 我们很想多为行业做事，最重要的是要建立行业标准，维护行业秩序，规范各类行业行为。我们成立标准化工作委员会就是为了制定行业标准，

这并不难，困难的是这些标准的贯彻执行，因为我们没有这方面的权力让行业内企业自觉遵照执行。这些企业就看你有没有政府的授权，有没有法律权威，有没有强制性，不然很多（企业）还是想怎么干就怎么干。①

很自然，他就转而想获得这样的权力或授权。现实中自上而下成立的协会虽然也遇到集体行动的难题，但依靠政府多少能够有效地解决部分问题。协会领导人所观察到的事实对他而言就是榜样，因此，在他看来，权力资源就是关键性的资源，而合法的权力来源于政府，且仅来源于政府，在强大的政府面前，行业协会处于弱势地位，它只能采取依附策略，而依附于政府就可以分享政府的权力。如果分享了政府权力，协会就能依靠强制手段解决所有行业协会的生存前提问题：避免因集体行动的逻辑导致的集体崩溃。因此，作为弱者一方，J行业协会为了生存便产生了积极的逻辑偏离行为。逻辑偏离行为可以说是市场内生型行业协会谋求生存的一种方法或策略。

这种策略建立在企业志愿结社绝无可能成功、自主治理根本不可能出现的假设之上。从理论上说，这种假设很容易驳倒，国外志愿结社成功的例子比比皆是，埃莉诺·奥斯特洛姆描绘的众多案例（奥斯特洛姆，2000：98～140）说明成功自主治理不乏先例，但是，我们的结社传统和自治传统确实没有给我们提供可资利用的资源，而求助于政府则不失为一种方便的法门，Y会长的想法反映的绝非个别协会领导的心声或个别行业协会的选择。

（二）工作绩效的困境：助长了逻辑偏离行为

克服集体行动的困境，只能解决生存问题，行业协会还必须拿出实实在在的工作成绩，发挥"市场支持"和"市场补充"的作用，才能赢得会员企业的支持，从而获得组织发展所需要的资源，包括社会合法性资源和经济资源。Doner 和 Schneider 将行业协会的工作归结为两类：市场支持（market-supporting）和市场补充（market-complementing）活动。市场支持活动指弥补政府失灵的活动，即行业协会推动政府提供只能由政府才能提供的公共产品、产权、高效廉洁的行政和基础设施等；市场补充活动指克服市场失灵的活动，即行业协会提供市场不能或不愿供给的，或成本收益不合算的产品，例如，成本高昂的信息，

---

① 资料来源于笔者对 J 行业协会会长及秘书处工作人员的访谈及观察日志，该访谈资料为 Y20140421。

低投入的培训，缺乏协调的产业升级等（Doner & Schneider，2000）。这两类活动共同生产出集体物品，如果这些集体物品具有排他性，即非会员不可获得，则具有选择性激励，是吸引会员贡献人力、物力和财力的筹码。换言之，行业协会获得组织发展的必要资源的途径是生产选择性激励，并以之与会员企业交换。

因此，行业协会生产选择性激励的工作绩效如何，决定了行业协会能否获得足够的资源。从 2012 年和 2013 年 J 行业协会两年的年度检查报告书可以看到，协会虽然刚成立不久，但在服务会员企业方面确实做了大量工作，从这些工作中，我们可以感受到协会领导和秘书处工作人员希望把协会办好的热情和敬业精神。然而，如果我们仔细分析就会发现，这些工作主要集中在信息服务、培训、展览会、交流会、行业标准等领域，协会主要围绕企业开展工作，即使偶尔涉及行业层次的工作，也往往是零散的和个案式的。这些工作，对会员企业来说当然是需要的，但并不具备选择性激励所具有的选择性排他特征。也就是说，J 行业协会所能提供给会员企业的，并非是会员企业唯有从协会才能获得的非集体性收益。因此，在协会开展工作时，会员企业往往态度消极，行业服务部部长 LQA 就发出过这样的感慨：

> 每次搞活动，我们几个人忙得是焦头烂额，经常一天忙下来都快虚脱了，有时候会因为精力不足照顾不到被会员们埋怨，还说我们做得不好。让他自己来试试三四个人服务近两百家企业，几百号人，看他能做得有多好。①

LQA 部长把协会工作的效果不佳归咎于协会人手不足，这固然是一个原因，但显然并非关键原因。如果协会提供的是对会员企业具有吸引力的服务，会员企业的态度则会像访谈资料 LJF20140513 所说的像对政府的态度那样积极。会员企业对协会工作有所埋怨，对协会的支持和贡献自然不足，协会工作难以展开，资源获取渠道就不顺畅。

培训、信息服务等针对企业的具体服务一方面具有可替代性，会员企业也

---

① 资料来源于笔者对 J 行业协会会长及秘书处工作人员的访谈及观察日志，该访谈资料为 LQA20140828。

可以从市场中获得；另一方面也难以做到排他性，它们对会员企业的吸引力、威慑力和影响力有限。只有那些立足于行业的工作，例如，贸易协定、准入许可、进出口配额、合同机会、税收、行业标准等才能使会员企业不得不有求于协会并且为了获得这些选择性激励而配合、支持协会的工作。但是，这些选择性激励属于需要政府授权分配的公共资源（Doner & Schneider，2000），在绝大部分公共资源操控于政府之手的前提下，协会缺乏与会员企业讨价还价的筹码，它们不会认真对待协会，协会的工作就难以推进，协会转而求助于政府的权威，或者进入影响公共政策的制度化网络，由此既可以获得公共资源，也可以使协会工作得到会员企业的合作，提高协会的工作绩效。

（三）内部治理失效：逻辑偏离行为成为可能

市场内生型行业协会除了从会员企业汲取资源外，还有一条重要的资源获取途径，即依靠理事会的支持。每逢重大活动，理事们往往慷慨解囊，这几乎是现实中所有行业协会运作的惯例。如果能得到理事会的充分支持，即使一般会员疏离协会，协会的生存也能够获得基本的保障。

按照委托—代理理论，行业协会的理事会是内部治理的核心，因为它处在协会双重委托代理链的中心：会员企业与理事会；理事会与秘书处。它不仅承担领导和支持组织发展的职责，还承担着代表会员利益和实现决策民主的职责。所以，内部治理实际上是理事会的治理，理事会对协会的发展具有毋庸置疑的重要性。但是，正如德鲁克在 20 世纪 70 年代指出的那样，无论其法律地位如何，所有理事会有一点是共同的：它们都不起作用，理事会的衰落是 20 世纪的普遍现象（Drucker，1974：628）。

J 行业协会的情况也是如此。理事会在资源上对协会的支持是积极的，协会的重大活动通常都能得到理事们的响应，例如，出力协办、赞助会员大会等等。但是，在重大事务的决策方面，理事会几乎不"理事"。在 Y 会长眼里，理事会徒具形式：

> 它（指理事会）对行业协会的发展不会真真正正起到一个决定性的作用，不会的，不可能的……秘书处是执行机构，理事会的决策他们去执行。当然，这是你们读书，这么读的，但是在我心里不是。想方法的，在做决策的都在这（指秘书处）里头，理事会说实在的只是走个过场，走个形

式，引领这个行业协会发展的都是秘书处……（理事会）只是一种流程的设计而已……①

　　该协会的理事 Z 先生也表示，他出席过的理事会会议一般讨论的内容主要就是协会过去工作的总结，以及协会未来工作的计划，理事们只是对协会给出的议题进行表决，或对协会提供的选择项进行选择而已，并未参与战略层次上的谋划。

　　这种状况反映了目前我国行业协会内部治理的普遍现实，理事们对理事到底要做什么事情，要履行怎样的职责，要怎样承担责任，要履行的义务是什么等等并没有一个完整清晰的概念，内部治理严重缺位和失效，理事会消极默许秘书处主导协会，其后果是双重委托—一代理链脱节，会员的利益表达受阻，秘书处的权责超出应有范围而不受制约。在这一点上，原本更应该和更有条件依靠协会内部治理的市场内生型行业协会与自上而下的协会相差无几，秘书处同样是选择性地利用理事会，在需要资源支持的时候求助于理事会；而在战略决策时则自行其是，内部人控制现象成为常态。Y 会长对此也表示无奈，他并不愿意看到这种局面的出现。

　　在协会内部治理失效的情况下，J 行业协会的重大事务完全由秘书处主导，即使与会员利益偏离的决策往往也不会在理事会受阻，更何况找一个政府部门作为协会的业务指导单位，虽然存在失去某种程度的自主性的风险，偏离一切工作以会员为中心的市场内生型行业协会的行为逻辑，但毕竟没有与会员利益发生直接的冲突。于是，J 协会的逻辑偏离行为在理事会的默许之下畅行无碍。

五　结论与讨论

　　由于 J 行业协会的会员企业所生产的产品虽然因其共有的功能而具有行业性，但其产品却可能应用于不同的领域，在政府机构中没有哪一个部门所管辖的范围与该协会的业务直接对口，因此，它在"找婆婆"时就面临两个难题：找哪个政府部门为自己的业务指导单位；如何让选定的政府部门接受自己并愿意成为协会的业务指导单位。自协会成立伊始，Y 会长就带着材料到许多政府部门活动，寻

---

① 　资料来源于笔者对 J 行业协会会长及秘书处工作人员的访谈及观察日志，该访谈资料为Y20140924。

找业务指导单位的过程可谓曲折艰辛，但效果甚微。然而，Y 会长从未想过放弃，一直把它当作协会最重要的工作来抓，协会的运作因此受到全方位的影响，这在"联谊会"和"会员大会"的筹备工作中表现得非常突出。

J 行业协会的逻辑偏离现象反映了我国市场内生型行业协会具有普遍必然性的组织困境。在结社传统不足、社会资本匮乏以及政府垄断资源的环境下，志愿结社而组成的市场内生型行业协会维持集体行动的资源和手段极其有限；它通过服务会员以求得组织发展的资源的努力，却因为所提供的服务缺乏吸引力或激励效应以及协会的行为缺乏威慑力而受挫；在协会内部治理失效，在理事会成员默许的情况下，秘书处发现走投无路，转而求助于政府，希望通过依附于政府而分享政府的权威和公共资源几乎就成为协会谋求组织生存和发展的唯一选择。

这种经由分享政府权威和公共资源的资源获取途径的逻辑偏离行为似乎说明了资源对组织的重要性，确认了资源依赖理论的解释效力。但是，对行业协会而言，用资源依赖理论进行组织分析时如果置它与其他组织的差异之处于不顾，可能不能真正说明市场内生型行业协会逻辑偏离行为发生的特殊机制。

Schmitter 和 Streeck 认为，任何商业利益社团的特性都可以从分析的角度被看成是会员逻辑和影响逻辑互动——通常是折中的结果（Schmitter & Streeck，1999/1981），分析行业协会的行为需要将这两者的作用同时考虑在内。从这个角度看，逻辑偏离行为从本质上看是行业协会追求影响逻辑的体现。当行业协会仅仅遵守会员逻辑不能获得组织生存和发展的资源，并且无法对会员企业的行为产生足够的影响力之时，协会就会转向影响逻辑，借助政府或其他利益对话人的力量反过来推动协会的政策。Waarden 将会员逻辑和影响逻辑合称为"交换逻辑"，并指出了这两个逻辑的实质在于交换，不仅协会与会员之间、协会与政府或外界利益对话人之间彼此交换（Waarden，1992），这两个逻辑之间也存在近乎对等交换的关系，会员逻辑对协会行为的影响效力以影响逻辑为前提，影响逻辑要发挥作用也必须以会员逻辑有效发挥作用为前提。当会员逻辑不能支配协会的行为时，意味着影响逻辑不起作用，协会必然诉诸影响逻辑的力量，反之亦然。这两个逻辑在互动中需要达到某种均衡，而正是这种均衡机制左右行业协会的运作。因此，行业协会偏离会员逻辑实际上是这种均衡机制发挥作用的表现。

对那些处于发展初期的行业协会来说，这两个逻辑之间的均衡机制将对协会组织的成长——尤其是市场内生型行业协会的成长——产生如我们所描述那样的影响，促使行业协会从纯粹的、由会员逻辑支配的代表型组织发展成为借助于影响逻辑而对会员具有影响力的"控制型组织"（Waarden，1992）。这是一条市场内生型行业协会成长的必由之路，我们所研究的这个年轻的协会正艰难地走在这条必由之路上，也再一次印证了康晓光等人的观点："依附式发展"是当今中国第三部门的基本特征（康晓光等，2011：97）。

参考文献

〔美〕奥斯特洛姆，埃莉诺（2000）：《公共事物的治理之道》，上海：三联书店。

陈剩勇等（2004）：《组织化、自主治理与民主——浙江温州民间商会研究》，北京：中国社会科学出版社。

〔美〕菲佛，杰弗里、萨兰基克，杰勒尔德·R（2006）：《组织的外部控制：对组织资源依赖的分析》，北京：东方出版社。

贾西津等（2004）：《转型时期的行业协会》，北京：社会科学文献出版社。

康晓光等（2011）：《依附式发展的第三部门》，北京：社会科学文献出版社。

吴军民（2005）：《行业协会的组织运作：一种社会资本分析视角》，《管理世界》，（10），第50～57页。

郁建兴等（2011）：《行业协会促进产业升级的作用类型及其实现机制——一项多案例的研究》，《浙江大学学报》，（6）。

杨爱平、余雁鸿（2012）：《选择性应付：社区居委会行动逻辑的组织分析——以G市L社区为例》，《社会学研究》，（4），第105～126页。

张沁洁（2007）：《参与合作：行业协会的运作逻辑》，《广东社会科学》，（2）。

张沁洁、王建平（2010）：《行业协会的组织自主性研究——以广东省级行业协会为例》，《社会》，（5），第75～95页。

Bennett, R. J. (2000), "The Logic of Membership of Sector Business Associations", Vol. LVIII (No. 1) *Review of Social Economy*, pp. 17 – 42.

Coleman, W. D. (1988), *Business and Politics：A Study of Collective Action*, Kingston：McGill-Queens University Press.

Drucker, P. F. (1974), *Management：Tasks, Responsibilities, Practices*, New York：Harper-Collins.

Doner, R. F. & Schneider, B. (2000), "Business Associations and Economic Development：Why Some Associations Contribute More than Others", Vol. 2 (No. 3) *Business and Politics*, pp. 261 – 288.

Perry, M. (2008), "Exploring the Logics of Trade Association Membership", paper to be presented at the 25th Celebration Conference. Copenhagen, CBS, Denmark, June.

Reveley, J. & Ville, S. (2010), "Enhancing Industry Association Theory: A Comparative Business History Contribution", July (47: 5) *Journal of Management Studies*, pp. 837 – 858.

Schmitter, P. C. & Streeck, W. (1999/1981), "The Organization of Business Interests: Studying the Associative Action of Business in Advanced Industrial Societies", *MPIfG Discussion Paper*, pp. 1 – 95.

Waarden, F. V. (1992), "Emergence and Development of Business Interest Associations. An Example from the Netherlands", (13/4) *Organization Studies*, pp. 521 – 562.

Logic Deviation: Organizational Analysis of Internal Operation in Endogenously Market-Driven Trade Associations
—A Case Study of Trade Association J in Province G

Hu Huihua, Chen Shibin

[**Abstract**] According to the definition of the endogenously market-driven trade association by the academic community as well as related field research findings, the "finding the responsible government department" phenomena in operation of the endogenously market-driven trade associations are regarded as logic deviation behavior. The resource-reliance theoretical framework to some extent sheds light on the underlying cause and mechanism for the endogenously market-driven trade association's logic deviation behavior. The logic deviation behavior of the Trade Association J reflects the inevitable organization predicament encountering Chinese endogenously market-driven trade associations. As there is nearly no tradition of association, social capital is insufficient and the government monopolizes resources, the endogenously market-driven trade associations established on a voluntary basis have very limited resources and means to maintain their collective actions. The association attempts to obtain resources essential to its growth by serving its members, but it fails to fulfill the aim since its services are not so appealing or incentive and its behavior is not deterrent enough. As the internal management of the association is ineffective, with the council members' acquiescence, the secretariat has no other way out, but turns to the government for help, wishing to rely on the government and thus use the government' authority and public resources as the only way for the organization to survive and develop.

[**Keywords**] endogenously market-driven trade association; membership logic; influence logic; logic deviation

（责任编辑：朱晓红）

政府工具对美国非营利组织的影响

——以 MFN，BCC 和 DCCK 为例

张远凤　莱斯特·萨拉蒙　梅根·韩多克[*]

【摘要】20 世纪 60 年代中期以来，美国政府开始通过拨款、购买服务合同、税收优惠、贷款担保以及凭单等各种政府工具支持非营利组织来提供各种社会服务。现有文献着重探讨了这些政府工具对公共行政的影响，但对政府工具如何影响非营利组织的研究相对不足。本研究以位于巴尔的摩和哥伦比亚特区华盛顿的儿童照顾委员会（BCC）、马里兰家庭网络（MFN）和哥伦比亚特区中心厨房（DCCK）三个非营利组织为研究对象考察政府工具对非营利组织的影响。研究表明，两个最为常见的政府工具——拨款和购买服务合同——在治理方式、管理能力、组织绩效和特有属性等方面对非营利组织产生了显著影响。

【关键词】非营利组织　政府工具　公私伙伴关系　政府购买服务

非营利组织是民间的、独立于政府的、不以营利为目的而开展各种志愿性的公益或互益活动的正式组织（萨拉蒙，2008）。传统上，美国人认为非营利组

---

* 张远凤，中南财经政法大学公共管理学院教授，城乡社会管理湖北省协同创新中心研究员；莱斯特·萨拉蒙，约翰·霍普金斯大学公民社会研究中心主任，高级研究教授；梅根·韩多克，约翰·霍普金斯大学公民社会研究中心国际研究项目经理。本文得到国家社会科学基金资助（项目编号：14BZZ069）。

织与政府之间是相互独立的关系。实际上，美国政府与非营利组织之间在保持相对独立的同时一直存在着合作关系（Frumkin，2002）。20 世纪 60 年代以来，约翰逊总统实施"伟大社会"和"向贫困宣战"等政策，通过向非营利部门提供资源，非营利组织成为美国社会服务供给体系的核心组成部分（Gibelman & Demone，1998）。尤其是自 1996 年以来，以"从福利到工作"为基本理念的新一轮社会服务政策改革大幅度减少了对贫困弱势群体的现金救助，而代之以各种社会服务。2007 年，非营利组织占社会服务机构（包括企业和非营利组织）总数的 55%、雇佣人数的 65% 和收入的 75%。到 2011 年，社会服务类非营利组织的数量与 1996 年相比翻了一番。美国人现在比以往任何时候都更加依赖非营利组织来提供各种社会服务（Salamon，2012a）。由政府负责安排项目和资金，由非营利组织或企业负责生产和提供服务，这种方式被萨瓦斯和萨拉蒙等人称为"公私伙伴关系"（Public-Private Partnership，PPP）。

更多地依靠非营利组织来提供服务并不意味着政府角色的弱化，恰恰相反，这意味着政府更多地介入社会服务之中，并且对非营利组织的影响越来越大。自 1960 年代中期以来，美国政府在传统的税收优惠等激励措施之外，通过拨款（grants）、购买服务合同（purchase-of-services contracts）和凭单（vouchers）等工具为非营利组织提供资金，政府工具成为非营利组织的一个主要收入来源。到 2007 年，非营利部门的收入来源中，服务收费、政府工具和慈善捐赠所占比例分别为 45%、38% 和 17%（Salamon，2012a）。也就是说，非营利组织收入的将近四成来自政府工具。不仅如此，不论政府资金占多大比例，整个非营利组织都必须遵守政府的要求与规制。通过这种方式，传统上独立于政府的社会服务机构如家庭与儿童服务机构如今都被纳入了政府规制的范畴。

政府工具的普遍运用对政府自身和非营利组织都产生了深远的影响。现有文献着重探讨了政府工具对公共行政的影响，而对非营利组织本身又有哪些影响呢？本文试图构建一个完整的分析框架，结合政府工具运用较为成熟的美国案例，从治理、管理、绩效和特有属性等方面来考察政府工具对非营利组织的影响。

一　概念及分析框架

（一）政府工具的概念

政府工具又称政策工具（public policy instrument）或治理工具（governing

tools)。20 世纪 80 年代以来，政府工具研究成为公共管理和公共政策领域的一个新的学科分支（陈振明，2009）。英国学者胡德（C. Hood），荷兰学者尼斯潘（K. M. Van Nispen），美国学者彼得斯（B. Guy Peters）、萨瓦斯（E. S. Savas）和萨拉蒙（L. Salamon）以及中国学者张成福和陈振明等都对政府工具进行了研究。尽管这些研究已经取得了丰富的成果，但是迄今为止，这些学者并未就政府工具的概念和分类达成共识。本文不打算就此展开讨论，只是就研究需要对相关概念进行定义。

所谓政府工具，就是可以辨识的集体行动的方法，人们通过这些方法采取制度化的集体行动，解决公共问题。政府工具有三个特征：第一，政府工具有一些共同属性，这些共同属性使其得以识别，并且每一种具体工具都有其区别于其他工具的特征；第二，每一种工具都规定公共行动的结构，它不是随意的或临时的，而是一种制度化的行动模式，规定了公共行动各方的权利与义务；第三，这种制度化的行动是一种集体行动，目的是解决公共问题（萨拉蒙，2002）。按照这个定义，萨拉蒙识别出了 13 种政府工具①。其中，除了税收优惠之外，拨款（grants）、合同（contracts）和凭单（vouchers）是政府利用非营利组织提供公共服务最常用的政府工具。这些政府工具的使用始于 1960 年代，到 1990 年代臻于成熟（Gibelman & Demon，1998）。尽管凭单在儿童照顾、就业培训和住房等服务中得到广泛应用，但是由于凭单是一种市场化工具，它对非营利组织的影响是间接的。因此，本文着重讨论拨款和合同对非营利组织的影响。

拨款是政府机构给受款机构（一般是公共机构或非营利组织）或个人拨付款项。通过这种方式，某一政府机构提供资金，接受拨款的另一政府机构或非营利组织提供服务，由多个政府机构或由政府机构和非营利组织共同承担公共服务供给责任。所有联邦政府部门和机构都给州和地方政府拨款，就拨款项目和金额而言，健康和人类服务部（Department of Health and Human Services）是最大的拨款机构（Beam & Conlan，2002）。

购买服务合同是政府与非营利组织之间的协议，规定非营利组织提供服务，政府支付费用（Salamon，2002）。在购买服务合同制度的早期阶段，合同安排十分宽松，合同条款也不严密，往往只规定时间、金额、服务对象和服务类型，

---

① 这 13 种政府工具是：直接行政、社会规制、经济规制、合同、拨款、直接贷款、贷款担保、保险、税式支出、收费及使用者付费、债务法、政府公司和凭单制。

只有最低限度的报告要求。到 1980 年代中期和 1990 年代末，政府购买服务合同受到广泛质疑，质疑内容主要在四个方面：成本无效率；合同执行不到位；缺乏政府监管；服务质量不够好。自 1990 年代末以来，政府购买服务合同制度趋于完善，绩效合同（performance-based contracts）和结果合同（result-based contracts）成为政府购买服务合同的主要形式。服务提供者只有在所提供服务达到特定绩效目标时才能报销费用（Boris et al.，2010）。

Beam & Conlan（2002）等学者认为，拨款和购买服务合同对非营利组织的影响是不同的。在拨款方式中，款项一旦拨付，实施项目的责任就转移到受款机构。由于受资源和能力的限制，拨款机构对受款机构的监督和评价都是很有限的，相关法律和合同对收款方的信息报告要求往往也不严格。购买服务合同往往详细规定了所应提供的服务、有关提供方式的安排，以及付款方式等等。在合同制中，服务提供者若未能按照合同规定提供服务，可能面临司法程序。但在拨款方式下，由于相关法律和合同规定不够严密，一般不会面临法律诉讼，只是以后不能再继续获得拨款。

（二）案例分析框架

根据既有文献，本研究从以下四方面建立关于政府工具影响非营利组织的分析框架：一是对非营利组织的使命导向和治理结构的影响；二是对非营利组织管理的影响；三是对非营利组织绩效的影响，包括效率、有效性、公平性和回应性；四是对非营利组织独特性（distinctiveness）的影响，包括政策倡导、创新以及独立性等。

1. 对非营利组织使命导向和治理结构的影响

政府拨款和购买服务合同等政府工具对非营利组织的影响，首先要考察使命导向和治理结构等方面。由于政府通过拨款和购买服务合同文件明确规定服务内容和服务对象，尽管非营利组织参与政府的决策过程，但是非营利组织不能像从前一样自主定义自身的宗旨和使命。政府绩效合同可能要求非营利组织改变其关注领域，比如由原来关注本社区的需求转变为关注政府的服务目标和服务对象。有时为了迎合政府关注的短期目标，非营利组织甚至不得不牺牲长远目标。另一些时候，非营利组织为了赢得政府合同而扩大自己的服务领域和服务范围（Salamon，2012a）。政府工具还可能通过对理事会成员结构和规模的规定，改变非营利组织的治理结构和行为方式。非营利组织的理事会规模可能变小，成员更多是专业人员而不是社区的普通居民，使得社区的参与度下降。同时，为了获得政府工具支持，建立和维护与立法机构、政府部门的关系成为非营利组织的负责人（CEO）的一个主要任务（Smith & Lipsky，1993）。

2. 对非营利组织管理的影响

这一维度主要考察对组织规模、专业化要求、志愿者管理以及合同管理等方面的影响。

为了在竞争政府合同中占得优势，非营利组织努力追求更大的规模，组织结构也变得复杂。政府合同往往限定了非营利组织的行政成本占经费的比例，这使得非营利组织更加追求规模效益。规模更大的机构往往也更容易掌握项目申请技巧。有时，非营利组织为了寻求收入渠道多元化，不得不建立营利性分支机构。如 Boris 等人的研究表明，马里兰州 3914 个人类服务组织中，只有 717 个机构获得政府合同，这些机构相对都是规模比较大的机构（Boris et al.，2010）。

政府资金可能使非营利组织更专业化。政府合同往往要求非营利组织采用新技术，借鉴商业管理技术，雇佣更多专业人员。政府往往还要求承包方满足一些全国性认证机构设定的要求。以儿童服务为例，全国性认证机构主要有：美国儿童服务联盟、家庭与儿童服务认证委员会（COA）等。越来越多的非营利组织增加能力建设投入，包括引进新的 IT 系统，招募更多专业化的行政和项目管理人员等等。

政府合同对非营利组织的雇员和志愿者可能都具有影响。对雇员的可能影响包括：其一，由于合同对专业化的要求，越来越多的非营利组织雇员具有社会工作、行为科学等专业的大学学位；其二，法律与合同提升了对非营利组织的问责要求，降低了其自治程度。法律对非营利组织雇员的工作环境做了日益严格的规定。有些学者指责，非营利组织的雇员正在成为新的"基层官僚"；其三，根据 Smith & Lipsky（1993）的研究，由于小型非营利组织的雇员专业化程度低于大型机构，工会化程度也比较低，他们的报酬远低于从事同样工作的公务员和大型非营利组织的雇员。政府工具也可能改变对志愿者的要求，进而影响到志愿者的参与度。Downs，et al.（2003）的研究表明，志愿者仍然在非营利组织的理事会中扮演重要角色，但在直接提供服务的岗位中，由于政府对专业技能的要求提高，对志愿者的背景检查更为严格，志愿者参与度大幅下降。

非营利组织在管理政府合同方面也遇到很多挑战。主要的问题是：合同金额不能覆盖全部成本；延迟付款，合同变更，项目申请和报告要求繁复耗时，非营利组织缺乏必要资源来负担绩效评估成本（Boris et al.，2010）。

3. 对非营利组织绩效的影响

结合社会服务的特点，拟从效率、效果、公平性和回应性等四个方面来分析对组织绩效的影响。与有形产品相比，对服务绩效的定义和评估要困难得多。由于社会服务往往用于改变弱势群体的行为或其生活环境。因此，社会服务本身很复杂，并且涉及许多不可控因素，导致服务结果往往存在很大的不确定性。所以，绩效衡量就成为一个难题，有时连专业人士内部都很难达成一致（De-Hoog & Salamon，2002）。

"效率"可以成本为主要衡量指标。虽然非营利组织提供社会服务的成本明显低于政府直接提供服务，但是成本的节约不是来自劳动生产率而是来自低工资。优质服务是需要花钱的，不论它是由政府提供还是由非营利组织提供。实际上，由于政府合同往往通过设置工资上限、压低工资总额来控制服务成本，因此社会服务的低成本在很大程度上是由非营利组织员工的收入远远低于政府公务员带来的，而不是非营利组织提高劳动生产率的结果。低收入还降低了非营利组织对高素质人才的吸引力。非营利组织员工与从事相同工作的公务员之间存在巨大的工资差距。政府雇员通过工会集体谈判使其工资增长与通货膨胀率保持一致，而非营利部门的员工还没有形成强有力的工会，这使得其在工资谈判中处于不利地位，导致了非营利部门低收入和高离职率的恶性循环。又由于缺乏培训和监管，服务质量也要差得多。结果，为美国最弱势群体服务的员工，其工作价值被低估，没有得到公平的报酬（Gibelman & Demone，1998）。

"有效性"简单来说就是服务质量。与政府直接提供服务相比，非营利组织的服务质量如何呢？非营利组织普遍采取了服务质量提升项目（quality improvement program）来提升服务质量以满足顾客需求。行业协会也十分关注服务质量。比如，马里兰的非营利协会制定了"非营利部门卓越标准"，帮助提高服务质量。因此，总的来说，非营利部门的服务质量是持续提升的（Salamon，2012a）。

在服务的公平性与回应性方面，非营利组织与政府的关注点是有差别的。

政府对服务公平性更加敏感，更为注重保证所有具备资格的人能够获得同等服务。但非营利部门往往更注重回应性，注重满足首先提出需求的顾客，而不是最有资格的顾客。比如说，非营利组织一般不会将找上门的求助对象拒之门外，而政府则往往对服务对象设定了严格的甄别标准，对于不符合规定标准的对象，即便是找上门来也不能为其提供服务。一旦接受政府合同，非营利组织就必须在回应性方面作出让步（Smith & Lipsky，1993）。

4. 对特有属性的影响

非营利组织的作用不仅是提供服务，人们还期望其保持相对于政府的独立性，并在政策倡导和社会变革等方面扮演重要角色。Salamon（2012b）和Frumkin（2002）等人将独立性、政策倡导和社会创新归纳为非营利部门的特有属性（distinctiveness），这些特有属性也是非营利组织社会合法性的根基。因此考察政府合同对非营利组织特有属性的影响非常有意义。

首先，政府工具可能影响到非营利组织的独立性。传统观念认为政府与非营利组织是两个相互独立的部门。但是，现在这种观念已经越来越不合时宜，两者之间越来越倾向于相互依赖（Salamon，2012b）。传统的、基于社区的非营利组织具有利他性、自愿性和独立性等价值遗产。然而，非营利部门正在失去这种相对于政府的独立性特征。随着非营利组织对政府资源依赖性的增强，一旦政府合同减少或者终止，对非营利组织的影响是灾难性的。在绝大多数购买服务合同的谈判中，双方的地位是不平等的，政府部门在谈判过程中的主导地位日益增强。不过关于政府工具对非营利部门独立性的影响有两种不同看法。一些人认为政府工具削弱了非营利部门的独立性，非营利部门正在变成"国家的代理人"（Smith & Lipsky，1993）。另外有些学者则认为从长期来看，政府工具对非营利部门的积极影响大于消极影响。公共部门资助志愿部门有着悠久的历史传统，并不是什么新鲜事。从19世纪初到19世纪末，在政府资助下建立了许多以拯救儿童或救助儿童为宗旨的非营利组织。到20世纪，政府对非营利部门的资助持续增加。1965年以来，儿童福利增长的最关键因素就是政府购买服务合同的增加（Smith，1989）。

其次，政府工具还可能影响到非营利组织的政策倡导活动。政策倡导是通过各种活动和沟通方式来影响公共政策。比如，儿童政策倡导就是使个人和群体对于儿童的需要具有敏感性，并唤起社会对这些需要的积极应对。倡导者往往游说立法机构采用某项法案，通过辩论影响某项法案的通过或否决，倡导还可以采用其他方式如建议、协商、教育、说服、施压、对抗及法律行动，并且努力与儿童政策有关的政府官员或议员保持联系，并监督他们的工作。一些研究者认为非营利组织在政策倡导方面不够积极，他们认为一旦非营利组织接受了政府工具，其代表弱势群体进行游说的能力就会大打折扣。许多非营利组织担心倡导活动可能破坏他们与政府的关系，包括规制和资助方面的关系，联邦政府会通过立法限制非营利组织的倡导活动（Gibelman & Demone，1998）。然而，尽管存在这些障碍和限制，许多非营利组织仍然努力开展倡导活动，并且赢得了社区的广泛支持。尤其在州一级的政策倡导十分必要，在居家照顾、儿童福利和心理健康等服务领域，州的规制和政策尤其重要，许多非营利组织与州和地方政府保持着良好关系（Salamon，2012b）。

最后，政府工具可能影响到非营利组织的社会创新功能。社会创新是社会企业家的领域，正如企业家通过商业创新推动经济进步一样，社会企业家通过社会创新推动社会进步。传统上，非营利组织的一个重要功能是首先发现社会问题，并且通过创新来寻找解决之道。在找到行之有效的解决办法之后，再通过政策倡导将其推销给政府，通过政府力量使之成为普遍性服务，推动整个社会的进步。由于社会创新的风险性，与政府相比，作为私人部门的非营利组织在这个领域具有显著的优势。但是，在非营利组织高度依赖政府工具的情况下，政府合同对短期绩效的要求可能降低非营利组织的承受风险的愿望与能力（Frumkin，2002）。

二　案例选择及研究方法

本文选择三个在社会服务领域有影响力并且接受政府工具的非营利组织为研究对象。选择这三个非营利组织主要出于以下考虑：首先，这三个组织的收入来源不同，代表了三种典型情况，又代表了两种主要的政府工具（政府拨款和政府购买服务合同）。MFN 的收入几乎全部来自政府拨款；BCC 的收入主要来源于政府购买服务合同；DCCK 只有不到一半的收入来自政府购买服务合同。对这三个组织的研究既可以检验政府工具对非营利组织的影响是否与政府资助占非营利组织收入比例相关，又可以考察政府拨款和政府购买服务合同两种工具对非营利组织的影响是否存在区别。其次，这三个案例中，非营利组织的服务对象都是儿童和青少年，组织规模比较接近，具有较好的可比性。最后，选择这三个案例也是由于其可获得性。这三个非营利组织都在巴尔的摩和哥伦比亚特区，都与霍普金斯大学公民社会研究中心有长期联系，愿意接受实地考察和访谈。当然，这些特点也可能使得这三个案例难以代表美国所有非营利组织的情况。本文只是探索性研究，这三个案例主要是用于检验根据文献研究得出的假设。本文是质性研究，主要采用了调研访谈的研究方法，主要依据访谈对象和研究者的理性判断来得出政府拨款和购买服务合同对这三个非营利组织的影响。

数据来源包括三个非营利组织的官方网站、对三个非营利组织的 CEO 的访谈及其提供的内部文件资料、相关政府机构网站以及相关学术论文和著作。三个非营利组织的基本情况如表 1 所示，MFN 关注于儿童和家庭服务，绝大部分收入来自政府拨款。BCC 从事寄宿式儿童服务，其收入来源包括政府合同和慈善捐赠。DCCK 为华盛顿特区公立学校的贫困学生以及其他需要帮助的机构和群体提供餐饮服务，主要收入来源包括政府合同、创收业务和慈善捐赠。这三个机构的年收入都在 1 千万美元以上，属于大型非营利组织。

表 1 三个非营利组织的基本状况

特征	MFN	BCC	DCCK
成立时间	MCC（1945）和 FOF（1986）在 2009 合并而成	1874 年	1989 年
服务类型	儿童和家庭服务	寄宿式儿童服务	公立学校贫困学生餐饮服务
2013 年总收入	$ 16,385,385	$ 32,871,111	$ 13,152,317
主要收入来源	政府拨款 96.3%	政府工具 78.1%（政府合同 67.8%，医疗补助 10.3%）理财收入 18.4%	政府合同 40.5% 捐款捐食物 47.8% 经营性收入 11.7%
政府工具方式	拨款（联邦，州）	政府合同，凭单	政府合同

特征	MFN	BCC	DCCK
雇员人数	49	450	212
理事会成员人数	27	25	25
志愿者人数	28	23	14,700

资料来源：作者根据 BCC，MFN 和 DCCK 官网信息，2013 年年报以及 990 表（form 990）信息进行整理。

MFN 成立于 2009 年，是由成立于 1945 年的马里兰儿童委员会（MCC）和成立于 1986 年的家庭之友（FOF）合并成立的。MFN 是一个介于政府、儿童与家庭服务机构之间的中介机构，它管理着两个服务网络：由 22 个家庭支持中心组成的家庭服务资源网和由 12 个儿童服务资源中心构成的儿童服务资源网。联邦政府和马里兰州政府拨款给 MFN，MFN 再以合同方式向旗下 34 家儿童和家庭服务机构购买服务。MFN 的角色是提供合同管理、财务监督、技术支持、人员培训、绩效评估等服务。MFN 还是马里兰州最主要的儿童福利倡导机构。2013 年 MFN 总收入的 96% 以上来自政府拨款，主要是联邦政府的健康和人类服务部的"启智计划"项目（Head Start）和州政府教育部门的拨款。

儿童照顾委员会（BCC）由卫理会牧师创办于 1874 年，是一个基于信仰（faith-based）的儿童福利机构，为需要生理、心理、文化或社会支持的儿童和家庭提供服务。BCC 的主要服务项目是寄宿式儿童服务（Residential Child Care），BCC 每年服务于 1300 名左右由政府社会服务部门和司法部门推荐来的孤儿、被遗弃的儿童以及受到虐待的儿童。这些孩子来自马里兰州、西弗吉尼亚和哥伦比亚特区华盛顿。2013 年 BCC 总收入的 67.8% 来自州政府的合同，10.3% 来自医疗补助（Medicaid），18.4% 来自捐款本金（Endowment）的理财收入。BCC 的收入中比较特别的就是捐款本金的理财收入。1983 年，BCC 得到 300 万美元捐款，现在捐款总额达到 1 亿美元，这笔捐赠款成为 BCC 的资本金。

哥伦比亚特区中心厨房（DCCK）是社会企业家罗伯特·艾格于 1989 年创办的一家全美知名的"社区厨房"。DCCK 的食物来自从华盛顿地区的农场和食品公司的品质合格但不好销售的食物。DCCK 的主要业务是为首都华盛顿公立学校的贫困学生和当地的其他非营利组织提供餐饮服务，以及厨师培训、承办宴席以及营利性食品业务。2013 年 DCCK 的总收入中，捐款、捐物（主要是食品）占 47.8%，政府合同占 40.5%，承办宴席和其他收入占 11.7%。DCCK 的政府合同来源于华盛顿公立学校系统，联邦政府农业部的营养项目拨款给华盛顿教育局，教育局拨款给公立学校系统，公立学校采用招投标的形式将贫困学生餐饮服务外包给企业或非营利组织。

三 分析与讨论

案例研究发现拨款与政府合同对非营利组织的影响没有显著差异。在这三个案例中，政府对 MFN 的资助方式主要是拨款，对 BCC 和 DCCK 主要是购买服务合同。因为 MFN 并不直接提供服务，而是政府与服务机构之间的中介组织，因此采取了拨款方式。研究发现，随着政府对拨款管理的不断改进，拨款文件的规定越来越详细，内容几乎与政府购买服务合同没有明显区别，政府对拨款与合同项目的管理过程也相似。只不过合同在服务数量和价格方面的规定更为详细。在这三个案例中，我们并没有发现拨款与合同之间的显著区别。两种政府工具的管理过程和监管方式都很相似。具体而言，拨款和合同都是建立在法律的基础上，尽管拨款文书较为简单，但具有法律约束力的拨款项目申报书几乎与合同一样详细，只是合同比拨款对服务价格和数量的规定更为详细。

但从对这三个案例的研究来看，拨款和购买服务合同这两种政府工具对非营利组织的治理与管理、绩效和特有属性都产生了显著的影响。

（一）对使命导向和治理方面的影响

政府工具影响了这三个非营利机构的使命导向、治理结构和功能。政府工具决定了 MFN 完成使命的程度，影响 BCC 发生使命转移，促使 DCCK 扩大了使命关注范围。同时，政府工具影响了理事会的构成，规定了 CEO 的薪酬水平并影响到其工作内容。

政府工具对三个机构的使命导向具有不同的影响。对于 MFN 来说，几乎所有资金都来自政府拨款，尽管 MFN 全程参与项目决策，但是它的使命和服务领域几乎完全是由政府拨款项目确定的。MFN 的 CEO 威廉姆斯（Williams）女士抱怨说，政府没有给她们足够的经费去做她们应该做的事情，不仅马里兰州，整个美国都应该有更好的儿童早教体系。与欧洲国家相比，她们除了给一些贫困儿童提供服务之外，其他服务项目几乎一无所有。公共政策和政府合同对

BCC 的服务对象的规制使得其使命导向由长期服务转向短期服务。BCC 早先是一个孤儿院，由卫理会的牧师推荐青少年到这里接受服务。现在，所有来这里的孩子都是由地方政府的社会服务部门、教育部门或者法院推荐来的。因为法律规定只有这些机构才有权推荐。对 BCC 影响更为严重的是，早先一个孩子可能在 5 岁时被送过来，在这里一直待到 21 岁。现在这些孩子的平均年龄从 14 岁上升到 17 岁，在 BCC 生活的平均时间缩短到 9～18 个月。这使得 BCC 很难为他们提供有效的服务来帮助他们克服所面临的人生困境，这是过去 5 年来 BCC 遇到的最大挑战。

政府工具还影响到三家机构的理事会中专业人员比例增加。BCC 是一个具有宗教背景的社会服务机构，卫理会的教会确定 BCC 理事会的构成，但具体人选必须符合政府合同中规定的理事会成员具有专业背景的要求。政府合同规定 BCC 必须"具有理事会或类似的顾问机构作为治理监督机构，其成员必须具有治理、财务管理、筹款、儿童福利或者治疗性寄宿式儿童服务机构管理方面的经验"。BCC 的相关协议和章程还要求"三分之二的理事会成员必须与卫理会有关"。

由此，维持与政府的关系也成为三家非营利组织 CEO 的主要工作内容之一。正如 BCC 的 CEO 柯西欧说：

> CEO 的头上有三项帽子，第一顶帽子是日程运营，第二顶帽子是与政府一起工作，第三顶帽子是保持与理事会的联系。

（二）对组织管理方面的影响

案例研究发现，政府工具对三家非营利组织的规模、专业化程度、志愿者参与度以及合同管理都产生了显著影响。

政府工具对非营利组织的规模的影响程度取决于其收入来源的多元化程度。政府工具对 MFN 的影响最大，因为政府拨款几乎是其唯一资金来源。2003 年，MFN 旗下的家庭服务资源中心就已经有了 32 个成员，由于 2003 年州政府遭遇预算危机，给 MFN 的预算削减了 200 万美元，MFN 不得不关闭其中 6 个服务机构。DCCK 自 2010 年起开始竞争公立学校系统的餐饮服务合同，政府合同使其业务扩展到公共服务领域，由一个慈善机构转变为一个从事多元化业务的混合性机构。BCC 尽管正在遭遇行业领域的寒冬，但由于其在行业领域长期积累的显著优势，在很多同行关闭业务或缩减规模的情况下，暂时没有减少服务规模的压力。

政府工具对这三个组织在专业化方面的影响主要涉及雇佣专业人员以及采用新的信息技术。这三个机构像企业一样采取了非常专业化的运作方式。法律和合同都要求它们雇佣有从业许可证的专业人员。比如说，启智计划法（Head Start Act）就对师资培训做了明确规定，要求截至 2013 年所有参与启智计划项目的教师都必须有毕业证书，其中一半要有学士学位。儿童福利方面的规定也有类似要求。由于政府的政策以及自身的要求，BCC 的绝大部分雇员拥有儿童服务工作、公共护士、行为科学等方面的学士学位，临床社会工作者拥有硕士学位。

专业化的另一个趋势是利用新技术尤其是信息技术。比如，DCCK 开发了一个在线信息系统来管理每年 15,000 名志愿者。MFN 开发了一个名为 LO-CATE! 的信息系统，该系统搜集了马里兰所有注册的儿童服务机构的信息，家长们可以运用这个系统方便地寻找所需的儿童服务。这个系统还用于搜集、分析马里兰州儿童服务的供给、需求和成本等信息。

在这三个案例中，专业化要求提高了雇员的教育背景，政府工具还影响到雇员的薪酬和离职率以及志愿者的参与度。MFN 和 BCC 付给雇员的报酬超过社会服务行业的平均水平，DCCK 付给雇员最低生活工资和优厚的福利，因为 MFN 和 BCC 对雇员的专业要求更高一些。BCC 能够负担有竞争力的报酬是因为其 1 亿美元的捐赠本金带来的理财收入可以负担一部分养老金和福利开支。BCC 还为雇员报销攻读硕士的学费。这些待遇使得 BCC 的离职率保持在 2% ~ 5%，而行业平均离职率约为 10%。MFN 较高的报酬来自政府对其服务的认可。DCCK 支付优厚福利的钱来自其经营性收入。尽管 MFN 和 BCC 这样的大型机构能够负担较好的报酬，但整个儿童服务行业的报酬是相当低的。2009 年，"启智计划"项目支付给教师的平均工资是 2.6 万美元，而公立学校教师同期平均工资是 4.5 万美元。

政府工具的影响使得 MFN 和 BCC 的志愿者参与度下降，但 DCCK 志愿者的参与度上升。MFN 和 BCC 的志愿者主要是理事会成员，因为这两个机构对服务人员的专业化要求很高。在儿童服务领域，美国法律对从业人员包括雇员、顾问、承包商和志愿者都规定了严格的背景审查要求，每年要进行儿童保护登记和背景方面的司法审查。尽管 BCC 鼓励志愿者接受审查并愿意为此支付费用，也很少有人愿意这样做。由于餐饮服务不需要直接与服务对象打交道，DCCK 相对来说没有那么高的专业要求，志愿者比较容易参与进来。因此，每年在 DCCK 的厨房服务和提供送餐服务的志愿者一直在增加。

这三个组织都遇到合同管理方面的挑战。尽管合同管理制度在 1990 年代已经趋于完善，但仍然有些问题不可避免。本文研究的三个机构没有遇到延迟支付等问题，但是申请和报告程序过于复杂费时、合同变更以及对配套资金（money matching）的要求仍然困扰着他们。以 MFN 为例，马里兰州教育部是 MFN 最大的资助者，他们网上发布招标文件，MFN 按照招标文件要求准备并提交了标书。一个月之后，教育部打来电话要求 MFN 按新要求修改合同，新的要求里面服务对象变了，价格也变了。MFN 只好重新做标书。好不容易做好了新的标书，再次提交给教育部。没过几天，教育部又打来电话，再次要求修改标书。MFN 可以把这种情况向州政府投诉，但是他们一般不会这么做。他们的做法是将情况反映给马里兰非营利组织协会，由协会向州长反映情况。不过，协会也会十分注意分寸，因为州政府是他们最大的客户，他们长期以来与州政府保持着良好关系，合同管理主要是一个合作过程。

配套资金是另外一个挑战。比如说，启智计划经费只能覆盖 80% 的成本，MFN 必须找到 20% 的配套资金。MFN 往往请求州政府为联邦政府项目提供配套资金，但有时候也不一定能够成功。

多头监管和过度规制对三个组织都是一个挑战。比如说，BCC 每年要接待不同政府部门的 4 次现场检查，每次 5 天。其中三个主要的州政府部门，人力资源部、青少年服务部以及健康和心理卫生部的要求是基本一样的，但是由于政治方面的原因，很难将这些部门的检查合并到一起。不过，由于美国政府具有很高的透明度和对腐败的高度警觉，在政府工具项目中极少出现腐败问题。

（三）对组织绩效的影响

就组织绩效的四个维度——效率、有效性、公平性、回应性而言，三个案例研究没有发现政府工具对其效率的影响，但对服务质量、公平性和回应性存在的影响较为显著。

就效率而言，由于三个案例都是各自领域的佼佼者，尤其是 BCC 和 MFN 在马里兰州拥有近乎垄断的地位，经费来源较为充足，三个非营利组织付给管理人员和员工的工资都高于行业平均水平，因此，不存在压低工资而节约成本的现象。劳动生产率和管理效率方面由于数据不足，难以做出确切判断。

在质量方面，政府和非营利部门都十分注重服务质量。政府通过法律与合同规定来确保服务质量，非营利组织则通过质量提升计划和各种认证来改进质量。许可证要求是政府确保承包人满足最低质量保证的一个有效手段，美国政府要求所有拨款与合同项目的申请者必须具有相应服务领域的许可证。比如说，所有寄宿式儿童服务承办人都必须提供马里兰州寄宿式儿童服务许可证。为了赢得合同，BCC 拥有马里兰州人力资源部、马里兰州健康和心理卫生部、马里兰州教育部、哥伦比亚特区卫生部等多个部门颁发的许可证。政府法律和合同还设置了最低质量标准（minimum quality standards），对优质服务提供奖励，并确保平等获得服务。2009 年，马里兰儿童委员会"为 21 世纪做好准备"的行动计划，为教育、住房、健康、就业、家庭与社区支持等等领域制定了标准。政府与非营利组织的合同每年续签一次，每次续签都要满足当年的最低质量标准。由于哥伦比亚特区的健康学校法（Healthy School Act）规定所有的餐饮都必须符合联邦政府农业部制定的标准，不遵守规制的行为要受到经济处罚。因此，DCCK 承包公立中学餐饮服务的第一年就因为有两次提供的食物未达到合同规定的标准而退款 500 多美元给政府。

这三家非营利组织都实施了质量提升计划（Quality Improvement，QI），并且获得各种提升管理水平和服务质量的认证书（accreditations）。然而，在效率和质量之间仍然存在取舍关系。比如说，BCC 认为州政府减少接受寄宿式儿童服务机构的人数的做法并非什么社会创新，其动机主要是节约成本。BCC 为一个孩子提供一年寄宿服务的成本高达 9.5 万美元，治疗式寄养服务的成本是 3.6 万美元，家庭寄养服务的成本是 1.2 万美元，而收养的成本是 8000 美元。

回应性和平等获得服务也是政府要求非营利组织必须做到的绩效领域。MFN 必须要保证合法的受益人平等获得服务，并且要为学生、老师和其他受益人解决具体困难，以便他们能够平等地参与到服务项目之中。DCCK 有义务协助政府为每一个合乎条件的贫困学生提供餐饮服务。

此外，我们还发现，依靠非营利组织比依靠政府机构直接提供服务相对来说更少政治掣肘，使得服务项目的启动和终止较为容易。如果由政府机构直接提供服务，一旦启动了某个服务项目，建立了相应的组织机构，服务机构作为既得利益者，往往会通过各种方式影响立法机构和政府部门，即便该项目或机构管理不善、绩效不佳也很难将其关闭。而外包给非营利组织来提供服务就可以避免这个问题。比如，MFN 就曾经关闭绩效最差的几个服务机构，这些机构的负责人跑到州长办公室冲着州长大喊大叫，还跑到议员办公室对议员抱怨，如果这个机构是政府机构，立法委员和政府官员就会有很大政治压力，但是由于关闭这个机构的决策是 MFN 做出来的，议员和州长可以轻松地说："非常抱歉，这个决定不是我们做出来的，我们很同情你，但爱莫能助。"

（四）对特有属性的影响

现有文献将特有属性定义为非营利组织相对于政府的独立性，及其在政策倡导和社会创新中的角色。从案例研究来看，CEO 们首先就非营利组织的独立性提出了自己的看法；其次，政府工具对非营利组织政策倡导功能产生了相当大的影响，但对社会创新功能的影响不大。

尽管这三家机构与政府的关系各有不同，但他们都认为独立性不再是非营利部门最重要的特有属性。MFN 自打出生就依靠政府工具，BCC 直到今天仍然与卫理会保持密切关系，DCCK 的收入中经营性收入超过政府合同。但是，三个机构的 CEO 都认为，非营利部门最重要的特征不在于其与政府的关系，而在于其是由使命驱动的（mission-driven），尽管使命感的来源有所不同。MFN 和 DCCK 都是世俗机构，他们都强调自己的使命感，正如 MFN 的 CEO 威廉姆斯女士说：

> 非营利组织最重要的一点是其纯粹是由使命驱动的。我在企业工作过，也在政府工作过。企业只关心利润。政府要面对各种相互竞争的利益诉求，有时候是金钱，有时候是政治，有时是完成任务，关注点随时在变，这对政府是巨大的挑战。MFN 为政府工作，但我们不是政府的一部分。我想政府也不会认为我们是它的组成部分。我们是一个非营利组织，我们的使命是为儿童和家庭服务。

BCC 的 CEO 也认为其驱动力不是来自政府，而是来自使命感。BCC 是一个深深基于信仰的组织，尽管它是以世俗化的方式在运作，在其工作场所必须优先遵守法律的规定而不是信仰的要求，但是其使命感在很大程度上受到其宗教背景的影响。

就政策倡导而言，MFN 是最积极的倡导者，BCC 次之，DCCK 再次之。在美国公共政策情境中，社会服务机构同时必须扮演倡导者的角色。正如唐斯所说，儿童福利机构具有双重角色，即提供服务和影响公共政策。MFN 自认为是促进建立儿童服务、早期教育和家庭支持的强大体系的催化剂，在地方、州和联邦三个层面积极开展倡导活动。自 1945 年诞生之日起，MFN 就是马里兰州最积极的政策倡导者之一。MFN 的前领导人特雷西·兰斯伯格（1919～2001）是当地及全国知名的儿童服务倡导者。目前，MFN 有四个注册说客，其中包括其CEO 威廉姆斯女士，她说：

> 我们必须对形势保持高度敏锐，了解公共领域正在发生的一切。尤其是当我们有那么多政府资金的情况下，我们不得不对形势的进展保持警觉。

MFN 不仅自己积极投身政策倡导，还与其他会员组织一起合作开展倡导活动。威廉姆斯戏称在马里兰的儿童服务领域有五大家族：全国少年儿童教育协会马里兰分会、全国儿童服务协会、启智计划协会、马里兰家庭和儿童服务协会以及学前课后教育协会。这五个行业组织在政策倡导方面都十分活跃。

不同于 MFN，倡导不是 BCC 或 DCCK 的主要关注点。BCC 除了理事会成员和 CEO 有时以个人名义进行一些倡导活动之外，主要依靠其他一些会员机构进行倡导，这些机构中有的还提供认证服务。DCCK 在政策倡导方面不太活跃，但也参与了有关反对削减食品券，以及保护有过犯罪前科者的就业权利的政策倡导活动。因为其厨师培训项目的学员很多是有犯罪前科者，他们在毕业后往往因为歧视找不到工作。

在社会创新方面，三个非营利组织都十分积极，但创新动力主要来自领导者的创新意识与创新能力，与政府工具关系不大。MFN 首创了儿童和家庭服务网络，将儿童服务与家庭服务资源整合起来。在建立网络的过程中，MFN 开发并积累了这个行业领域的专业知识和技能。长期以来，政府项目和资金来源的分散化使得美国的儿童服务和家庭服务呈现出碎片化局面，严重影响儿童和家庭服务的有效性。MFN 在马里兰州促成了二者的整合。

2008 年，DCCK 在经济危机造成捐赠收入减少的情况下，开始尝试社会企业模式，并且将尽最大努力实现资源整合利用。DCCK 在原有的中心厨房之外建立了一个社会企业，名为营养实验室（Nutrition Lab），在那里实验各种创意，比如食品加工、承办宴席、健康食品开发和零售等等，这些业务的发展带来的收入用于支持中心厨房的厨师培训和为贫困人群提供免费食物等服务项目。DCCK 还创造性地将其三大类业务，即公共服务（为公立学校提供餐饮服务）、慈善服务（为无家可归者提供免费食物）以及经营性业务（营养实验室），整合起来进行运作。比如说，DCCK 的承办宴席服务，其业务往往来自其慈善服务的志愿者和捐赠者，很多志愿者也是捐赠者，很多捐赠者又称为志愿者，捐赠者和志愿者在举办各种庆典和活动时就把餐饮服务外包给 DCCK，他们还将 DCCK 推荐给自己的朋友和客户。又比如，DCCK 的厨师培训项目的很多学员是社区里有犯罪前科者，他们毕业之后成为 DCCK 的雇员。DCCK 的 CEO 迈克尔·科廷（Curtin）说：

> 很多人认为只有企业才需要以创新的方式赢得市场份额，非营利机构应该很老实本分、安全谨慎，不应该冒险。确实，我们在支付雇员工资和福利方面非常小心谨慎，对我们工作带来的影响非常小心谨慎，我们不是为了盈利而创新，我们是为了社区变得更好而创新。

四 结论

本文通过三个案例的研究发现，不论政府资助是不是非营利组织收入的主要来源，都对非营利组织产生了全面的影响；拨款与购买服务合同对非营利组织的影响没有显著差异。拨款和购买服务合同这两个政府工具对三个非营利组织的治理和管理、组织绩效以及特有属性等方面产生了显著的影响，参见表2。案例研究发现了大部分假设的支持性证据，也发现了与部分假设不一致的证据，同时还发现了一些假设中没有涉及的情况。

表 2　政府工具对三个非营利组织的影响

衡量维度		根据文献提出的假设及新的发现	案例研究结果
使命导向和治理结构	使命导向	使命转移 使命关注范围扩大	+ BCC + DCCK
	治理结构	理事会规模变小 更多专业人员担任理事 改变 CEO 的工作内容	N/A + MFN，+ BCC，+ DCCK + MFN，+ BCC，+ DCCK
组织管理	组织规模	追求更大规模	+ MFN，+ DCCK，+ BCC
	社会创业	创办营利性业务	+ DCCK
	人事管理	雇佣更多专业人员 采用新技术 在更为明确的法律规定下工作	+ MFN，+ BCC，+ DCCK + MFN，+ BCC，+ DCCK + MFN，+ BCC，+ DCCK
	志愿者参与度	志愿者减少	+ MFN，+ BCC
	合同管理问题	合同申请问题 合同金额没有完全覆盖项目成本 延迟付款 合同变更 检查报告烦琐费时	+ MFN，+ BCC，+ DCCK − MFN，− BCC，− DCCK − MFN，− BCC，− DCCK + MFN，+ BCC，+ DCCK + MFN，+ BCC，+ DCCK
组织绩效	效率	低工资带来的成本节约 劳动生产率和管理效率提高	− BCC，− MFN，− DCCK N/A
	有效性	服务质量提升 项目开始与结束更加容易 *	+ MFN，+ BCC，+ DCCK + MFN，+ BCC，+ DCCK
	公平性与回应性	更加公平 更高的回应性	+ MFN，+ BCC，+ DCCK + MFN，+ DCCK，− BCC
特有属性	独立性	独立于政府	− MFN，− BCC，− DCCK
	使命驱动	追求组织使命的实现 *	+ MFN，+ BCC，+ DCCK
	政策倡导	积极影响公共政策的活动	+ MFN，+ BCC，+ DCCK
	社会创新	促进社会变革	− MFN，− BCC，− DCCK

　　"＋"该非营利组织存在支持假设的证据；"－"该非营利组织存在不支持假设的证据；"N/A"案例没有找到相关证据。根据文献做出的假设之外的发现。

　　首先，政府工具对三个非营利组织的使命导向、理事会结构和 CEO 的工作内容产生了显著的影响。政府工具限定了 MFN 的使命，使得 BCC 的使命导向发生改变，促使 DCCK 扩大了服务对象和服务范围。政府工具使得更多专业人员进入三个机构的理事会，并使建立和维护与政府的关系成为三个机构 CEO 工作的主要内容之一。

　　其次，政府工具对三个非营利组织的管理能力产生了显著影响。政府工具使得三家非营利组织都追求规模经济效应，因为规模越大在竞争政府拨款和合同时更有优势。由于规模优势和专业能力优势，MFN 和 BCC 在遇到政府削减预算和减少服务对象的时候能够将负面影响降到最低。政府工具的要求使三个机构的管理专业化水平不断提高，工作环境更加法律化。但是，三个非营利组织合同管理方面仍然遇到了一些问题。

再次，政府工具对三个非营利组织的绩效产生了明显影响。在成本方面，由于三家非营利组织都是行业领域的领导者，收入来源较为稳定，并不需要压低雇员工资来降低成本。但由于缺乏足够信息，不能对三家非营利组织的劳动生产率和管理效率做出评价。在有效性方面，三个非营利组织的服务质量都在行业领域树立了口碑，并且处于不断改进过程之中。三家机构的民间性，减少了启动与终止项目的政治压力，使得组织机构和项目的调整与政府直接举办相比具有更大的灵活性。在平等性和回应性方面，除了 BCC 认为法律规制加强而回应性有所降低之外，三个组织在平等性和回应性方面都随着服务能力的提升而提升。

最后，也是最重要的是政府工具对非营利组织特有属性的深远影响。政府工具改变了非营利组织植根于社区、独立于政府的传统形象，形成了与政府相互高度依赖的关系，以至于三个非营利组织的 CEO 都不再强调对政府的独立性，转而强调其使命导向和社会价值。三个非营利组织中只有 MFN 积极参与政策倡导，BCC 和 DCCK 在政策倡导方面都不活跃。尽管三个非营利组织都在社会创新方面有突出表现，但是三个 CEO 都认为创新源于其创始人和历任领导者的远见和能力，主要不是得益于政府工具的影响。

本文只是建立在三个案例基础上的探索性研究，需要更大范围、更多样本的进一步研究才能形成政府工具对美国非营利组织影响的全面认识。

参考文献

陈振明（2009）：《政府工具导论》，北京：北京大学出版社。

〔美〕萨拉蒙（2008）：《公共服务中的伙伴》，田凯译，北京：商务印书馆。

Beam，D. R. and Conlan，T. J. (2002)，"Grants"，in Salamon L. (ed.)，*The Tools of Government-A Guide to The New Governance*，London：Oxford University Press.

Boris, E. T. , et al. (2010), "Findings from the 2010 National Survey of Nonprofit Government Contracting and Grants", *Center on Nonprofits and Philanthropy*, Urban Institute.

DeHoog, R. H. & Salamon, L. (2002), "Purchase-of-Service Contracting", in Salamon L. (ed.), *The Tools of Government-A Guide to The New Governance*, London. Oxford University Press.

Downs, S. W. , et al. (2003), *Child Welfare and Family Services-Policies and Practices* (7th Edition), Allyn & Bacon.

Frumkin, P. (2002), *On Being Nonprofit: A Conceptual and Policy Primer*, Boston: Harvard University Press.

Gibelman, W. & Demone, H. W. (eds.) (1998), *The Privatization of Human Services-Case Study in the Purchase of Services*, New York: Springer Publishing Company.

Smith, S. R. (1989), "The Changing Politics of Child Welfare Services: New Roles for the Government and the Nonprofit Sectors", 68 (3) *Child Welfare*.

Smith, S. R. & Lipsky, M. (1993), *Nonprofits for Hire——The Welfare State in the Age of Contracting*, Boston: Harvard University Press.

Salamon, L. (2002), *The Tools of Government-A Guide to The New Governance*, London: Oxford University Press.

—— (2012a), *America's Nonprofit Sector* (3nd Edition), Foundation Center.

—— (2012b), *The State of Nonprofit America* (2nd Edition), Brookings Institution Press.

Government Instruments' Influence upon American NPOs
—A Case Study of MFN, BCC and DCCK

Zhang Yuanfeng, Lester M. Salamon, Megan Handke

[**Abstract**] Since mid 1960s, the American government has facilitated non-profit organizations to provide various social services with grants, service procurement contracts, preferential tax and loan guarantee and vouchers among other instruments. The existing literature mainly investigates into the government instruments' influence upon public administration, but makes less than sufficient study on the government instruments' influence upon NPOs.

This research focuses on the three NPOs, i. e. , BCC in Baltimore and Washing DC, Columbia, MFN and DCCK, to examine the government instruments' influence upon NPOs. The finding reveals that the two most common government instruments-grants and service procurement contracts-exert notable influence upon NPOs in terms of the governance mode, management ability, organization performance and special properties.

[**Key words**] NPO; government instrument; pubic-private partnership; government procurement of service

（责任编辑：蓝煜昕）

政府工具对美国非营利组织的影响

宗教社会企业的实证考察

——以北京天颐养老院为例

张文学[*]

【摘要】北京天颐养老院是天主教爱国会投资发起的、以康复养老为主的民办非营利养老机构。基于天主教的信仰背景、社会公益的目的、追求收支平衡和永续发展的经营方式，可以说天颐养老院是一家典型的宗教社会企业。本文对北京天颐养老院进行个案分析，通过实地观察与深度访谈，介绍了天颐养老院历史发展的不同阶段，分析宗教社会企业成长的过程，探讨其运行模式和规律，总结其成功经验和不足，以期为中国大陆地区宗教社会企业的理论研究和实际运作提供参考。

【关键词】宗教　社会企业　宗教社会企业　天颐养老院

一　引言

社会企业是一种介于公益与营利之间的企业形态，是社会公益与市场经济有机结合的产物（王名、朱晓红，2010：10）。宗教社会企业，顾名思义，是指有宗教背景的社会企业，是建立在信仰基础上（faith-based）的社会企业。换言之，宗教社会企业是受信仰的内在驱动，为达公益目的而采取商业手段的永续

---

* 张文学，清华大学公共管理学院 NGO 研究所博士后。

发展模式。具体在现实层面，宗教社会企业通常是由宗教机构依法设立的、以社会公益为目标、从事商品的生产经营或提供服务活动的、独立核算的新经济组织或民办非企业单位，因其永续发展建立在商业运营的基础上，并具有明确的公益性和非营利性特点，所以它是宗教、社会、市场三个领域有机作用的产物，其实质是一种具有宗教背景的创新型社会组织。宗教社会企业在世界发达地区的发展已较成熟，而大陆地区宗教社会企业还处于起步阶段，表现为数量较少，规模较小，运营管理不完善，较为成功的个案还不多见，因此，就国内已有的宗教社会企业进行个案分析，对其运营模式和发展规律进行揭示，对其发展的成功经验和不足进行总结，可以为本土宗教社会企业的理论研究和实际运作提供参考。

二 北京天颐养老院的历史发展

北京市丰台区天颐养老院，是一家由天主教会创办的养老院，其前身始建于 1996 年，当时主要是为北京教区神职人员准备的养老场所，2000 年后神职人员相继去世，开始招收有养老需求的老年教友，2010 年 6 月养老院搬到了北京市丰台区长辛店大街教堂胡同，2011 年 7 月注册成民办非企业单位。其发展演变经历了以下几个阶段。

（一）第一阶段（1996 年至 2000 年前后）：神职人员的福利部门

20 世纪八九十年代，由于国家宗教政策的进一步落实，一批在"文化大革命"中被迫离开教会的修女和神父要求回到教会，而此时的教会则面临两难的境地：一方面，这些要求回归教会的神职人员都已是六十至八十岁的老人，他们既无法工作，又需要别人照顾，如果将他们召回，无疑增加教会的负担；另一方面，这些人又是教会的财富，教会觉得有义务并且应该要把他们召集回来。为了解决这个难题，时任北京教区主教的傅铁山先生最终决定由北京天主教会建立一座养老院，专门供这批回归教会的神职人员养老。在这样的背景下，天主教北京教区所设的养老院于 1996 年正式成立，当时大约有四五十位年长的神职人员在此养老。

由此可见，北京天主教会创办这所养老院，一开始并不是向社会开放的养老机构，而是属于宗教团体内部的一个福利型部门，是用来解决教会内部神职人员养老问题的内部组织，养老院所服务的对象也仅仅是这批回归教会的神职人员，养老院的经济来源、日常运行和组织管理也完全依附于教会。

（二）第二阶段（2000 年后至 2010 年前后）：半公开化的附属机构

由于居住在养老院里的这批神职人员数量不多，岁数偏大，到 2000 年后很多老人也已去世，养老院的空置房间越来越多，用李院长的话说："我们好不容易把房子盖起来了，就这样空着，即使只有三五个老修女在里面居住，我们也还是要雇人来伺候。住在里面的老人虽然少，但你哪一样也不能缺，就像人家说的那样麻雀虽小五脏俱全。"① 与此同时，一些社会上的信教老人因岁数太大不便进（教）堂，就向教区提出了入住请求，于是教会就同意养老院可以让老年教友入住。随着回归的神职人员相继去世，入住教友的比例越来越高，经历大约 10 年时间，最终变成一家专门服务于老年教友的养老组织。

直到 2010 年 6 月搬迁至今址前，养老院一直是位于朝阳区平房巷里的几排平房，属于五环边上的一个绿化带。那些平房年久失修，逐渐成为危房。随着国家宗教政策的进一步落实，一些在"文化大革命"中被占用的宗教场所逐渐恢复，2009 年北京市丰台区长辛店大街教堂胡同 41 号的一处被工厂长期占用的教堂重又恢复为宗教场所，并在同一个院子里盖起了一栋三层的小楼用作养老院新的场所。

这一时期，养老院仍然是教会内部的一个附属组织，它的服务对象虽已由神职人员扩大到一般教友，但仍然不是一家面向社会开放的养老机构，其收入来源主要靠教会的补贴和向信徒收取的费用。但是，因没有正式注册获取营业执照，所以养老院不具备独立法人资格，若对社会开放经营也没有合法身份。

（三）第三阶段（2011 年 7 月至今）：独立的宗教社会企业

随着养老院建筑设施等硬件环境的改善，以及社会上要求入住的老人增多，养老院逐渐转型为独立机构，并向民政等部门申办登记。经过 1 年多的努力，2011 年 7 月天颐养老院正式注册为民办非企业单位。究其转型的原因，是国家对民间组织加强规范管理，以及养老院对潜在风险的控制。李院长对此解释道："你想想看，你没有证件，国家是不支持你的，也不保护你。如果出现纠纷了，你没有执照，谁来保护你？之所以以前没有发生过纠纷，是因为服务的人群都

---

① 2014 年 9 月 30 日在北京天颐养老院与李院长的访谈内容。下文如果没有特别说明，都是引用于 2014 年 9 月 30 日访谈李院长的记录。

是教会自己的人，因为有信仰，毕竟都比较善良。你有执照，人家告的时候，我们会据理力争，政府也会帮你争取合法权益，不然的话你真的一点办法也没有。没有营业执照，人家是一告一个准，就光告你没有执照，是黑着干的，你就受不了了。"

登记之后的天颐养老院通过制定合理的价格收费策略，逐渐降低对教会的经济依赖，终于在登记后的第四年开始实现经济上的收支平衡。有别于过去作为教会的附属机构，由于天主教的信仰背景、社会公益的目的、追求收支平衡和永续发展的经营方式，天颐养老院已经成为一家典型的宗教社会企业。

从以上天颐养老院的发展阶段来看，其脱胎于宗教团体内部的福利部门，天主教会是其发起者和创办者，后逐渐成为半公开化的附属机构，直至最终通过注册登记取得独立的法人资格，并以商业运营的永续发展模式转型为宗教社会企业。天颐养老院在服务对象上逐渐超越了原来的宗教团体并面向全社会，在经济来源上也从刚开始全部依赖教会，到半依赖教会，直到最终能够收支平衡，自给自足。这些体现出天颐养老院是宗教、社会和市场三个范畴有机作用的结果。

三　天颐养老院的宗教社会企业运营模式分析

天颐养老院虽由天主教会创办，但是一旦注册成为民办非企业单位，就意味着它具有独立的法人地位，标志着其已经从教会内部的福利部门转型为面向社会和市场的养老机构。由于天颐养老院具备了宗教信仰、社会、市场三个维度的基本要素，因此其是一家典型的宗教社会企业。宗教社会企业是以宗教信仰为驱动，为达公益目的而采取商业手段的永续发展模式，具有明确的公益性、非营利性。其运作遵循商业活动规律，同时也受公益规范、宗教基本精神的约束。以下从信仰、社会和市场三个维度来分析天颐养老院作为宗教社会企业的运营模式。

（一）信仰维度

虽然天颐养老院是一家具有独立法人资格的民办非企业单位，但是考察其背景，我们仍不难发现其与教会之间难以分割的关系，以及内蕴其中的信仰驱动力。

首先，天颐养老院的创办发起者是北京天主教会，其初始资金、物力和人力等各种原始资本皆由北京教区投入，养老院的基础建筑和基本设施也是由教会无偿提供的，甚至在正式登记注册后的前两三年里，养老院每年的水费、电费等开销皆由教会代付。尽管如此，教会并没有要求任何回报，在财务上二者也相互独立。在人事和管理方面，养老院由北京教区若瑟修女会接管，管理团队由若瑟修女会指派的 5 位修女组成，教会对养老院的管理层有任免和调配权。但在本院的日常管理与决策方面，只要不违背天主教义，教会一般都不干涉。唯有遇到运行成本上涨而要提高收费价格时，养老院须向教会提交报告，由教会根据是否合乎教义的要求来决定是否提价。可见，教会是养老院的发起者和支持者，养老院虽然是独立的法人，但也要受天主基本教义的约束。

其次，养老院与教会密切联系的背后是基于信仰的驱动力。天颐养老院的使命是："爱主爱人，提高老人'心'的生活。"（北京天颐养老院，2014）"爱主爱人"体现了宗教信仰与社会责任的统一，"提高老人'心'的生活"是要求用"爱心"去关心老人的精神需求。正是这样的使命，使得养老院的工作人员将具体的工作附加上了信仰上的神圣意义，在给老人提供服务的同时，也是一种对信仰的具体实践。因此，教会之所以不计回报地支持养老院，与其信仰上的实践要求分不开，它将天主爱人的精神落实到具体的社会服务中去。正如李院长所讲：

> 因为教会本身就是慈善的，本身就是要帮助那些弱势群体，像过去我们教会办有医院，在过去没有学校的时候，我们会办有识字班什么的，如今社会上有学校有医院了，我们就不需要办这一块了，现在是老人需要我们，那我们就要为老人服务。因为我们本身就是一个服务的群体。

作为养老院的管理者，修女们不从养老院支取薪水，她们每月 400 元的生活费由教会发放，她们把这里视作为实现社会价值、以尽修女天职，进而提升灵性的场所，"做修女就是来为人服务的，达到了这个目标，我就真的为别人服务了，我的身心、我的灵修方面都会有一个进步"。一般员工每月薪水为 2000元左右，也是出于信仰，所以带有半志愿服务的性质。[①] 正因如此，与商业企

---

① 2014 年 9 月 30 日在北京天颐养老院与员工的访谈内容。

业和其他养老机构采取物质奖励和职位晋升的激励机制不同，宗教社会企业往往更强调内在灵性的激励，他们更多的是由内在信仰的驱动而生发出的"爱心"来提供产品和服务。

（二）社会维度

天颐养老院的愿景是："老有所依，老有所为，老有所成。"（北京天颐养老院，2014）一方面，从初创时神职人员的福利部门，转型为民办非企业单位的养老机构，天颐养老院的服务对象从面向教会内部人员扩展为面向全社会的老人，随着其社会公益性的不断增强，客观上也减轻了社会上的养老压力。另一方面，宗教信仰对于老年人精神上的开导和心理上的疏通，以及为满足老年教友的灵性需求而提供的方便，也可以在一定程度上缓解老年人晚年生活的空虚感和焦虑感。此外，天颐养老院对有需要的老人提供临终关怀和送圣事的服务，这些也使得老人们减轻了对死亡的恐惧和临终的痛苦。老人受到"爱心"和"温暖"的感染，也有利于他们以较乐观的态度面对自己和他人，客观上也给老人、家庭和社会注入了精神层面的正能量。尤为重要的是，天颐养老院较低的收费标准是出于教会的社会责任而制定，院长介绍教会的理念是"教会希望所有的老人们都能够住得起，因为教会首先教导我们要去帮助别人，善待别人，要有颗爱心"。由此可见，具有信仰背景的天颐养老院是宗教界超越单纯的宗教活动和自身利益，积极参与社会事务、服务社会人群的一种公益性尝试。

（三）市场维度

从市场维度来看，天颐养老院的运营经费从最初全部依赖教会支持，到如今能够自力更生，收支平衡，天颐养老院已经逐渐形成了可持续发展的模式。社会企业制定合理的定价策略是维持机构永续发展的重要保证，登记注册之后的天颐养老院曾经有过 1400～1500 元/月/人（包含食宿）的收费标准，但很快就导致养老院在经济上的捉襟见肘，以至于养老院在最初的两三年时间里都需要靠教会的补贴来维持，直到后来遵循市场的规律，将价格逐渐调整到目前的水平，才不需要教会补贴而达到收支的平衡。天颐养老院目前的收费标准是2100 元/月/人（包含住宿、伙食、水电、取暖等费用），虽然仍采取较低的收费标准，但当收入不足以维持机构的良性循环时，院长也会征得老人们的理解，适当上涨一定的费用，从而避免为了一味地追求低收费，导致服务水准的下降和机构的不健康发展。因此，天颐养老院的定价策略是在确保服务水准不降低的前提下达到收入和支出的平衡。据院长介绍，之所以采取这样的定价策略，主要是基于以下两个因素，一方面是教会的要求，因为"教会希望能够让老人们都能够住得起养老院"，但另一方面也要遵循市场的规律，"也不能一点费用也不收，你要是不收，你就没办法经营"。李院长对此有一个很形象的比喻："就像咱们这一潭水，如果是死水，你就只能靠别人给你注水，你没有人注水的话，这里面的鱼就死了。所以你要让这个水成为活的，里面的鱼才能是活的。"可见，天颐养老院虽然对当前社会企业的概念不是很了解，但在具体操作中，它的定价策略实际上反映出对社会企业永续发展理念的认同。

通过上述分析可以发现，天颐养老院体现出社会企业的特质，但它是以天主教信仰为驱动力，是将"天主爱人"的价值理念落实到具体的社会服务上，是宗教信仰与社会责任的统一，因此具有实现宗教价值和公益价值的双重目标。有别于经济上依赖教会单一来源的慈善组织和附属机构，作为民办非企业单位的天颐养老院，要想不再依靠教会补贴并在经济上自给自足，就必须遵循市场规律，制定出合理的价格策略。因其受宗教精神和公益精神的双重约束，因此既要避免追求利润最大化，也要确保服务水平不下降，同时还要能够达到收入和支出的平衡，形成永续发展的模式。总之，宗教社会企业就是要维系信仰、社会和市场三个范畴的有机作用与平衡发展。

四　天颐养老院的 SWOT 分析

作为宗教团体创办的非营利养老服务机构，宗教背景、信仰因素究竟给天颐养老院带来了什么样的影响？它与一般养老院相比有什么样的优势（Strengths），又存在哪些方面的不足（Weaknesses）？由宗教团体开展养老服务行业的外部机遇（Opportunities）有哪些，而作为宗教社会企业的天颐养老院又会有什么样的行业风险和外部威胁（Threats）？

（一）天颐养老院的优势分析

通过调研发现，作为宗教社会企业的天颐养老院，具有以下几点优势。

首先，信仰丰富了老年人的生活。住在天颐养老院的 52 位老人中，只有一位 70 多岁，其他老人都在 80 岁以上，年龄普遍偏大。但据院长介绍和笔者的观察，与社会上一般养老院里的老人相比，这里的老人精神面貌较佳，他们看上去普遍都比较喜乐，当遇见笔者这样一个外人的到来时，每个老人都会很高兴地跟你打招呼。笔者在路上偶遇几个刚从教堂回来的老人，并与之交流，发现信仰因素对老年人的精神世界起到了很大的安慰作用，宗教活动也丰富了老年人的空闲生活。一位 93 岁看上去特别健康的老阿婆向笔者介绍她养生的经验："我在这里很开心，每天都有好多事情可以做，还可以有教堂可以去，有讲经，有唱诗，有学习，很好很开心的……"许多老人并不认为他是来这里养老，而是为了进教堂方便，也是因为信仰，才使他们对死亡看的比较淡，他们认为"我死了不是一下子就完了，而是一个生命的转换，我就是要去升天堂了"。①老人们会自发组织一些宗教活动，他们会进堂祈祷，学唱经，学唱歌，会一起学习圣经，会反思和分享生活中对待别人的态度，并请求互相原谅……他们把时间安排得非常紧凑，这样就将许多宗教内容填补到了老年人空虚无聊的生活之中。教友之间的关爱互助，不仅减少了彼此的矛盾冲突，也使孤独感和失落感降低。按院长的话说，正是"因为都动起来了才会有活力，脸上才会有笑容"。

其次，信仰所致的公信力。笔者在对天颐养老院的宣传策略进行调研时发现，天颐养老院很少对外宣传和做广告，但是来电咨询和来人考察的却有很多，由于床位和空间有限，许多要求入住的老人不得不排队等待，出现供不应求的现象。甚至有一些并无宗教信仰的人也希望入住，院长转述他们的理由是"教会办的养老院，一定会是讲信誉的"。可见，由于教会的品牌公信力而使养老院具备了一定的信誉保证，并因此节省了宣传等方面的成本。

再次，信仰使服务增值。一般养老院的服务内容无非是照顾和看护老年人，主要是为"生"服务，而天颐养老院的服务不仅包含老年人的"生活"，而且还要负责对老年人的临终和死亡进行终极关怀。天颐养老院的服务内容包括：1. 为晚年无法正常过信仰生活的老人提供服务；2. 为孤寡老人和生活不能自理的老人提供服务；3. 为不反对信仰并愿意参与的无信仰老人提供服务；4. 陪伴孤独痛苦的老人，聆听老人的心声，给予心灵的安慰；5. 临终时为老人提供临终安慰和送临终圣事的服务（北京天颐养老院，2014）。可见，作为教会创办的养老院不仅要为老年人的生前需要服务，也要对老年人的"身后"负责，特

---

① 2014 年 9 月 30 日在北京天颐养老院与老人们的访谈内容。

别是通过临终关怀和送临终圣事等服务来满足老年人对生命终极意义的追寻，从而减少他们对死亡的恐惧。

最后，共同价值取向的组织文化也提高了团队运行的效率。因为具有共同的信仰，所以无论是管理团队还是普通员工在组织内部都具有更强的适应性，也减少了人际上的摩擦和沟通上的障碍。出于对天主教义"爱人"的实践，也使每个人主观上更具有服务意识，以求内心的无愧。

（二）天颐养老院的劣势分析

通过实地考察发现，天颐养老院也存在一些管理上的不足和自身的局限，主要表现在以下几个方面。

首先，是人力资源管理方面。一方面，天颐养老院的管理团队由 5 位修女组成，分别是院长 1 位、会计 1 位、出纳 1 位、后勤管理 1 位及护士 1 位。据李院长介绍，修女必须要在修女会里过团体生活，一生不结婚，而教会分派的工作也必须要服从。尽管她们都是在养老院里工作，但不从养老院领取薪水，而是教会依照神职人员的标准发放每月 400 元的生活费，所以对物质依赖和对经济回报的期望度较低。然而有别于神职人员，对于养老院里的有酬员工而言，仅有公益价值和信仰精神上的激励并不能解决他们现实生活的困难，因此，虽然宗教社会企业主要的驱动力是来自宗教信仰，但实地调研发现，有酬员工因经济因素造成的流动率较高。另一方面，招募合适的员工也一直是养老院面临的难题。究其原因，是缺乏有竞争力的薪酬机制，吸引不到有专业能力的人才加入，同时也凸显出我国养老行业人才缺乏的客观现实。天颐养老院现有 8 名员工，男性 3 人，女性 5 人，主要负责护理、打扫卫生和洗衣做饭。因年轻人和男性从事这一行业的人数相对较少，所以天颐养老院的员工基本上是以 45 岁以上、经过培训上岗的家庭妇女为主，据了解，若是自己家里的儿子结婚生子了，她们就只能放弃养老院的工作回到家庭里带孩子。[①]

人力资源的缺乏实际上折射出养老院在非营利组织人力资源的管理方面存在认识上的误区。以人为本的人力资源管理要求把人视为核心资源，非营利组织必须把帮助员工在组织内发展作为人力资源管理的重要目标，以激励其发挥潜能（王名，2014：206）。虽然不以追求经济利益最大化为目标，但是"社会

---

① 根据 2014 年 9 月 30 日在北京天颐养老院与李院长及其员工的访谈内容整理。

企业类似公司组织，不仅要创造收入，也要有成本管理的概念"（黄德舜等，2014：160）。在对成本进行管理时，需要根据人力资源的重要程度和市场薪资标准制定出合理的薪酬制度，"社会企业的薪资制度依各组织的规模、服务形态不同而调整"（黄德舜等，2014：250）。天颐养老院因受到宗教信仰和公益精神的制约，既要满足"老年人能够住得起"的要求，又要保证服务水平不下降，因此在没有更多资源进入的情况下，只有通过控制人力等各方面成本来维持经营。养老院员工工资为 1500～2100 元/月（养老院包吃住）。[①] 虽然"社会创业家创立社会企业，在创业初期，可以透过认同其理念与价值的人协助担任志工，共同发展与建立社会企业"，（黄德舜等，2014：245）但是对于前来应聘的有酬员工而言，工作的目的不仅仅是实践信仰或实现理想价值，还有获得经济回报以谋生的需求，虽然信仰可以激发他们献爱心，但在现实生活压力过大时，也会使信仰在谋生方面变成一种难以承受的负担。

其次，缺乏有效的志愿管理，志愿资源开发不够。天颐养老院的志愿者主要是所在社区的周末义工，志愿服务的内容包括给老人理发、打扫卫生、陪老人聊天等。但据院方反映：平常来的志愿者不多，固定下来、有延续性的志愿者几乎没有，而且使用起来也不是很顺手。养老院希望能形成一个志愿服务系统，每天都有一到两个人的资源可供调用，而不仅仅是一天之内来二十人，待了两个小时就离开了，也不是只能来服务几天，之后就离开了。

志愿精神是一种利他主义和慈善主义的精神，志愿者是志愿精神的实践者，但志愿服务除了自愿性的界定外，通常也会使用报酬、收费来界定。志愿者有管理型、日常型和项目型之分（王名，2014：208）。天颐养老院的志愿资源开发的确存在上述客观困难，但是对志愿者的管理也须做进一步理解，不能完全指望志愿者主动上门提供无偿服务，而是要遵循志愿者管理的主要原则和程序，设计出有吸引力的志愿项目。例如，在招募前要进行充分准备，对志愿者要进行适当的定位，并平等承诺，对志愿者要进行教育和训练，并提供指导和协助，此外，还需要提供必要的经费，以及进行绩效评估等（王名，2014：208）。与人力资源管理一样，宗教社会企业往往会对志愿者和志愿精神过度期待，这样难免会导致资源不足和信心丧失。

---

① 员工的工资在过去很长一段时间曾经为 1400 元/月，也是最近半年个别员工的工资才逐渐上调至 2100 元/月。

宗教社会企业的实证考察

最后，带动社会资源能力不够。除了每年由北京市民政局所拨发的"社会办福利机构运营补贴"，天颐养老院在争取社会资源方面几乎空白。在访谈中也了解到，管理者对政府购买项目不太了解，在申请项目和带动资源方面缺乏必要的知识。究其原因，一方面，因为管理团队的同质性太强，缺乏有非营利组织知识背景的专业人才；另一方面，由于宗教人士对物质和经济上的知足感往往也会在某种程度上影响到机构的发展策略，表现在争取资源方面可能会安于现状，进取精神略显不足。

值得进一步观察的是，天颐养老院已开始注意到这一弱势，2014 年 10 月他们将与河北进德公益基金会合作，将养老院的"爱老敬老亲子活动"作为"2014 修女马拉松公益活动"的一个项目进行筹款，目前已经向社会和政府筹集到资金 6 万元① （河北进德公益基金会，2014）。不过通过访谈发现，负责筹款的人对未来的筹款效果并不乐观，她认为"之所以能筹集到资金，是因为这是养老院成立以来第一次向外界筹款，但是对于以后能否再筹到款却并不抱信心"。虽然如此，这也是天颐养老院对社会资源整合的一种有益尝试，或许可以为将来的发展总结出更多的经验。

此外，天颐养老院的建筑空间仅有三层小楼，即使空间利用最大化也只能住下 60 位老人，满足不了更多的市场需求，因此，有限的空间环境阻碍了养老院规模的扩大，也限制了养老院的进一步发展。

（三）天颐养老院的机会分析

首先，随着我国老龄化社会进程的加快，对于养老行业的需求也会越来越大，而随着人口基数的增加，以及宗教信仰自由政策环境的改善，有信仰人士的养老需求也将会越来越突出，因此宗教机构开办养老服务机构的市场需求前景广阔。目前北京市由天主教会所办的养老院仅天颐养老院一家，对北京地区的老年教友来说自然是供不应求，加上其较低的收费标准，较好的服务设施，以及教会背景的公信力，对不信教的老人也会有一定的吸引力。

其次，长期以来，宗教界擅于开展慈善救济活动，然而随着现代社会公益组织的发展，"授人以渔"型的社会企业模式将逐渐深入人心，社会企业是以商业手段解决社会问题，走永续发展之路。从传统的慈善救济组织转型为宗教

① 参见《2014 修女马拉松·北京天颐养老院爱老敬老亲子活动项目简介》，http: // new. jinde. org/proj/241. html。

社会企业既有深层次的理论基础，也是宗教介入现代社会公共事务的选择性创新。宗教社会企业是一种特殊的创新型社会组织，而宗教界开办社会企业目前在大陆还处于起步阶段，但必将随着社会企业在大陆的发展而不断走向成熟。

最后，政策环境的改善。由于历史原因，宗教曾经是要被打倒的负面事物，一些人士往往只看到了宗教对社会的副作用，而对其服务社会的正作用视而不见。加之对宗教问题的过分敏感，对国家宗教政策的误读，以及对宗教组织打着公益幌子而另有所谋的担心，导致宗教界参与社会事务时缩手缩脚、缺乏创新。改革开放以来，随着国家宗教政策的落实，宗教界积极与社会主义社会相适应，广大爱国信教人士积极投身到现代化建设中去，宗教界参与慈善公益活动越来越多，在社会事务中发挥的作用也越来越大。2012 年 2 月，由国家宗教事务局、民政部、财政部等六部门联合印发的《关于鼓励和规范宗教界从事公益慈善活动的意见》是我国宗教慈善领域相关政策的标志性文件，该文件重点支持宗教界在养老、托幼、医疗卫生服务等领域开展非营利活动，为宗教界开展公益慈善活动提供了政策指导。十八届三中全会《中共中央关于全面深化改革若干重大问题的决定》提出要"激发社会组织活力""适合由社会组织提供的公共服务和解决的事项，交由社会组织承担"。近日国务院常务会议确定了发展慈善事业的措施，并提出"发展慈善事业，引导社会力量开展慈善帮扶，是补上社会建设'短板'、弘扬社会道德、促进社会和谐的重要举措。必须创新机制，使慈善事业与国家保障救助制度互补衔接、形成合力"①。这些都为包括天颐养老院在内的宗教社会企业提供了发展空间和历史机遇。

（四）天颐养老院的威胁分析

以天颐养老院为代表的宗教社会企业在养老服务行业既有广阔的前景，但也存在激烈的市场竞争，因为商业企业、社会企业与宗教社会企业都可以从事养老服务行业。商业企业对于市场的敏感把握，以及对资本的运作具备一定的优势，在人力资源、组织规范等方面也有成熟的规律和经验可循。一般的社会企业，因具有相对广泛的、社会所认可的公益目的，又有相对成熟的市场经验，很容易走上良性循环的永续之路。而宗教社会企业在大陆起步较晚，发展较慢，缺乏成功的本土案例和经验。就本文讨论的天颐养老院来看，一方面，信仰既

---

① 详见《李克强主持召开国务院常务会议　确定发展慈善事业措施　汇聚更多爱心扶贫济困》，http：//www.mca.gov.cn/article/zwgk/mzyw/201410/20141000720437.shtml。

有可能带来一定的优势，也可能在争取和利用资源方面有所束缚，因此如何有效地让信仰与其他要素有机作用，在运营中发挥其正作用也是一个复杂的问题。另一方面，天颐养老院的服务对象是社会上所有的老人，包括信教与不信教的，但是如何既为那些有信仰需求的老人提供参加宗教活动的方便，又能在有较强的宗教氛围中保证不信宗教老人的正当需求，这些都是值得进一步探讨的问题。

五　结语

从天颐养老院的发展历史来看，其脱胎于宗教团体内部的福利部门，经历逐渐半公开化的附属机构，直至最终转型为独立的宗教社会企业。与之相伴的是在经济来源上的变化，从刚开始全部依赖教会，到半依赖教会，直到最终自给自足。可见，大陆地区的宗教社会企业与宗教团体的关系密不可分，宗教团体往往是宗教社会企业的创办者与支持者，宗教社会企业通过注册登记取得独立的法人地位，并通过商业手段来达到自给自足、永续发展的目标，其服务对象往往也超越原来的宗教团体而面向全社会，惟其如此，宗教社会企业作为创新型社会公益组织才能与传统的宗教团体在本质属性上区别开来。

天颐养老院是以天主教信仰为驱动力，将"天主爱人"的宗教理念与社会责任统一起来，追求信仰价值和公益价值的双重目标。在运营管理上，制定出合理的价格策略，对于天颐养老院维持机构永续发展、保证专业服务水准以及实践宗教博爱精神都至关重要，同时也体现出既遵循市场规律，又受宗教信仰和公益精神双重约束的特点。可见，宗教社会企业的运营模式就是要维系信仰、社会和市场三个范畴的有机作用与平衡发展。

天颐养老院的优势主要表现在信仰活动丰富了老年人的生活，教会的公信力使养老院具有一定的信誉保证，宗教对临终关怀和送圣事的重视可使服务增值，而共同价值取向的组织文化也提高了机构运行效率。然而，通过调研发现其在运营管理方面也有不足，主要是对人力资源和志愿者管理认识不够，带动和整合社会资源能力也有待提高。此外，空间、床位有限也不利于养老院扩大规模和进一步发展。中国养老行业的市场需求前景广阔，而随着社会企业理念和模式的推广，以及国家对"激发社会组织活力"和鼓励宗教界开展公益慈善活动的政策倡导，都为天颐养老院提供了重要的发展机遇。虽然如此，商业企业和一般社会企业以其各自成熟的发展模式，对尚在起步阶段的天颐养老院形成挑战，因此如何有效地让信仰与其他要素在其运营管理中有机作用并产生正面效果是值得探讨的问题。尤其是，如何既为信教老人提供宗教活动的便利，又能在有较强宗教氛围中保证不信教老人的正当利益，也是需要妥善应对的问题。

通过本文的个案研究发现，社会企业目前在大陆地区的社会认知度还不高，导致公众对宗教社会企业的认识较为不足，宗教社会企业往往会对自身的定位和属性认识模糊，也因此造成信仰、社会、市场三要素之间的有机作用偶尔失灵、难以协调发展，这也是宗教社会企业需要解决的重要问题。

参考文献

北京天颐养老院（2014）：《北京天颐养老院宣传册》，内部印刷品。

黄德舜等（2014）：《社会企业管理》，新北：指南书局。

河北进德公益基金会（2014）：《2014 为公益而跑·修女加油宣传册》，内部印刷品。

王名、朱晓红（2010）：《社会企业论纲》，《中国非营利评论》，（2）。

王名主编（2014）：《非营利组织管理教学指导纲要》，载全国公共管理专业学位研究生教育指导委员会组织编写《全国公共管理硕士（MPA）核心课程教学指导纲要》，北京：中国人民大学出版社。

Empirical Study of Religious Social Enterprise
—A Case Study of Beijing Tianyi Nursing Home

Zhang Wenxue

[**Abstract**] Beijing Tianyi Nursing' Home is a privately-run non-profit establishment that provides nursing and rehabilitation services to the aged, which is initiated and financed by the Chinese Patriotic Catholic Association. With belief in Catholicism as the background and delivery of public benefit as the goal, the Tianyi Nursing Home pursues balance of payments and sustainable development. It can be said that Tianyi Nursing Home is a typical religious social enterprise. This article presents a case study of Tianyi Nursing Home. Based on field observation and in-depth interview, the article introduces different stages of the Home's development, analyzes growth of the religious social enterprise, delves into its operation mode and patterns, and goes further to sum up its successes and drawbacks, with a view to shedding light on the theoretical research and practical operation of religious social enterprises in Chinese mainland.

[**Keywords**] religion; social enterprise; religious social enterprise; Tianyi Nursing Home

（责任编辑：林志刚）

中国社会组织研究：对1994~2014年中文文献的定量分析

刘源浩　陈　敏[*]

【摘要】 本文以1994~2014年间中国社会组织研究的文献为分析对象，从增长趋势、主题演变、学术脉络三个角度展开讨论。研究发现20年间，中国社会组织研究经历了四个阶段。从分散研究到逐渐形成规模，从向西方学习到逐渐本土化，从公民社会的理论探讨到归流于公共服务，中国社会组织研究的理论视野和实践探讨都逐渐走向成熟。

【关键词】 社会组织研究　增长趋势　主题演变　学术脉络

截至2013年底，中国共有社会组织54.7万个，其中社会团体28.9万个、基金会3549个、民办非企业25.5万个，[①] 社会组织已经遍布于公民社会生活的方方面面，并发挥着不可忽视的作用。中国政府正在进一步全面深化改革，鼓励社会组织在公共领域发挥更加积极的作用，在这种背景下，对社会组织的研究有着重要的意义。

---

[*] 刘源浩，清华大学公共管理学院硕士生；陈敏，清华大学公共管理学院博士生。

① 数据来源：《民政部2013年社会服务发展统计公报》，中国社会组织网（民政部官方网站）发布于2014年10月10日，2014年11月29日，http://www.chinanpo.gov.cn/2204/80765/yjzlkindex.html。

中国学者对社会组织的研究已经有了一定时间的积累，但中国社会组织研究经历了怎样的历程？研究哪些主题？主要在什么学术基础上展开讨论？本文基于 20 年来的文献数据，尝试从量化角度探讨这些问题。

本文从中国知识基础设施工程数据库（China National Knowledge Infrastructure，下文简称 CNKI）文献（包括期刊、硕博论文、会议、辑刊等）范围内，检索得到 1994～2014 年的 173199 篇中文文献，使用科学计量的研究方法，从文献增长趋势、关键词共现以及引文共被引分析三个角度，勾勒中国社会组织研究领域 20 年来的研究趋势变化及其背后的学术脉络。

一 中国社会组织研究

对社会现象的研究兴趣是随社会现象本身的发展而发展的。改革开放之后，中国社会组织的发展大致分为三个阶段：改革开放初到 1992 年底的原始增长期、1993 年到 2002 年的规范紧缩期及 2003 年至今的繁荣生长期。原始增长期间由于巨大的政治经济社会变化，社会组织数量井喷。截至 1992 年底，在民政部注册的各类社会组织共 15.45 万家，相当于 1978 年的 22 倍，有的学者称之为"社会组织兴起阶段"（王名，2013：8）。1993 年到 2002 年的第二阶段期间，政府首次为社会团体构建了规范管理的制度框架，依靠自上而下的依法登记制度清理整顿了一批不符合规范的组织。当然，这也一定程度地抑制了社会组织的发展。到 2002 年底，民政注册的社会团体总数只有 1992 年的 86% 左右①。在经历了曲折的规范期后，社会组织在良好的制度框架下健康快速发展，截至 2013 年底已经比 2002 年底增长了 310%②。短短三十余年，社会组织已经从新兴事物逐渐成为遍及人们社会生活各个方面的社会现象。

关于中国社会组织的研究几乎与中国社会组织的发展同时开始，初期研究呈点状分布，并无系统性研究，大多都在尝试回答"做什么"的问题。其中比较有代表性的有：张允侯（1979）、孙炳耀等（1993）以及王颖、折晓叶

---

① 数据来源：2003 中国民政统计年鉴民政部财务和机关事务司，第 145 页："社会团体 2002 年底共 133357 家。"

② 数据来源：《民政部 2013 年社会服务发展统计公报》，中国社会组织网（民政部官方网站）发布于 2014 年 10 月 10 日，2014 年 11 月 29 日，http://www.chinanpo.gov.cn/2204/80765/yjzlkindex.html。

（1993）。这些研究大都通过对某一地区的某一个社区进行实证调研，然后再根据文献资料等归纳总结，形成一定的理论（王名，2013）。例如王颖、折晓叶（1993）运用社会学理论，结合关于萧山地区的社会团体的产生以及发展的实地调研数据，运用大量实证及理论研究，首次提出了社团的多维界定，并且初步探讨了自愿性团体和国家发展之间的关系。

中国社会组织规范性的研究受到了外国学者研究的启发。许多外国学者（Chamberlain，1993；Huang，1993；Migdal et al.，1994；White et al.，1996）在20世纪90年代初已经开始围绕着中国社会组织的现象发表了一系列文献甚至专著。不足的是，外国学者们比较难以获取关于中国社会组织详尽的一手数据，他们大多依靠二手数据以及小范围深度访谈的方式，对中国的社会组织进行初探，取得很多有价值的成果，但一直难以形成对中国社会组织相对普遍性的结论。

1995年，在北京召开的第四届世界妇女大会上举办的国际NGO论坛①，第一次把数千家成熟的国际组织真实地展现在中国学者面前。非政府组织第一次如此密集地出现在大众传媒上，也第一次让各界人士了解到NGO的概念和巨大的影响力（王名、刘求实，2007）。此后，一系列有关NGO的学术文章、学术专著、学术机构、学术会议相继出现。例如，康晓光（1997）、杨团（2000）、丁元竹（2003）的个案研究；何增科等（2000）、王名、贾西津（2002）等从国家治理高度分析社会组织的存在与发展；萨拉蒙等（2000）、姚俭建、Collins（2003）从国际视角研究社会组织的发展。中国青少年发展基金会组织出版了"第三部门研究丛书"②，从十个方面研究中国的社会组织领域，并被称为"中国第一支NGO专业学者团队"（刘骁军，2012：58），从此开始发声的"NGO论丛"③。专业的学术机构代表如清华大学NGO研究中心④，它是国内高校最早

---

① 详见第93页原文："1995年北京世妇会的召开对非政府组织的概念在中国的传播具有里程碑作用，期间媒体大量报道并使用'非政府'组织一次，开始出版相应书籍，出现了一批自称为'NGO'的草根组织，官方文件也陆续出现'非政府组织'和'民间组织'等用语。"
② 丛书分别从第三部门的资源获取、资助行为、激励机制、监督机制、法律环境、文化功能、效益评估、发展模式、发展历史和国际比较十个方面探讨研究。
③ "NGO论丛"包括了五本专著及三本译著，由社会科学文献出版社于2005年出版。
④ "清华大学NGO研究中心"于1998年10月成立，并于2000年10月更名为"清华大学NGO研究所"。

开展系统研究的学术机构。重要的学术会议如 1999 年的"非营利部门与中国发展国际会议"，聚集了多国 NGO 研究领域学者，为中国学者建立了国际交流桥梁。

2005 年，NGO 领域成为中国学术十大研究热点（《学术月刊》编辑部、《文汇读书周报》编辑部，2006），整个学科基本成型，迈入成熟多元的第三个发展阶段。学者们的兴趣点进一步深化，研究成果逐渐和外国研究趋同，视角逐渐扩大。比较有代表性的成果，如俞可平（2006）、贾西津（2007）、刘培峰（2007）、陶传进（2007）等都在前期学者开创性研究的基础上进行了更加细致深入的研究。此外，2007 年《中国非营利评论》正式创刊，成为本领域第一份刊物性质的连续出版物，并且在 2009 年正式出版了英文版。其他连续性出版物如《中国第三部门研究》、《学会》和《社团管理研究》① 也为中国 NGO 研究者提供了更多交流平台。这个阶段发生了一个重大转折点，即 2008 年汶川地震。围绕着救灾、灾后重建等一系列问题，催生了许多对 NGO 新领域的研究。比较有代表性的有：韩俊魁等（2008），王名等（2009），邓国胜、韩俊魁（2010）。2011 年，第一个较为全面和系统地研究在华国际 NGO 及其公益项目的专著出版（韩俊魁，2011）。在 2013 年非营利组织理论正式进入 MPA 核心课程，标志着 NGO 研究已经进入公共管理研究的核心领域。

在大致梳理了中国社会组织发展以及社会组织研究发展后，本文希望从数据角度对中国社会组织的研究历程进行梳理，并重点回答以下三个问题：（1）学者对社会组织研究兴趣是否呈增长趋势？（2）中国社会组织研究的主题经历了怎样的变化？（3）中国社会组织研究领域的学术脉络是什么？

二 研究对象与研究方法

（一）研究对象：中国社会组织研究文献

一般在讨论"社会组织"的定义问题时有狭义和广义之分，最广义的社会组织指社会中的组织，可以包括政府与企业组织；而狭义的社会组织，则可以将企业与政府排除在外，并覆盖剩余的其他性质的组织（陈洪涛，2008）。本文

---

① 2013 年起已更名为《中国社会组织》。

选择狭义的"社会组织"概念来统合本文的研究范围，并配合其他检索词，以更精确地获取研究对象。

中国官方对社会组织类型的划定严格遵循相关法律法规的规定①。根据历年《中国民政统计年鉴》，1998 年之前民政部只有"社会团体"一个分类，1999 年首次将"民办非企业单位"纳入"民间组织"的范围内，在 2005 年首次将"基金会"纳入"民间组织"范畴。在 2008 年的《中国民政统计年鉴》中，将"社会团体""民办非企业""基金会"三个概念规整到"社会组织"框架下，并沿用至今。

学界讨论时使用的词汇很多来自西方的引介，例如"NGO""非政府组织""NPO""非营利组织""公民社会""第三部门"等（王名、贾西津，2002）。另外，有的学者指出 NGO 处于政府部门与市场系统之间的社会公共领域，领域内的"公民社会组织"，还存在着"民间组织""社会团体"等概念（王名，2009）。俞可平（2006）认为"中介组织""群众团体""人民社团""志愿组织"不适宜作为概念术语讨论这一领域，因为很多"中介组织"是商业组织；"群众团体""人民社团"则有很强的行政色彩，由国家给予编制；而"志愿组织"并非公民社会特有，政党成员参加组织也可能带有志愿性。

从社会组织的特性来看，学术权威莱斯特·萨拉蒙（Lester Salamon）提出 NGO 的五特性：组织性、非政府性、非营利性、自治性、志愿性。日本学者重富真一结合亚洲国家情况提出了六点特性：非政府性、非营利性、自发性、持续性/形式性、利他性、慈善性（王名、贾西津，2002）。结合中国实际，康晓光（2001）认为，NGO 从事非营利活动，满足公益性和志愿性要求。从这些概念中可以看到，"志愿""慈善""公益"这三个词也非常重要地描述了行业的特质。

除此以外，本文人工排除了一些容易造成误差的词汇。首先去除了不够准确的措辞"非盈利"和"非赢利"（刘太刚，2009）。其次在两组词汇："社会团体"和"社团"、"民非"和"民办非"中选择了全称。最后，在检索中发现了"公益诉讼"和"公益林"两个概念拥有非常大的文献量，但是这两个概念并不是社会组织研究领域的研究，而是法学以及林业学中的专有名词，故人工

---

① 参考 1989 年颁布的《社会团体登记管理条例》、1998 年出台的《民办非企业单位登记管理暂行条例》和 2004 年出台的《基金会管理条例》。

排除。

综上所述，从法律条例、学术概念、NGO 性质三个角度出发，并人工甄别词汇，本文最终确定了 14 个核心检索词，即"非营利""非政府""NGO""NPO""公民社会""第三部门""民间组织""社会组织""社会团体""基金会""民办非""慈善""公益""志愿"。当然，这 14 个词依然无法排除全部研究范围的扩张与遗漏，但已经尽可能减少系统误差。

本文于 2014 年 11 月 22 日，在 CNKI 文献（包括期刊、硕博论文、会议、辑刊等）范围内，在"哲学与人文科学""社会科学I辑""社会科学II辑""信息科技""经济与管理科学"领域下，检索"摘要"中"精确"包含上述 14 词任意一词的文献，得到 173199 篇文献。由于 1993 年之前，每年文献数量少于一千篇，且高被引文献中探讨的问题大多不是现在 NGO 研究探讨的范围，所以取 1994 年到 2014 年这 20 年的社会组织研究文献作为本文的主要研究对象。

（二）研究方法：科学计量

科学计量学认为文献和其引用文献间的关系反映了一种学术传播的现象和趋势，可以通过科学计算后的可视化（visualization）呈现学科内共同体或绘制出学科的全貌。本文根据研究问题的需求选取了 UCINET 以及 NEViwer① 两个分析软件。UCINET 是目前比较流行的社会网分析软件，具有很强的矩阵分析和网络分析功能（Borgatti et al.，2002）。NEViewer 则善于对关系数据展开分析，处理时间序列的主题（王晓光、程齐凯，2013）。

"共现分析"是运用心理学原理和统计方法分析知识单元的共现分布特征，从中挖掘潜在的知识及其关联，并且可视化研究结果（王曰芬等，2006）。通过这种方法不仅可以得到显性的知识联系，最重要的是能够通过多个知识元素的归纳，推测得出隐性的客观知识。通常，学者可以通过共作者分析、关键词分析和共引分析来达到共现分析的目的。

"共被引"是一种探查同一学科共同体的方法，原理可以简单表述为：当两个作品或者作者同时被第三个作品或者作者引用，则前两个作品存在着共被引关系（邱均平、秦鹏飞，2010）。简单来说共被引次数越多，知识间关系就越密切。

本文主要运用了引文的"共被引"和关键词"共现"两个具体的方法，并

---

① 王晓光、程齐凯：《基于 NEWiewer 的学科主题演化可视化分析》，《情报学报》，32（9）。

综合考虑一些其他引文指标。

三 数据分析

（一）学者对社会组织研究兴趣是否呈增长趋势？

以时间序列对历年文献数量与主要文献来源进行排序（见图1），可以看到：中国社会组织研究进入21世纪之后开始高速增长，其中2014年数据尚不完整所以不予考虑。笔者用SPSS对1994～2013年文献数量年度变化数据进行Kolmogorov-Smirnov检验，发现中国社会组织研究文献数量年度增长呈指数分布①。

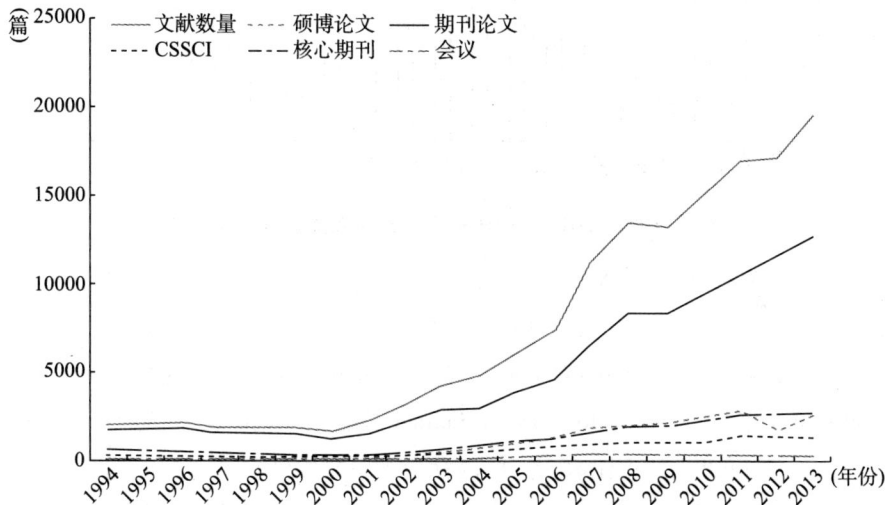

图1　1994－2013年文献分类数量分布

为了更加清晰地辨别文献来源，又按照"硕博论文""期刊论文""会议"3个大类进行检索，也整合入图1。可以看到，社会组织研究文献的主要来源是期刊论文。直到2000年，CNKI才开始收录社会组织研究的硕博论文，此后硕博论文快速增长，在2011年达到顶峰后开始有波动，这一方面因为数据库的收录有滞后性，另一方面也可能反映了社会组织研究作为硕博论文主题的热度开始有降温倾向。会议论文数量增长相对缓慢，进入2007年之后基本平稳，只有

① 显著性水平.05，sig值.406，原假设指数分布成立。

中国社会组织研究：对1994~2014年中文文献的定量分析

小幅波动。

对于"期刊论文"再分别按照"核心期刊"和"CSSCI"进行统计,收录的论文均在 2002 年之后开始平稳增长。增速比"期刊论文"整体增速慢,这说明有大量的增长来自其他期刊。

通过对社会组织研究占全部研究总比的增长得到图 2。

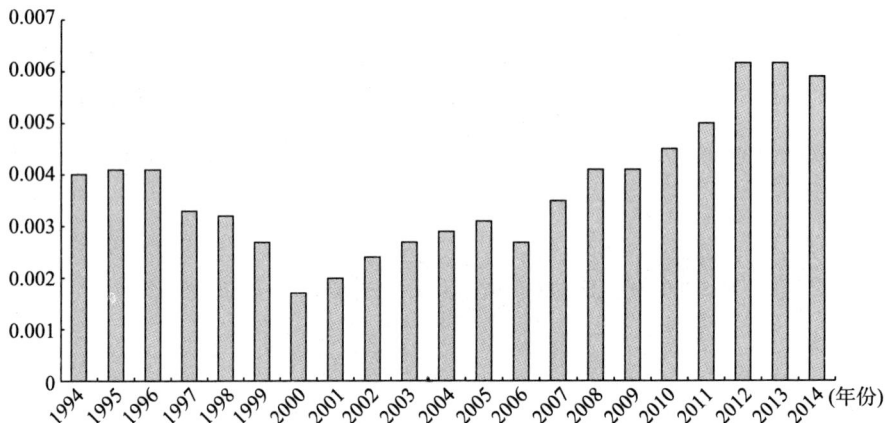

图 2　1994–2014 年中国社会组织研究文献占总体比例

总体文献的范围是 CNKI"哲学与人文科学""社会科学 I 辑""社会科学 II 辑""信息科技""经济与管理科学"领域的所有文献总和。从图 2 中可以看到,中国社会组织研究的相对数据,也是自 2000 年起开始高速增长。笔者对 2000～2014 年的增长进行 Kolmogorov-Smirnov 检验,发现增长不符合指数分布,但符合正态分布①。从占比来看,中国社会组织研究经历了快速的增长,并开始有进入稳定期的趋势,根据知识生命周期理论,中国社会组织研究作为一个知识领域,正处在从"加工"、"存储"到"应用"的阶段(孟彬等,2006)。

文献数量和占总体比例的数据都表明,中国的社会组织研究是一个增长的研究领域。它在 20 世纪 90 年代进行了一定的研究积累,21 世纪初开始兴起,迅速吸引了大量关注,2013 年的文献数量是 2000 年的 15.6 倍,文献占比是 2000 年的 36.2 倍,它成长为一个重要的研究领域。

(二)中国社会组织研究主题演化脉络

为了更加细致地分析 1994～2014 年以来,中国 NGO 研究的核心研究主题,

---

① 显著性水平 .05,sig 值 .742,原假设整体分布成立。

参照基本科学指标数据库（Essential Science Indicators，简称 ESI）在科研评估时给出的高被引文献标准，选择 1994～2014 年，每年被引频次排序在前 1% 的 1628 篇文献进行分析。按照年度划分高被引文献，对时间段内关键词去重，使用 NEViwer 处理得出主题演化网络。

1. 从 20 世纪 90 年代到 21 世纪：社会组织研究的跨越

在对高被引文献的引文分析中发现，在 1994～2001 年中，如果每年分开来看，高被引的文献中没有一篇共同引用文章。如果将七年的高被引文献共同放在一起来看，只有两篇文章是同时被引用的，可是这两篇都和本领域的研究相差很远，所以将 1994 年和 2001 年划分在同一年代。2002～2005 年每年高被引文献共同引用 1 次以上的引文内容非常接近，2002 年的共引引文能够被 2003～2005 年的共引引文完全涵盖，且这 4 年历年共同引用 1 次以上引文的"论文－专著比"小于 1，也就是说高被引文献更多地引用专著。2006 年之后，这一比值开始大于 1，而且引文范围开始更加丰富。

基于此，本文选择将 20 年的文献切分为 5 段时期，即 1994～2001 年时段，2002～2005 年时段，此后每 3 年 1 段。对每段时期的高被引文献关键词去重后，共得到 4522 个关键词。对每个时段的关键词建构"关键词共现"网络，用 Neviewer 处理，得到中国社会组织研究关键词主题演化图：

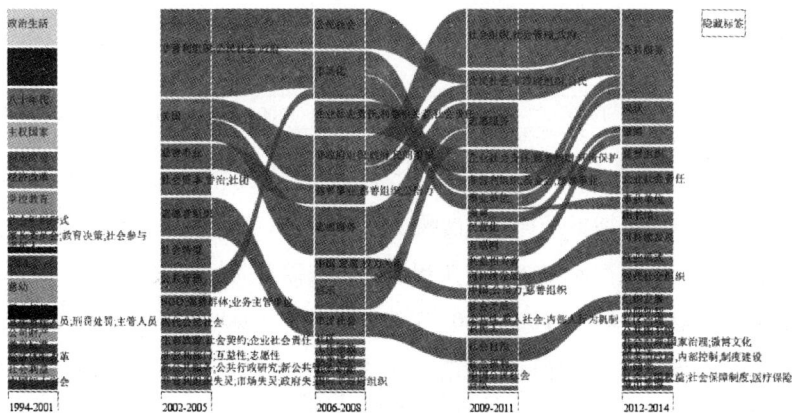

图 3　中国社会组织研究主题演化图

图 3 清晰地显示 20 年来研究的主题演化与趋势。关键词网络的划分采用 Blondel 算法，时段之间的演化网络采用 RadicalTree 布局，而主题之间的相似程度采取节点比重计算相似度系数的方法，每一时段的主题，按照主题中心度由

高到低、从上向下排序。

1994～2001 年，中国社会组织研究主题非常分散，虽然也会讨论"社会组织""社会福利"等与后来的研究紧密相关的主题，但关键词网络并未与后来的研究建立紧密联系。这说明当时文献的话语体系与后来是不同的。或者说当下对于"社会组织"的探讨，更大程度上是基于 2002 年之后的学术产出。

中国社会组织研究的 h 指数变化曲线，也佐证了这一点。2005 年，Hirsch 提出 h 指数（h index）评估科研人员的学术产出，自提出以来，h 指数迅速得到认可，并被扩展应用于学科评估。本文按照 Braun 拓展于期刊评估的 h 指数定义，计算得出 1994～2014 年来中国社会组织研究文献的 h 指数如图 4 所示。

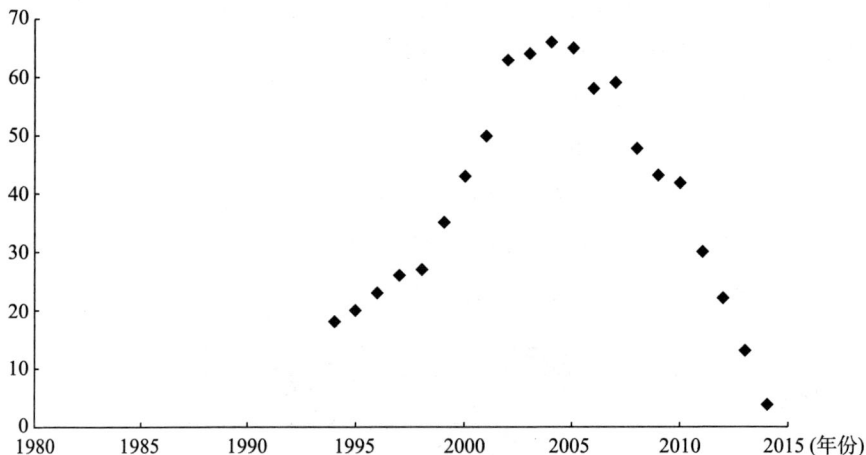

图 4 1994－2014 年中国社会组织研究 h 指数

同其他学术评价指标一样，h 指数在时间上也有滞后性，特别是最近 2～3 年的 h 指数，由于数据库更新和文献引用数量都需要时间积累，参考价值有限。但目前的数据至少表明，2002～2005 年的 h 指数高出 2001 的 h 指数 13～15 点，这种显著的跃迁显然不是时间造成的。这说明 2002～2005 年的研究成果在中国的社会组织研究领域具有无法取代的开创意义。

这 4 年间，CNKI 收录的被引最高的 3 篇文献分别是：《新公共服务：服务而非掌舵》《中国 NGO 的发展分析》《中国民间组织的合法性困局》。这 3 篇文献，阐述了社会组织提供"公共服务"的方向，梳理了"中国 NGO"的发展脉络，探讨长期困扰民间组织发展的"合法性"问题，都触及了这一领域的核心问题，为后来的研究者奠定了较好的讨论基础。

2. 重要主题的演变：起于"公民社会"，归于"公共服务"

当我们更加细致地分析关键词主题流变可以看到，2002 年开始的"非营利组织－公民社会－政府""美国""慈善事业""志愿者组织""公共管理"这 5 个主题意群得到了延续。其中 3 个主题经过演化合流进入 2012～2014 年"公共服务"主题。演化过程如图 5 所示。

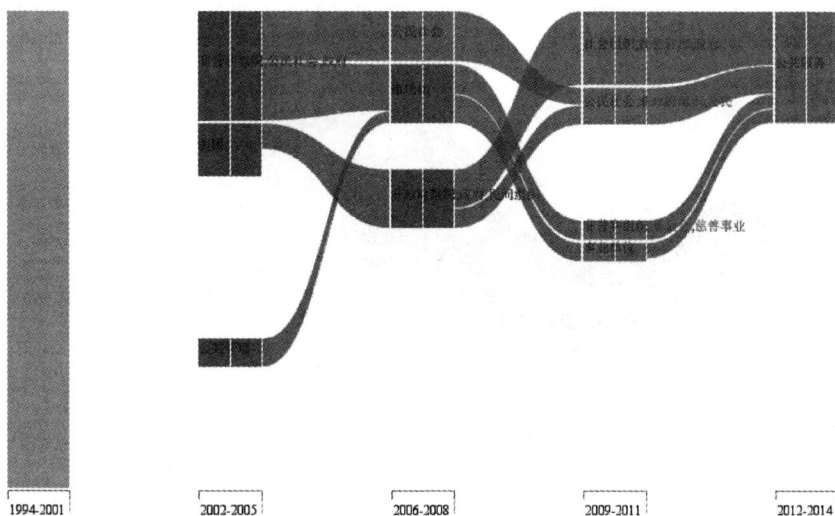

图 5 2002～2014 年中国社会组织研究重要主题演变

虽然"公民社会""社会组织"一直是研究的核心，但在 2006～2008 年和 2009～2011 年这两个时段之交，研究重心发生了微妙变化。早期"非营利组织－公民社会－政府"占据重要位置，并且被放在一起讨论。在从"美国"的经验以及"公共管理"中汲取营养后，2006～2008 年讨论的脉络演变为"公民社会""市场化""非政府组织－政府－民间组织"3 个主题，"公民社会"与"非政府组织－政府－民间组织"探讨的问题其实有极大的相关性，但也有细微差别。前者理论性更强，后者的讨论与中国现实联系更紧密，这一细微的脉络区别在引文关系中得到充分体现，会在下一部分详细探讨。2009～2011 年，"公民社会－非政府组织－公民"的中心性第一次低于"社会组织－社会管理－政府"，这说明在中国，对于"公民社会"这一重要理论问题的讨论，已经被"社会组织－社会管理－政府"这一更加贴近中国现实的话语所超越。2012～2014 年，前面的重要讨论已经全部可以由"公共服务"这一话语所统合，"公民社会""社会组织""社会管理""政府""基金会""慈善事业""事业单位"全都以"公共服务"为主题展开探讨。"公共服务"主题的统合作用,或许与中国政府越来越重视"服务型政府"有关,但作为整个研究领域的"高被引"文献群,这种变化的背后也不应当忽视学术脉络的演进机理,下一章将会主要讨论深层的学术脉络变化。

3. 其他理论探讨与具体关注主题的演变

研究主题另一个显著趋势是,从理论概念逐渐深入到中国社会的具体问题。理论自身的讨论在演进发展,主题随着时间推移也在丰富变化。

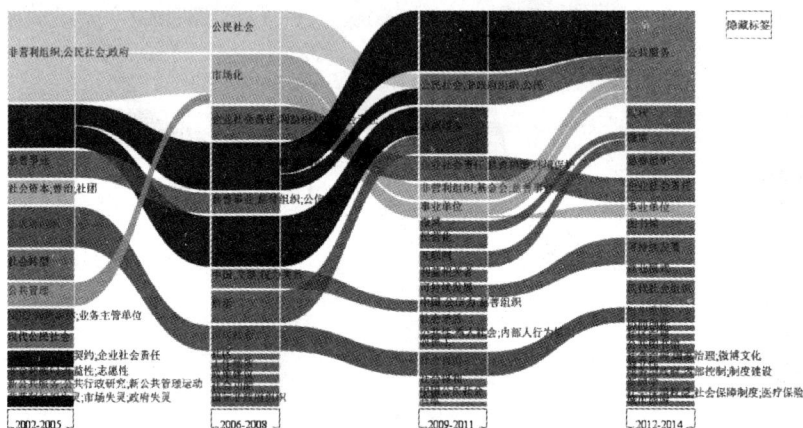

图6　2002～2014年主题演变

2002～2014年每个时段的主题如图6所示,主题数量从13个逐渐增长至20个。某些理论主题在早期吸引了一定的注意力,如,"非营利组织失灵－市场失灵－政府失灵"此后没有再成为主题。一些具体问题则随时代发展被纳入了讨论视野,例如"互联网""微博"近几年引起了社会组织研究者的较多注意。

一些主题得到了相对持续的讨论,在不同的时段也有变化。例如"慈善""志愿者""企业社会责任"等。其中"慈善"在2002年探讨相对宏观的"慈善事业",在2006～2011年,则转化为对"慈善事业－慈善组织－公信力"的讨论,这或许与该时段内一些慈善组织的公信力危机有关。对于"志愿"的讨论则有两条脉络,一支从"美国"谈起,具体探讨"志愿服务";另一支则从"志愿者组织"开始,探讨"市民社会""社会自治""组织发展"。

总体而言,理论探讨从与社会组织缘起紧密相关理论,如"公民社会"

"市场失灵"，逐渐转入与社会组织实际运行有关的内容，如"社会自治""社区治理"等。对现实问题的讨论也从与"政府"的关系逐渐扩展到"企业社会责任""事业单位""社会保障权益"等更加具体、更加贴合中国实际的问题。中国社会组织研究是一个从无到有的过程，也是一个从对西方理论的吸收到逐渐深入本土化的过程。

（三）社会组织研究主题演变的学术脉络

从关键词的变化可以看到研究主题的演进，引文网络的变化则可以看到学术基础的演变。对 2002～2014 年高被引文献的引文进行分析，取历年被引用次数大于 1 的文献合并去重，作为当时段的核心引文。在 14 词主题下检索当时段核心引文在该时段下的共被引关系，得到 4 组引文网络，其中 2002～2005 年的引文网络表征了研究领域开拓之初所基于的学术基础，2006～2008 年处在社会组织研究中国化的中间阶段，2012～2014 年网络反映了当前最新的研究引文结构。

下文选择 2002～2005 年、2006～2008 年、2012～2014 年 3 个时段的引文网络作为分析对象。使用 UCINET 绘制引文网络，采用 CONCOR 即迭代相关收敛法（convergent correlations）对每个网络进行子集模块划分，并根据模块划分标注不同颜色；采用 MDS 多维尺度分析生成节点的位置关系；使用中介中心度（betweenness centrality）标注节点的大小，点越大表示中心度越高。

1. 研究初期：西方理论经验中心度高，中国本土学者积极开拓

2002～2005 年核心引文的共被引关系，得到图 7。

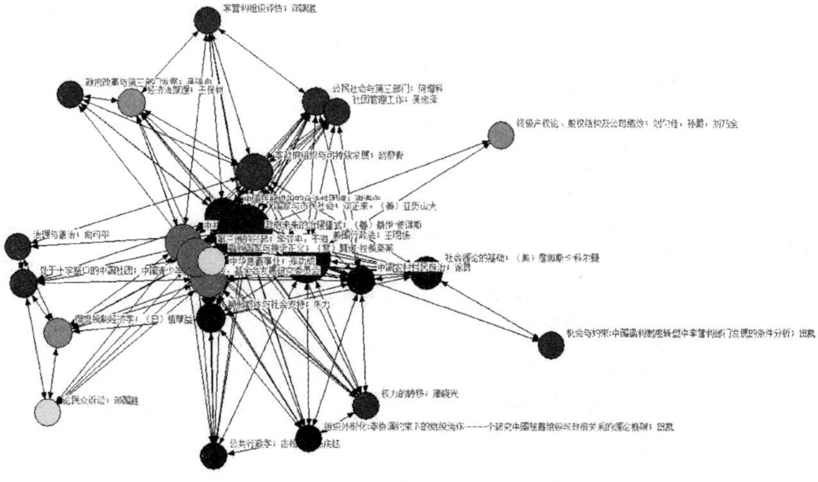

图 7 2002～2005 年核心引文共被引网络

2002～2005 年有两支主要的学术脉络，以及一个核心关切。一支更加直接地以西方理论和经验为基础，另一支则较多地考虑中国本土实际，由本土学者原创，他们都比较关切政府应该如何对待刚刚兴起、亟待解决生存问题的中国第三部门。

前者在上图标为蓝色，主要基于《国家与市民社会》《美国行政法》《政府未来的治理模式》等与美国有紧密关系的文献。后者在上图标为红色，基于《处在十字路口的中国社团》《非营利组织评估》《政府改革与第三部门发展》等与中国实际更加紧密的文献。虽然脉络不同，但公民社会、非营利组织的产生、生存和管理是他们共同关系的主题。此外还有一些支脉，尝试从"经济""行政""组织"或者"社会理论"中汲取营养，再或者直接讨论"慈善事业""福利制度"。

2. 研究中期：中西脉络深化发展，中国社会组织研究中心性增强

2006～2007 年，两条脉络依然保持一定的倾向张力，讨论的问题也更加深入和细化，几篇重要文献（图中较大的节点）连接了这两种倾向，具有较高的中心性，例如《分类控制：当前中国大陆国家与社会关系研究》《中国公民社会：概念、分类与制度环境》等。

图 8 中依然用蓝色标注了与西方理论更加密切的文献节点，例如《论美国

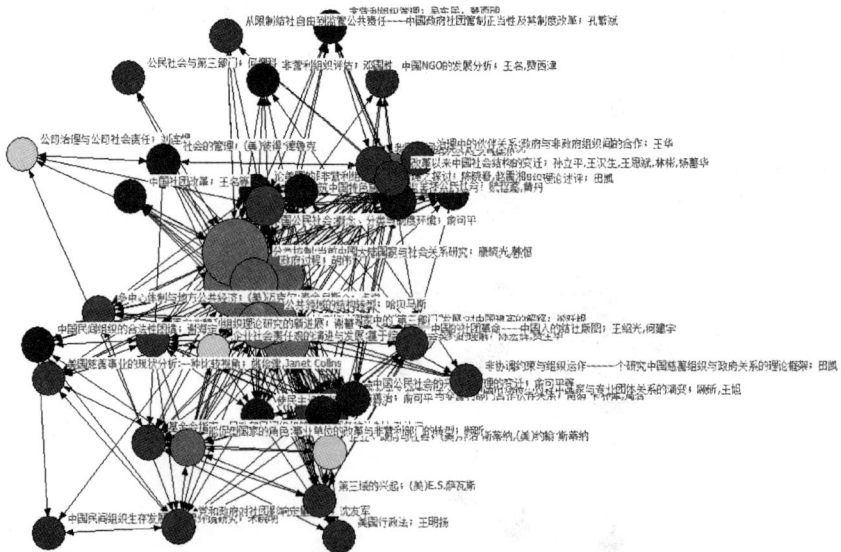

图 8　2006～2007 年核心引文共被引网络

的民主》、《使民主运转起来》及《中国民间组织的合法性困境》等。用红色标注中国本土色彩相对紧密的集群，例如《中国的社团革命》、《中国 NGO 发展分析》及《从限制结社自由到监管公共责任》等。这两条脉络的张力有非常微妙的关系，并没有严格界限，只是当两组文献放到一起时能够判断出文献群的倾向区别。文献的位置也会变化，例如 2002～2005 年《美国行政法》计算划分在蓝色文献群，而这一年度却被算入了红色文献群，这在一定程度上反映了两个集群讨论的基础并没有泾渭分明的界限。

相较于 2002～2005 年，另外一个趋势研究理论的进一步溯源和研究对象的进一步细化，在理论上追溯到"公民社会"的理论基础，例如《公共领域的结构转型》，在研究对象上开始细化到"企业社会责任""事业单位改革与非营利部门转型"等更加具体的问题。

3. 当下研究：理论视角扩展，中国具体问题的研究讨论成型

2012～2014 年，不同学术脉络的张力变得更加明显和深入，两者的理论视角已经发生了深刻变化。图 9 中用红色标注了一支脉络，脉络中中心性较高的是《马克思恩格斯选集》《马克思恩格斯全集》《社会契约论》，同时包括《民族－国家与暴力》及《权力与相互依赖》等著作。另一支脉络依然以公民社会为核心，中心性最高的文献为《使民主运转起来》《治理与善治》《公民社会与第三部门》。两者讨论的问题有交集，但差异比此前更加明显，例如红色集群

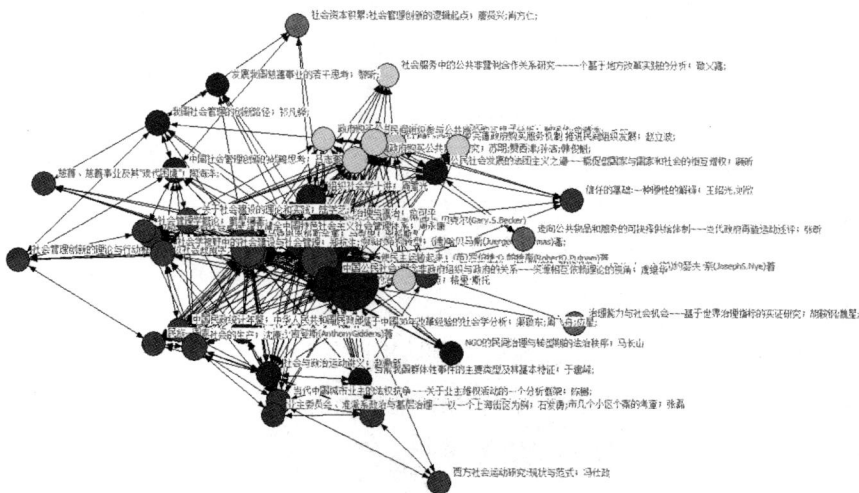

图 9　2012～2014 年核心引文共被引网络

探讨"慈善事业的'现代困境'""社会管理创新""社会主义管理体系"。蓝色集群则会讨论"社会与政治运动""群体性事件""公民社会发展"等。

另一个明显的趋势是，对具体问题的讨论在文献集群上更加成型，形成了持续的讨论，这在一定程度上表现了学科研究的成熟。例如"政府购买公共服务""城市业主维权"等。

从上文来看，中国社会组织研究的学理基础一直在发展变化。最早主要基于西方公民社会理论与美国经验，同时结合中国实际产出及中国公民社会相关的研究成果。此后，西方研究与中国本土产出的张力持续存在，讨论的主题则从政府与社会组织的关系逐渐扩展到更多具体领域。发展到现在，西方公民社会理论原著与本土的学术产出共同构成了中国社会组织研究的核心基础，理论视野开始扩展到马克思主义等其他范畴，对具体实践问题的讨论也开始形成更聚集成型的文献群。

四　结论

综上所述，本文基于 CNKI 文献数据，采用科学计量的方法，对 20 年来中国社会组织研究的增长趋势、主题演化及学术脉络展开了综合分析。

研究发现，20 世纪 90 年代是中国社会组织研究的积累产生阶段，对西方理论进行翻译介绍，对中国传统社会和当代社会的社会组织进行描述讨论。这些分析不仅相互间主题差异较大，而且各自引用的文献也很少交叠。这一阶段文献的话语体系与后世研究有较大差异。

21 世纪最初的几年，中国学者借助西方理论以及 20 世纪 90 年代的积累，进入重要的本土加工阶段，集中产出了一批有重要影响力的学术成果，这些成果与其他经典著作共同构成了后来学者讨论的核心。西方理论与中国本土实践研究构成中国社会组织研究的理论张力，中国政府与社会组织之间的关系则成为早期讨论的重要议题。公民社会和社会组织作为中心度最高的讨论主题在 2005~2011 年间产生了微妙的变化，理论性更强的公民社会讨论出现了下降趋势。2012 年之后，这两条核心脉络汇聚在了"公共服务"主题之下。在这一历程中，其他具体问题的讨论也发生着演变，并且呈现出越来越多样的趋势。

随着理论探讨和具体问题的讨论的演进发展：公民社会、民主政治之外，马克思主义等其他理论逐渐进入大多数人的视野，一些中层理论和更加微观的理论也被纳入讨论之中；更多的具体问题不再是一些学术作品的单独产出，而是逐渐产生更加紧密、稳定的联系，这些讨论有可能成为中国社会组织研究新的生长点。

本文存在着很多值得提升之处：第一，最近一年的数据没法全部获得，同时很多专著无法在 CNKI 的"文献"范围内检索到，这使得样本存在误差。第二，h 指数、被引频次这些评价指标本身存在缺陷，在时间上有滞后性，但本文讨论的主要对象又在最近几年，这使得基于引文指标的讨论和抽样值得商榷。第三，由于 CNKI 本身引文数据不完全开放，本文又对引文进行了抽样，这使得引文分析网络的结论可能存在偏差。

此外，本文仅仅选取了 CNKI 的文献范围，而很多中国研究者在国际期刊上发表外文文献，也有很多海外学者在讨论中国社会组织的问题，这些未能完全被 CNKI 数据库收录，所以本文讨论的"中国社会组织研究"其实是一个非常狭义的范围，研究者们可以进一步、更加全面地揭示中国社会组织研究的完整途径。

参考文献

陈洪涛（2008）：《为什么要用"社会组织"》，《中国非营利评论》，（01），第 248 ~ 251 页。

丁元竹（2003）：《我国志愿服务的发展现状与问题》，《城市》，（84），第 104 页。

邓国胜、韩俊魁（2010）：《汶川大地震对中国公益慈善事业的启示》，《博览群书》，（1）：第 14 ~ 18 页。

何增科等（2000）：《公民社会与第三部门》，北京：社会科学文献出版社。

韩俊魁等（2008）：《汶川地震中公益行动的实证分析——以 NGO 为主线》，《中国非营利评论》，（2），第 1 ~ 24 页。

韩俊魁（2011）：《境外在华 NGO：与开放的中国同行》，北京：社会科学文献出版社。

贾西津（2007）：《中国公民参与的非政府组织途径分析》，《中国社会科学（英文版）》，28（2），第 137 ~ 146 页。

康晓光（1997）：《创造希望——中国青少年发展基金会研究》，漓江出版社、广西师范大学出版社。

——（2001）：《NGO 扶贫行为研究》，北京：中国经济出版社。

刘培峰（2007）：《结社自由及其限制》，北京：社会科学文献出版社。

刘太刚（2009）：《非营利组织及其近义名词：语词变幻的背后》，《江苏行政学院学报》，（03），第 80～84 页。

刘骁军（2012）：《中国 ngo 研究图书出版概览》，《中国社会组织》，（03），第 57～58 页。

孟彬等（2006）：《论知识的生命周期》，《图书情报知识》，（03），第 92～95 页。

邱均平、秦鹏飞（2010）：《基于作者共被引分析方法的知识图谱实证研究——以国内制浆造纸领域为例》，《情报理论与实践》，第 53～56 页。

孙炳耀等（1993）：《社会中间层——改革与中国的社团组织》，北京：中国发展出版社。

萨拉蒙，莱斯特等（2000）：《公民社会部门》，北京：社会科学文献出版社。

陶传进（2007）：《草根志愿组织与村民自治困境的破解：从村庄社会的双层结构中看问题》，《社会学研究》，（5），第 133～147 页。

王颖、折晓叶（1993）：《社会中间层：改革与中国的社团组织》，北京：中国发展出版社。

王名、贾西津（2002）：《中国 NGO 的发展分析》，《管理世界》，（08）。

王曰芬等（2006）：《共现分析在知识服务中的应用研究》，《现代图书情报技术》，第 29～34 页。

王名、刘求实（2007）：《中国非政府组织发展的制度分析》，《中国非营利评论》，（1），第 126～131 页。

王名等（2009）：《汶川地震公民行动报告：紧急救援中的 NGO》，北京：社会科学文献出版社。

王名（2009）：《走向公民社会——我国社会组织发展的历史及趋势》，《吉林大学社会科学学报》，49（3），第 5～12 页。

——（2013）：《社会组织论纲》，北京：社会科学文献出版社。

王晓光、程齐凯（2013）：《基于 NEWiewer 的学科主题演化可视化分析》，《情报学报》，32（9），第 900～911 页。

《学术月刊》编辑部、《文汇读书周报》编辑部（2006）：《"2005 年度中国十大学术热点"评选揭晓》，《学术月刊》，（3）。

杨团（2000）：《中国的社区化社会保障与非营利组织》，《管理世界》，第 111～120 页。

姚俭建 & Collins, J.（2003）：《美国慈善事业的现状分析：一种比较视角》，《上海交通大学学报（哲学社会科学版）》，（01）。

俞可平（2006）：《中国公民社会：概念、分类与制度环境》，《中国社会科学》，（01）。

张允侯（1979）：《五四时期的社团》（第二版），《生活·读书·新知三联书店》。

Borgatti，S. P. et al.（2002），*UCINET 6 for Windows：Software for Social Network Analysis*（Version 6.102），Harvard：Analytic Technologies.

Chamberlain, H. B. (1993), "On the Search for Civil Society in China", *Modern China*, pp. 199～215.

Huang, P. C. C. (1993), "Public Sphere" / "Civil Society" in China?: The Third Realm between State and Society, *Modern China*, pp. 216～240.

Migdal, J. S., et al. (1994), *State Power and Social Forces: Domination and Transformation in the Third World*, Cambridge: Cambridge University Press.

White, G., et al. (1996), *In Search of Civil Society: Market Reform and Social Change in Contemporary China*, OUP Catalogue.

NP

Study of Chinese Social Organizations: Quantitative Analysis of Chinese Literature from 1994 to 2014

Liu Yuanhao, Chen Min

[**Abstract**] This article approaches the literature devoted to research on Chinese social organizations from 1994 to 2014, from the three angles of growth trend, theme evolution and academic development. The research finding shows in those two decades, study on Chinese social organizations has gone through four stages. From scattered study to study assuming a certain scale, from learning from the west to gradual localization of research, and from discussion about civil society to elaboration on public service, the research on Chinese social organizations gradually matures in terms of both theoretical horizon and practice exploration.

[**Keywords**] study of social organizations; growth trend; theme evolution; academic development

（责任编辑：何建宇）

中国社会组织研究：对 1994~2014 年中文文献的定量分析

255

移动互联网时代公益变革的若干思考

——技术赋权及其他

王喜雪[*]

【摘要】 中国互联网发展迅速，对中国公益领域影响深远。本文选取新浪微公益作为研究个案，探索互联网发展对中国公益领域产生的影响及其引发的深层变革，并依据技术自主论解释互联网何以会促进公益变革。新浪微公益借助互联网搭建公益平台，促使中国公益由行政公益转向全民公益，由定向募捐转向大众募捐，由监督缺失转向大众监督。互联网所具有的时域性、分权性及互动性导致中国公益领域社会权力增强，由此引发公益秩序重建，公民、政府、公益组织之间的关系重构。技术自主论认为，人类在使用技术的时候必然要创建运行环境，由此，互联网在公益领域的广泛应用必然会促进中国公益改变，且将进一步引领更深刻的公益变革。

【关键词】 互联网　技术赋权　公益变革

一　引言

自 1993 年中国首次联入互联网之后，中国互联网的发展速度让人喟叹。信息技术进入中国的各个角落，即便是在乡村，手机上网已经成为普遍现象。互

---

* 王喜雪，清华大学公共管理学院非政府管理（NGO）研究所博士后。

联网的发展给中国造成了巨大的社会及政治影响。关于互联网在中国产生的影响，目前主要有两种观点：一种观点认为，中国政府是互联网的设计者和控制者，它会运用正式或非正式的手段来控制互联网所带来的政治影响，其他非政府行动者难以实施政治影响力，有研究表明，"中国拥有世界上最为成熟的互联网过滤机制"，① 因此，互联网对国家进行了赋权；另一种观点认为，互联网能够减少中国政府在很多领域的影响，并且为中国带来自由和民主，因此，互联网对社会进行了赋权（Taubman，1998；Hachigian，2001）。两种不同观点均有相关研究进行支撑，而导致两者分歧的因素在于：在不同的领域，互联网对于国家和社会的赋权是不同的，或是对国家赋权，或是对社会赋权，或是两者兼有（郑永年，2013）。

互联网在公益领域内的影响引人注目，尤其是微公益的发展及其获得的成功成为当代新公益的代表。微公益是进入 21 世纪以来萌生和发展的一种新型公益模式，"是一种借助网络兴起的公益模式，是通过网络平台发起、组织、传播和执行的公益"（曹守婷，2012），从"多背一公斤"到"随手拍解救乞讨儿童"再到"免费午餐"，这些公益项目均取得了很大成功。与此同时，中国传统公益却遭受了前所未有的危机，郭美美事件、卢美美事件相继登场，中国传统公益面临巨大挑战。无论是新公益的成功还是传统公益遭遇的危机，均是发端并借力于互联网。那么，互联网为中国公益领域带来了哪些影响？互联网在公益领域进行了哪些赋权？

本文以新浪微公益为基础，考察互联网引起的中国公益变革，主要探讨三个问题：第一，互联网对中国公益事业产生了什么影响；第二，互联网引起了哪些深层公益变革；第三，互联网为什么会促进公益变革。

二　案例展示：新浪微公益

新浪微公益平台基于新浪微博成立，于 2012 年 2 月上线，弥补了以往"微博救助无序化、碎片化的弱点，为公益组织提供完美线上合作平台。微公益平

---

① Bambauer, D. E., et al. (2005), "Internet Filtering in China in 2004 – 2005: A Country Study," No. 2005 – 10 Berkman Center for Internet & Society at Harvard Law School Research Publication, SSRN: http://ssrn.com/abstract = 706681 or doi: 10.2139/ssrn.706681.

台把传统公益活动的各个参与方集结到一起，使发起者、受益者和第三方机构实现了前所未有的整合"。① 微公益平台自上线以来，相继推出个人救助、转发捐助、微拍卖、品牌公益捐助等产品，最大化地动员了社会公益力量，为公益提供完美线上合作平台。微公益平台是互联网与公益的结合，它基于公益组织，面向大众个人，用互联网思维和方法传播和发展公益。

（一）以"人"为中心的产品设计

1. 公众自愿参与的产品设计

中国传统募捐以定向募捐为主，定向募捐是指向特定群体进行募捐，例如大型企业。"中国传统公益组织在传播方式上更偏向于传统媒体，其募款方式主要针对目标企业进行筹款，很少有组织（尤其是大的公募基金会）进行公众筹款，公募机构根本不公募，他们只针对大企业进行募捐，因为他们认为公众募款成本太高"。②

与传统募捐方式相比较，"微公益的传播是以新的视卫化媒体和自媒体为主，我们的筹款渠道不是以企业为主，是以个人为主的"。微公益平台"将个案救助变成了一种组织化、规模化的救助行为"，这种救助行为基于公益组织开展，面向以个人为单位的大众群体，并具备自身的救助流程和行为规范。以其个人救助产品为例，"我们将经过认证的救助项目放到网上，然后由网民自己决定是否参与，如果参与是如何参与的，捐款也行，转发也行，或兼而有之，捐款数量由网民自己决定"，整个流程均体现了自愿性，这样，"把原来所谓的逼着你捐，变成了你自主决定是否愿意捐"，个人自主性得到充分体现。

2. 注重用户个体体验的产品设计

新浪微公益采用互联网思维、围绕个人体验进行产品流程设计。新浪微公益注重塑造个人的成就感，从其项目发布到项目结束，再到规则制定，均围绕个人捐款体验进行设计和操作。

首先，实行无门槛捐赠，且捐赠内容不限。"我们对传统公益的理解就是有钱人才能做公益，没钱人做不了公益，或者说没钱人做的公益不算公益。我们在做捐款用户调研时候发现很多人都有这种心态，所以有人就干脆不捐了，反

---

① 来源于新浪微公益主页。
② 访谈资料来源于 2014 年初对新浪微博社会责任总监贝小超先生的访谈，以下若无说明，均来源于此。

正捐了也没有人关注我啊。"针对这种情况，新浪微公益实行无门槛捐款，捐一块钱也行，捐一百块也行，这种无门槛捐款改变了人们认为只有有钱人才能做公益的传统思维，吸引更多人参与到公益之中。

此外，新浪微公益建立了爱心团核实体系，新浪微公益在平台上招募具备专业技能且愿意参与的爱心志愿者，其任务就是核实新浪微公益上申请项目的真实性。爱心团成员捐献的不是金钱，而是时间和专业技能。"公益不一定是捐钱，你帮别人去核实一件事情也是公益，我们爱心团的活跃用户大概有两千多人"。

其次，为捐款人开具发票。"以前没有人意识到捐款可以拿到发票，就这么简单的东西啊，很多人都没有这个意识"。在微公益平台上，捐款人可以选择索要发票，因为微公益平台有基金会做支撑，可以为每个需要发票的人寄送发票。寄送发票的做法获得了很好的用户反馈：

> 我们在回访用户的时候，用户说第一次收到发票，他一下子对微公益就有很好的信任度。因为他用的是网络捐赠的方式，但是他线下收到了发票，那个体验对他特别好。

微公益将线上捐款与线下服务结合起来，提升了微公益网络捐款的可信任度，提高了捐赠人的复捐比例，也吸引更多人加入网络公益。

最后，即时发布捐款使用信息。"站在捐赠者的角度考虑，如果你捐款你想得到什么？我们调查的时候，很多人就说，我就想知道我的钱是怎么用了，还有人说，我捐款是为了帮助别人，我想体会那个帮助别人的成就感"。

针对这种需求，新浪微公益上每一个项目都会发布即时捐款使用信息。"新浪微公益平台上发布的每个项目都有项目进展时间条，每个时间条都有记录，记录此项目在某天发生的事情，例如，1月6日，××基金会给××意愿打了多少钱，并附上收据。这些信息会自动推送给每一个捐赠人。直到项目结束，网上会自动生成一个可供下载的 PDF 版项目报告，报告中包括项目什么时候发起的，内容是什么，什么时候筹资完成，什么时候开始花钱，每个阶段的支出情况等详细情况。报告链接会给到每一个捐款人，同时在网页上公开。每一个项目都有一个序列号，进入后台数据库档案。"这种方式既满足了捐款人关注资金去向的要求，也增加了项目实施的透明度，提升公众对微公益项目的信任度。

3. 为捐款人提供简单方便的支付方式

网络捐款涉及款项支付问题，微公益依据购买商品体验构建捐款支付方式。"我们把公益体验做成和商品体验一样，不违背你的习惯，你看到一个项目就可以给它捐钱。我们现在就是用支付宝、网银、手机进行捐款，这种支付方式就和在淘宝上买东西的体验是一样的"。这种支付方式方便快捷，也符合捐款人的网络行为预期，就像你会在淘宝上进行再次购物一样，此公益体验会让捐款人进行复捐。

（二）注重公益信任的产品设计

新浪微公益平台是一个大众平台，为了保证平台上项目的真实性，新浪微公益实行了五重风险防控机制，对项目前期认证和项目实施过程进行监督。

第一层措施，项目发布人必须是加 V 用户，因为他们在身份认证体系中，并由国信通进行背书；第二层措施，项目真实性需要被他人证明，主要由爱心团成员进行核实，系统会根据项目的地域和属性，自动分配给五位爱心团成员，他们之间互不相识，最后采用投票机制，项目必须获得三票以上，才算通过了他人证明阶段；第三层措施，将项目推送给公募机构，公募机构对于项目有自己的一套核实体系，通过公募机构认证的项目又增加了一层可信度；第四层措施是建立在项目实施之中的，当通过了公募机构的认证之后，项目就可以接受捐款，项目的捐款和使用情况会记录在时间条，并最终形成项目终结报告；第五层措施是最关键的，"捐款账号是公募账号，而非个人账号，最后花钱的时候总归要面对面交流，如果发现做假，所有的捐赠款项会原路返回"。

五重风险防控机制从项目开始到项目结束，通过自证、他证、公募机构证明、实施过程监督等阶段，最大限度地保证了新浪微公益项目的真实性。

（三）多样化的产品设计

新浪微公益相继推出个人救助、微拍卖、转发捐助等产品，其中，个人救助产品是新浪微公益存在的根本，微拍卖、转发捐助等产品则属于业务拓展。

微拍卖产品是针对名人设计的产品，将名人的名气和影响力跟公益绑在一起，"我们和明星合作，将拍卖挪到微博上，但最终的拍卖款项必须和公益项目结合，拍卖款是用来做公益的"。微拍卖的对象既可以是实物，也可以是明星的微博，新浪微公益为明星们提供了劝募平台，既满足了明星个人的公益诉求，又借助名人增加了新浪微公益的人气度。

转发捐助是针对企业开发的产品，为企业做公益提供平台。"企业以前捐钱比较传统，跑去跟基金会合作，和秘书长见个面，拍个照，然后让公关公司发个新闻稿，就完了"。在新浪微公益平台上则完全不同，有两种公益方式：一是与新浪微公益上的项目进行对接，进行公益捐款；二是在新浪微公益平台上通过转发捐助跟微博用户产生联动，依据用户转发微博次数进行捐款，"我们现在转发捐助最高的是和一家企业合作，转发一千万，企业要捐一千万做公益"。转发捐助对于用户来说是很好的体验，自己的转发就可以带来捐赠（可以捐钱也可以捐物）；对于企业来讲，转发次数越多，就意味着越多的人看到你的企业，就会吸引更多的人群关注自己的企业，而原来在媒体上发表的"豆腐块"却不一定会有这么多的人看到。转发捐助满足了企业做公益的诉求，同时又为企业带来了宣传效应，"企业觉得这是双赢，他们受益最大，所以，企业的动力很高，我们光转发捐助这块已经做了好几千万了"。

新浪微公益基于网络搭建了一个公益平台，以互联网技术为核心的产品构建是其不断进行公益创新的结果，在这里，公益已经超越了传统公益的概念范畴，捐赠者、受益者、公益组织等概念不断得到新的诠释，公益规范不断精细化，公益理念越来越现代化且传播范围越来越广泛。

三 互联网对公益事业的影响：基于 新浪微公益的审视

新浪微公益反映如下事实，互联网借助信息技术力量带给中国公益事业以变革力量，其重要变革在于公民参与度扩大，募捐方式发生变化以及公益监督力量增强。

（一）由行政公益转向全民公益

传统公益主要面向企事业单位，公益模式呈现为自上而下的行政命令式，此模式参与者基数较大，但参与者多数属于被动型参与，个人自主性较小，无法选择参与形式与参与内容，且行政公益往往呈现阶段性和任务式。与传统媒介比较，互联网提供一种参与式互动传播媒介，公众直接参与传播过程，公众既是传播受众，也是传播过程的一环。在新浪微公益平台，注册用户可以拥有多种公益角色：关注者、发起人、劝募人、捐款人、志愿者、转发者等，公众自主性得到充分体现。互联网技术赋予公众自主选择权，并为其提供公益参与平台，使其按照个人意愿及能力选择参与形式和参与内容。依靠互联网技术，新浪微公益平台将关于公益的公众聚集起来，至今已有 3625499① 人通过新浪微公益平台进行捐款、转发及关注公益项目，且人数呈递增趋势发展。互联网的介入使得公益事业从传统的企业型公益、事业型公益向平民公益转变，做公益不再高不可攀，而成为大家都可以参与的全民公益。②

（二）由定向募捐转向大众募捐

中国传统公益募捐形式以行政劝募和企业劝募为主。行政劝募是计划经济和单位制度等特定条件之下的产物，属政府主导公众捐款，具备一定强制性。随着中国市场经济发展、个体意志觉醒，行政劝募屡遭诟病，主要在于其与现代公益强调的个人及组织自愿原则相悖。企业募捐强调企业社会责任，具备成本较低、捐款数量可观等特点，且由于其操作方便，往往成为公益组织的首选募捐方式，企业募捐主要集中于国有或大型企业。综合上述两种传统募捐方式，其主要具备三大特性：劝募对象定向性，劝募形式单一性，捐赠内容单一性。

新浪微公益的劝募形式打破传统劝募的三大特性。首先，劝募对象由特定群体转向大众群体；其次，劝募形式由行政命令式转向以公益项目本身和传播方式吸引公众；再次，捐赠内容由单一物质捐赠转向物质、时间和专业技能等复合捐赠。网络募捐模式与传统募捐模式比较主要具备如下特征（详见表1）。

表1　网络募捐模式与传统募捐比较

	传统募捐	网络公众募捐
捐赠人	特定人群：富人、政府工作人员等	大众
捐赠内容	金钱	时间、技能、金钱
捐赠方式	通过公益组织捐赠	直接捐赠或通过组织捐赠
捐赠原因	上级要求、爱心	个性化项目、直接反馈、爱心
捐赠结果	客观目标、不可见	高度集中的工具和资源、可见

互联网为开展公益活动提供新型传播和沟通媒介，其自身更成为重要筹款

---

① 此为新浪微公益平台9月18日公布数据。
② 文星：《基于微博平台的微公益传播研究》，http：//media. people. com. cn/GB/22114/150608/150615/17213460. html。

工具，网络筹款新模式的核心理念在于以顾客为中心的定位（Wenham et al.，2003）。以顾客为中心的网络募捐强调个人自主、形式多样和范围广泛，顾客中心的募捐理念意味着我国正由传统定向募捐走向大众募捐。

（三）由监督缺失转向大众监督

中国传统公益存在社会监督缺失的现象，由于缺乏获取信息的渠道，公众无法对公益组织进行有效监督。互联网作为信息传播新媒介为社会监督公益提供了可能，新浪微公益搭建传播、沟通及交流平台，充分发挥互联网特性来设计公益监督程序，该程序的推广及应用促使公益监督走向规范化和组织化。凡选择新浪微公益平台的公益项目，必须严格遵循其五重风险防控机制，并将项目推进情况如实向公众进行信息公开，以接受公众监督。互联网为公益监督提供了技术性手段，使得社会监督成为可能。互联网与公益项目的结合，使得信息公开不仅成为可能，而且成为必须，互联网正在逐渐塑造公益组织的公益素质和公益理念。

四　改变何以发生：技术赋权导致公益变革

新浪微公益的实践证明，互联网介入引发公益模式转变，而现象转变反映公益系统内部的深层变革：权力流向发生改变，公益秩序开始重建，各方关系得以重构。

（一）技术赋权导致权力发生转移

互联网深度介入公众生活，公民权利得以增强。首先，互联网是一个自由平台，公众依据个性化需求自主选择，反映在公益领域体现为公众自主选择公益项目、是否参与及参与形式，公民自主权获得了前所未有的强化。其次，互联网以不断发展的信息技术为基础，从技术层面来看，国家很难干预和控制互联网信息的自由流动，公众从网络上获得即时信息，公民对于公共事件的知情权得到增强。再次，互联网作为在线公共领域，为具备相同信仰及价值观的人们提供了沟通及交流平台，网络平台将分散于各地的个体聚集，形成虚拟公益团体，虚拟化团体是松散的，但却享有共同的公益关怀，通过这些网络虚拟化团体，个体参与从基层扩大到国家层次，公众参与权扩大。最后，公民知情权及参与权加强之后，随之而来的是公民对于公益事业监督权的行使。相对于现实而言，网络是自由的，公众可以在此自由地就某件事情发表意见，当公众意见汇聚成流，则成为公益领域的有效监督力量。

公民权利得以增强，由此社会权力得以增加，并以此制约了行政权力。一直以来，中国公益系统被行政权力控制，各种公共权力被纳入其控制范围之内，形成一种高度集中的权力结构。从横向看，并没有其他权力对其进行制约；从纵向看，下级或地方权力唯上服从。在这样的权力结构中，公益系统被行政系统控制，形成一种具有垄断性与封闭性的体系，权力只在其内部流动，同时，行政系统通过分配经济资源及组织资源等方式实现对公益系统的控制。在公益系统内部，权力边界并不明晰，行政权力随自己的意愿任意扩张边界，社会权力在其中处于被动接受地位。互联网在中国的普及及应用打开了封闭性权力系统的缺口，为公众提供制度性以外的参与公共事务的渠道，并提供社会连接的公共平台，"底层话语的解放和社会各方面能动性的连接给我们带来了无限的可能"（师曾志，2014），社会权力增强并倒逼行政系统做出改变和妥协，集中于政府的权力开始向社会转移。

（二）技术赋权导致公益秩序发生改变

权力分化是秩序改变的前提，社会权力增强打破传统公益秩序的一致性，此一致性以政府利益为最终标准，个人、组织和政府的权力（权利）边界并不明晰，公益秩序呈现上下包含关系结构。互联网介入之后，在公众和公益组织之间产生了冲突，这种冲突表现为网络公众对公益组织的广泛质疑和不信任，其实质是公众利益与特定群体利益间的冲突，是社会权力与行政权力之间的冲突。解决冲突的过程是双方不断进行对话、沟通和妥协的过程，在此过程中，权力进一步分化，公民权利得以增强，并逐渐改变中国公益传统秩序建构的人性基础。

中国传统公益秩序是以"工具人"为基础建构的，"工具人"理论认为人就如同生产活动中的机械，是作为工具存在的。在公益领域内，政府与公众构成了管理与被管理的关系，前者是主动的、居于支配地位的，后者是被动的、按照前者的意愿行动的。长期处于传统公益规则中的公众也逐渐适应了"工具人"的角色，一方面是惯性使然，一方面是由于信息来源单一，跟随政府指挥和命令行动成为主流意识。

互联网普及之后，尤其是自媒体时代之后，信息传播渠道、范围及速度迅速增加，使得公众不仅从意识上，而且从行为上产生了由"工具人"向"社会人"的转变。在很大程度上，互联网颠覆了一种既有平衡，公众由被动接受转向主动参与，公众在公益事业中的角色不再是实现国家意志的工具性角色，而转变成为实现个体意义和组织目标的社会性角色。公众角色转变影响行为方式，行为方式改变促进公益秩序的改变。面对互联网，政府无法在公益领域实施完全掌控，公益秩序的一致性被打破，并朝着多元化方向发展。个人、公益组织、政府三方的关系随着公益秩序的转变进行了重构。

（三）技术赋权导致各主体间的关系发生改变

互联网为公益活动提供了一种前所未有的机会，技术介入增强了支持者、志愿者、客户和服务社区之间的联系，网络公益的出现使得非营利组织意识到电子技术已经成为公益活动开展的关键，技术的介入促进了公益活动中的各类关系（Hart，2002）。这种关系的改变在中国尤其明显，公益领域不仅仅在微观层面产生了变化，即非营利组织的自我发展及管理发生了变化；更重要的是，从宏观层面来讲，技术介入正在逐渐改变公众与政府、公众与非营利组织以及政府与非营利组织之间的关系。

1. 公众与政府之间：由控制转向互动

如前所述，互联网打破了政府对信息的垄断，强化了公众对公共事务的知情权、参与权和监督权，互联网成为公众自我表达的重要平台。在网络公共领域之中，政府机构处于公众讨论之中，随时面临来自网络的质疑和不满。面对网络舆论的巨大压力，代表政府利益的官方公益组织为维护自身形象和利益不得不做出行动反应，以应对由网络社会蔓延到现实社会中的广泛质疑。

可以说，技术赋权使得公众从被管理者逐渐转变为监督者，政府从管理者逐渐向服务者迈进，两者之间自上而下的控制模式有所改变，自下而上的监督正在形成。互联网对公众的技术赋权（利）约束了行政权力的无限度扩张，借助于互联网，政府与公众之间由单向控制逐步转向双向互动。

2. 公民与公益组织之间：由疏远转向理解

在互联网普及之前，公众与公益组织之间的联系并不紧密，公益在少数范围内进行传播，公众对于公益组织的了解很少，对于公益理念尚未形成普遍认知。互联网普及之后，借助于社交化媒体发起的微公益进入公众视野，其中尤以免费午餐、随手拍解救被拐儿童等民间公益活动为代表，微公益由于其平民化和大众化获得公众的关注和支持。微公益是公益平民化的开始,微公益的传播过程也是公益理念传播的过程,以"平等、互助、友爱、共享"为核心的现代公益理念逐渐被大众所了解;同时,微公益传播过程也成为公众和公益组织相互交流、彼此理解的过程。

对于公益组织,公众的态度或质疑或支持,截然相反的态度反映了对公益相同的行为方式:关注。关注呈现为互相关注:一方面,公益组织正在逐渐走进公众视野,成为公众观察、思考和参与的行为领域;另一方面,公益行动走向理性和成熟,公众需求成为公益组织的重点关注点。互联网为公众和公益组织之间的信息交流和沟通对话提供了技术支持,双方关系正跨越疏远走向关注和理解。

3. 政府与公益组织之间:由控制转向合作

一直以来,政府与非营利组织之间主要呈现管控与被管控的关系,中国对非营利组织实施双重管理模式,政府与非营利组织之间的关系呈现依附性特征。随着中国社会经济的发展,尤其在进入 21 世纪以来,中国政府与非营利组织之间的关系呈现为"分类控制体系",即"政府为了自身利益,根据社会组织的挑战能力和提供的公共物品,对不同的社会组织采取不同的控制策略"(康晓光、韩恒,2005);之后,中国学者又用"行政吸纳社会"描述中国政府和社会关系,"吸纳"意味着政府透过自己的一系列努力使得市民社会反抗国家之类的社会结构无法出现;而"行政吸纳社会"的主要方式是"控制"和"功能替代"(康晓光等,2008)。无论是"分类控制体系"还是"行政吸纳社会",均是政府在新背景之下为控制社会所采用的新的控制模式,比之传统的依附性关系具有进步性,但其核心思想始终是"控制"。

面对这样的政府管理模式,公益组织必然会寻求自己的生存之道,既要获得政府的资源和支持,又要保持自己的自主性。以信息技术为核心的互联网为公益组织提供了机会,互联网对现实社会的影响深远,以至于个人行为方式、组织形式和管理方式均发生改变,基于这种改变,网络重建了政府与非营利组织的关系,在私人物品供给视角下,政府与非营利组织是一种相互独立的关系;在公共物品供给视角下,政府与非营利组织保持一种合作伙伴关系;在政府资助的公共服务供给视角下,政府与非营利组织发展成为一种合作中的监督关系(徐雪梅,2009)。政社合作的基础是公众利益,由于互联网对公众赋权,公众利益成为国家和社会行动的首要目标，正是在满足公众需求的道路之上，政府与公益组织之间的关系由"控制"转向"合作"。

五 技术自主论：技术赋权导致公益变革的理论解释

由上述分析可见，在中国公益领域，互联网更多是对社会进行赋权，使得中国公益更加自由和民主。互联网在促进现代公益发展方面发挥了越来越重要的作用，互联网加速了中国公益全球化进程，并通过对公民进行赋权促进了公益变革的产生，这是自下而上的变革。互联网带给公益领域的冲击是巨大的，面对这样的冲击，政府为维护自身利益，必然会进行必要的反应，目前，中国拥有成熟的网络监管机制，但是成熟的网络监管机制并不意味着中国政府总能够实施对社会的有效控制。为什么互联网会引起中国公益变革？政府是否可以控制互联网进而控制社会？通过上述对公益变革的考察，笔者认为：互联网是中国公益变革的促进力量，且公益变革将会进一步深化。

上述结论基于下述理论基础：技术具有自主性。互联网的核心是信息技术，信息技术的不断发展引发了现实生活的改变。关于技术对现实生活的影响不容置疑，正因如此，围绕技术的讨论一直以来都是学者们的关注焦点，从技术的性质、技术活动的结构到技术的伦理分析均在学者的思考范围之内，在此，我们聚焦于技术与社会的关系。

关于技术与社会的关系，主要有两种观点：一种是技术工具论，属于传统观点，该观点认为社会可以自由支配和调用一整套技术手段，以实现我们自觉选择的社会目标，社会对技术的控制是单向的和确定的，换言之，技术是作为实现目的的手段而存在的，技术是可以被人类社会所控制的工具。另一种是技术自主论，随着社会发展和技术进步，人类对于技术和社会的关系有了新的认识，由此提出了技术自主论。该观点认为：技术具有自己明确的、强制性的运行要求，这些要求是必须满足的，人类在使用技术的时候必须要创建技术运行所需的环境。技术的运行并非是灵活可塑的，相反它具有一种难以克服的顽固性和惯性，与其说技术是响应了政治和社会发出的命令，不如说是技术提出要求，而社会必须加以满足，否则就面临不幸的后果（温纳，2014）。正如阿伦特所说，"如果说人的境况在于人本质上是一种受条件制约的存在，无论是自然物还是人造物，都会立即成为人未来存在的条件，那么人一旦设计出机器，就立刻使自己适应了这种机器环境"（吴国盛，2008）。

技术自主论内含了技术律令。技术律令认为：技术是这样的结构，它们运作的条件要求对其环境进行重建。技术律令包含了一种逻辑，该逻辑对变革在现代社会中的发生方式做出了解释：假设你的目标是 X，你已经选择了实现 X 的适当工具 Y，那么你必须提供使这个工具 Y 起作用的所有条件。换句话说，你不仅必须提供这个工具 Y，而且必须提供使这个工具能发挥作用的一整套手段（温纳，2014）。

从当下的公益发展来看，凡是好的公益项目均融合了互联网，例如，新浪微公益、免费午餐、冰桶挑战等，互联网已经成为公益发展中不可或缺的元素和力量。互联网成为公益领域内的重要媒介或工具之后，这意味着我们要遵循技术律令：既然选择了互联网作为公益发展的工具，那么我们必须满足互联网发挥作用的所有条件。互联网的根本特征是开放、自由、平等、合作、免费，[①]随着互联网的广泛应用，这些特征逐渐渗透到社会之中，社会也将随之改变。信息技术的不断进步会不断引导社会进行变革，公益领域也不例外。

未来的互联网会是什么样子？我们无法想象，但是它一定超出你的想象。互联网所具有的时域性、互动性、分权性特点最终会引导公益走向何方，尚无定论，但仅从目前来看，互联网已经为中国公益领域带来了让人震惊的变革力量，这是促进社会进步的力量，是持续创新的力量，这种力量引导了公益变革，且变革还处于进程之中。

参考文献

曹守婷（2012）：《微公益时代：公益与网络的联姻》，福建师范大学 2012 年硕士学位论文。

康晓光、韩恒（2005）：《分类控制：当前中国大陆国家与社会关系研究》，《社会学研究》，（6）。

---

① 许猛忠：《互联网的特点》，http://abc.wm23.com/E_meng/146620.html。

康晓光等（2008）：《改革时代的国家与社会关系——行政吸纳社会》，《中国民间组织 30 年——走向公民社会》，北京：社会科学文献出版社。

师曾志（2014）：《关系/事件中的自我赋权》，"互联网与公共传播：新媒体、互联网与变动中的中国"国际研讨会主题报告。

吴国盛（2008）：《技术哲学经典读本》，上海：上海交通大学出版社。

〔美〕温纳，兰登（2014）：《自主性技术》，杨海燕译，北京：北京大学出版社。

徐雪梅（2009）：《网络经济中政府与非营利组织关系研究》，北京：中国社会科学出版社。

郑永年（2013）：《技术赋权：中国的互联网、国家与社会》，邱道隆译，北京：东方出版社。

Hachigian, N. (2001), "China's Cyber-Strategy," 80 (2) *Foreign Affairs*, pp. 118 – 133.

Hart, T. R. (2002), "ePhilanthropy: Using the Internet to build support," Vol. 7 No. 4 *International Journal of Nonprofit and Voluntary Sector Marketing*, pp: 353 – 360.

Taubman, G. (1998), "A Not-So World Wide Web: the Internet, China, and the Challenges to Nondemocratic Rule," (15) *Political Communication*, pp. 255 – 272.

Wenham, K., et al. (2003), "The Marketing Effectiveness of UK Environmental Charity Websites Compared to Best Practice," Vol. 8 No. 3 *International Journal of Nonprofit and Voluntary Sector Marketing*, pp. 213 – 223.

NP

Thoughts on Charity Reform in the Era of Mobile Internet —Technology Empowerment and Others

Wang Xixue

[**Abstract**] Rapid development of Internet in China exerts profound influence upon the country's charity. This article makes a case study of Sina micro-charity to explore the influence and deep-going transformation evoked by Internet development upon Chinese charity and digs into the reasons for why the Internet has promoted charity reform. Sina micro-charity avails of the Internet-based charity platform to promote the change from administrative to all-people charity, from targeted-source donation to mass donation, from lack of supervision to mass supervision. The time domain, power division

移动互联网时代公益变革的若干思考

269

and interaction characterizing the Internet lead to increasing social power in the Chinese charity sector and thus gives rise to the reorganized charity order and the reconstructed relationships between citizens, the government and public-interest organizations. According to the opinion on technology autonomy, humans are bound to create an environment in which their technology operates in, therefore, the extensive application of Internet in the charity sector is sure to evoke changes in Chinese charity and induce even more profound charity reforms.

[**Keywords**] internet; technology empowerment; charity reform

（责任编辑：郑琦）

中国慈善与全球慈善新视野

——评《全球募款：世界如何改变公益慈善的规则》

何莉君*

【摘要】中国慈善近几年来取得长足的进步，慈善捐款增多、基金会的数量增加、职业化慈善运动的兴起开始初臻发展之境。而慈善的增长和职业化慈善运动在世界范围内依然蔚然成风。美国职业筹款协会编著出版的《全球募款：世界如何改变公益慈善的规则》向世界展示了中国慈善发展的历史脉络，展现了中国慈善的复杂性、变化性和创新性，同时，也阐述了包括日本、印度、韩国和新加坡等国的亚洲慈善的发展态势，以及拉丁美洲、非洲、大洋洲、中东地区、中欧地区、北美洲的慈善发展特点，概括了世界各洲的慈善发展状况以及大型国际组织的慈善筹款战略，总结了慈善发展的全球趋势，对完善中国大陆慈善法律政策、动员更多的慈善参与者、创新慈善组织募款技巧具有重要的借鉴意义。

【关键词】全球慈善　募款　中国慈善的全球化

2013 年 11 月，笔者就读的美国印第安纳大学礼来慈善学院建院院长尤金·邓波儿（Eugene Temple）教授接受了长江商学院中国基金会培训中心首期秘书长培训班关于筹资的演讲邀请。为了协助院长完成演讲工作，笔者向其推荐了

---

* 何莉君，印第安纳大学礼来家族公益慈善学院博士候选人。

《全球募款：世界如何改变公益慈善的规则》（Global Fundraising：How the World Change the Rule of Philanthropy）这本书。目前，美国的慈善和筹款模式备受中国关注，该书不仅可以帮助美国资深的筹款人士了解中国的慈善发展状况，还能帮助中国慈善界扩大视野，了解世界各国的慈善发展现状，从而找到自己在世界慈善中的位置和角色。

《全球募款：世界如何改变公益慈善的规则》一书由世界著名的 Wiley 出版社出版，美国职业筹款协会（Association of Fundraising Professionals）发行，国际资深筹款专家佩妮洛普·卡格尼（Penelope Cagney）与伯纳德·罗斯（Bernard Ross）主编，来自世界五大洲的慈善界精英执笔。全书分为两部分，共 16章。第一部分按区域和国家简述慈善发展状况；第二部分总结了国际筹资的主要议题，如战略、架构等内容。

一 全球瞩目的中国慈善

在世界各地区慈善发展趋势的介绍中，中国篇被放在首要位置。世界未来基金会的秘书长陆波先生和其同事南方撰写了这部分的内容。作者回顾了中国慈善从古代到当代的历史沿革，为世界理解中国慈善发展的基础和现状做了很好的铺垫。其后作者分析了当今中国慈善发展的因素，如中国经济增长带来的财富攀升、政府的改革、自然灾害和社会问题的突出以及公民意识的觉醒。虽然正如作者所讲，中国慈善的发展有很多法律的限制，但是前景依然明朗，因为本土的企业和个人捐款热情高涨，而且日趋成熟和多元，加之社交媒体为公民参与和组织筹款带来了前所未有的机遇，中国慈善将在深厚的历史传统和现代的技术影响下既传承又创新。在有限的篇幅里，作者清晰地向世界展示了中国慈善发展的历史脉络，展现了中国慈善的复杂性、变化性和创新性。中国慈善和中国经济发展一样，不断受到全球瞩目。潘石屹、陈启宗家族在哈佛大学等院校的超大额捐款在美国和世界慈善界备受瞩目，中国香港等地已经被美国各高校列为首要筹款战略地区。11 月初在美国印第安纳大学刚刚落幕的"中国慈善峰会"上，来自中国、美国、欧洲各地的学者，国际慈善基金会、大学筹款官员等 120 名与会者济济一堂，专门探讨和分享了中国慈善发展的 11 个主题。原本 40 人的研讨会，最终以 3 倍的参会人数圆满落幕。世界对于中国慈善发展的热忱可见一斑。该书的中国慈善篇章，对于渴求了解经济高速增长和亿万富豪成倍增加的中国的国际学者和实务工作者而言，是一个很好的出发点。

二　亚洲地区为首的全球慈善发展

该书认为财富增长最快的亚洲地区，也是未来慈善发展的重地，是很多国际组织角逐募款市场的地方。所以，该书涵盖亚洲地区的篇幅较大，除了中国之外，还分章谈到了日本、印度、韩国和新加坡的慈善发展现状。通过阅读，笔者发现亚洲地区慈善发展有以下几个特点。

第一，政府不断放权，加强政府与民间慈善部门的合作，携手推进公共福利的供给。日本政府自2003年开始向社会购买服务，引入社会治理，并不断加大对非营利组织能力建设的培育，甚至推动社区基金会的建立，为社区基金会提供种子资金。不仅如此，日本政府把非营利组织的监管工作下放给行业自治联盟。新加坡政府对非营利组织的支持力度非常大。自2008年开始，新加坡政府为拥有公益性质的机构（Institution of Public Character）自动免征所得税。在全球经济危机期间，新加坡政府通过增加捐款的减税率（收入中减去捐款额的250%）来鼓励捐赠。日本和印度的减税率在50%，政府是NGO的主要资助者。

第二，亚洲不断兴起的新兴经济体和成熟的工业社会产生了很多高净值人群，为大额募款提供了巨大的市场潜力和空间。中国、新加坡、印度的百万美元收入家庭数量增长迅速，百万富翁的增长率近年来保持在15% ～ 20%。同时，经济发展程度较高的日本和韩国拥有大量的高净值人群，而且这些人群大都在60岁以上，他们处于财富的交接和遗产馈赠的十字路口。日本和韩国政府正大力推进慈善在财富传承中的作用，日本政府在2011年已经修改税收政策，为遗产和保单捐赠（planned giving）开税收的绿灯，而且金融机构大力推动和研发产品。韩国政府表示出强烈的兴趣，愿意提供法律框架以支持保单和遗产捐赠。在认识到教育和医疗作为亚洲高净值人群青睐的两个领域后，韩国的很多大学和医院都成立了专门的筹款部门，培养和联系大额捐赠者，并且取得了较大的成功。新加坡的金融理财机构、慈善顾问机构积极参与管理财富家族的慈善信托和家族基金会方式的捐赠。印度的财富家族早已有家族基金会的历史，如塔塔家族（Tata）信托基金已于1898年成立。

第三，慈善职业化和科学化运动正在亚洲蔓延。日本、韩国、印度、新加坡、中国等国各种关于慈善、非营利组织管理、社会创新、募款的课程正在成为高校研究生的培训内容和大学课程。此外，日本和印度已建立职业募款人协会，推动专业募款的伦理与实践，搭建职业网络，认证专业的募款师。

第四，企业家个人和企业捐赠界限模糊，企业捐赠占主导，企业捐赠在新加坡、日本、中国、印度等国是主要的慈善捐赠来源。企业家和企业慈善捐赠界限模糊，一方面因为企业履行企业社会责任，企业家以此作为家族捐赠的延伸，另一方面是因为政府对企业社会责任的推动和企业通过社会责任提高企业竞争力。企业募款是新加坡非营利组织的重心；韩国的捐赠主体稍微与众不同。自2000年开始，韩国的个人捐赠超过企业捐赠，并一直保持个人捐赠领先的趋势。

该书还分析了拉丁美洲、非洲、大洋洲、北美洲、中东地区、中欧地区的慈善发展特点。其中比较值得关注的是：拉丁美洲的组织化慈善（即成立基金会）尚未形成，非营利组织的收入主要靠服务和产品营收，社交媒体在非营利组织的筹款中被广泛使用；非洲乐捐善助的传统、政府的充分支持和认可以及不断成长的中产阶级和跨非企业为非洲大陆的慈善捐赠提供给了很大的发展空间；中东国家的慈善捐赠正在经历范式的转变，即从零散性捐赠向组织化捐赠（成立基金会）转变；美国的慈善职业化通过广泛的非营利管理课程和职业机构认证变得更加深入。

对于中国慈善实践者而言，笔者认为本书最吸引人的是各国在慈善募款上的各种创新。也正如该书编者所归纳的，慈善创新已经不再局限于美国和西欧国家。在所有筹款的创新方式中，中国的微公益独具特色，印度的电话面谈（telefacing）筹款在世界独树一帜，拉丁美洲的电视马拉松（Telethons）如火如荼，非洲的野外越野车赛"犀牛冲锋"（Rhino Charge）活动筹款空前成功，美国的众筹（crowd-funding）和捐赠圈影响广泛。这些创新方式在促进公民参与和使命推进上都有重大的突破。

不可否认，世界范围内财富的增长、技术的革新为全球募款市场带来发展的机遇，但是很多挑战和限制依然需要突破。全球普遍存在的挑战是专业筹资能力建设投入不足，税收减免力度有限，组织内部专业和伦理管理尚需加强。

总的说来，该书对非营利组织的理事会、秘书长、筹款人员而言是不可多得的一本参考书。它既提供了全球视野，分析慈善捐赠主体和环境，讨论慈善募款的趋势，还提炼了国际组织的成功筹款经验和技术，并辅以案例分析为每章短小精悍的概述提供了深度的解释。

三　中国慈善与全球化

该书的内容对正在发展的中国慈善与非营利行业有深刻的实践和理论意义。一方面，了解世界范围内的慈善发展有助于帮助中国了解自身的发展定位和走向；另一方面，全球慈善发展的现状和趋势有助于中国慈善组织走向国际化。走向国际化，可以大致从三个维度来理解：第一，与国际的先进理念、方法接轨，即学习和借鉴国际颇有成效的做法和经验，将其利用在本土的慈善实践中；第二，理解和挖掘中国慈善自身的独特优势，为世界的慈善发展提供可借鉴的创新方式；第三，了解国际慈善文化和趋势，吸引国际资源，充分利用全球化的舞台，为中国慈善组织在国内外开发项目开拓资源。

该书介绍和梳理的全球慈善募捐发展情况对中国慈善组织与全球化接轨、走向全球化有很多启示。

首先，中国的慈善法律应放开对非营利组织的税收减免政策，让更多的非营利组织在捐款收入甚至与使命相关的营业收入上享受免税待遇。政府应该修改和出台一系列鼓励大额捐赠者在遗产捐赠和保单捐赠上的法律措施。不是所有慈善家都信赖慈善组织，有的愿意成立家族基金会，有的愿意建立慈善信托。创造更多的方式和渠道帮助慈善家完成这种财富流入慈善的分配，需要政府对慈善法律政策进行大胆尝试和创新实践。

其次，倡导企业捐赠的组织化和科学化。目前企业的社会责任行为可以有战略地转型到企业基金会，使捐赠更加策略性、规模化、可视化、科学性。企业基金会的发展不仅有利于为本土非营利机构提供可能的慈善资金，还有利于中国企业在海外市场的开拓和责任承担。随着中国企业的海外扩张，企业基金会走向国际化的可能性更大。

再次，非营利组织需加强自身能力建设，特别是要投入更多支持资金发展、职业募款所需的人力、技术、知识架构。募款师的专业训练和培训，捐赠人数据库、募捐平台和方式的搭建，对目标捐赠市场的深度理解，职业募款人网络的督建以及对世界范围内的创新筹款实践的学习等，都有助于为非营利组织在中国以及世界市场募款做好专业准备。只有专业技术和伦理准则都良好的组织才能获得公众的信任，获得国内甚至国际大额捐赠者的青睐。

复次，中国慈善组织应该关注和吸引中国海外移民的慈善愿望和需求。海外华人人数众多，而且收入颇丰，对中国有深厚的家乡情结。中国海外移民每年向国内的汇款数额居世界前列，这充分显示了海外移民的慈善捐赠潜力。所以，对这部分人群的关注、培养和支持非常重要。同时也要开创吸收海外华人捐赠的新技术途径，这将会对全球慈善都有所贡献。

最后，中国慈善要建立对本土文化、传统、技术的自信，探索和打造具有中国独特创新模式的慈善文化和技巧。中国五千年的文明和现代发达的经济、技术可以为中国的慈善发展提供巨大的发展和创新空间。中国慈善组织需要不断测试和检验本土最有效的筹款方式，无论是短信募捐、微博募捐、微信募捐，还是街头募捐，一定有适合中国国情的有效募捐组合方式。

中国慈善走向国际化，是一种包容进取、人文自信的态度，一种胸怀天下的责任。

A New Perspective to Chinese and Global Philanthropy
—On "Global Fundraising: How the World Is Changing the Rules of Philanthropy"

He Lijun

[**Abstract**] Chinese philanthropy has made great headway in recent years. The philanthropic donation is increasing, the number of foundations is on the rise, and the professionalized philanthropic movements are well-developed. The growth of philanthropy and professionalized philanthropic movements still prevail worldwide. Global Fund-raising: How the World Is Changing the Rules of Philanthropy compiled and published by American Association of Fund-raising Professionals reveals the development course of Chinese philanthropy, showing the complexity, variability and innovation of Chinese philanthropy. Additionally, it illustrates the development trends of philanthropy in Asia, specifically, in Japan, India, South Korea and Singapore, as well as the characteristics of philanthropy development in Latin America, Africa, Oceania, Middle East, Central Europe and North America, sums up the philanthropy development of all continents in the world and philanthropy fundraising strategies of large international organizations, points out the global trend of charity development, which sheds light on improving the philanthropy laws and policies in Chinese mainland, motivating wider philanthropic participation and innovating on skills for philanthropy fundraising.

[**Keywords**] global philanthropy; fundraising; globalization of Chinese philanthropy

（责任编辑：朱晓红）

公益中国 +3.0

——新场域时代中国社会组织、政府与企业的转型与联合

王　超[*]

　　30 多年的改革和开放使中国在经济上取得了巨大的成就，并跃居成为世界第二大经济体，在国际社会的影响力也日益增强 。然而，30 多年后的中国所面临的发展环境和挑战，无论是内部的还是外部的，都发生了根本的变化。中国目前面临着的问题更为复杂、体量更为庞大、影响尺度更为广阔。就内部而言，社会发展较于经济发展的滞后期、扶贫事业进入攻坚阶段、环境问题的日趋恶化、自然灾害与突发事件的回应机制薄弱、食品安全问题日益严重、社会组织的发展面临巨大的信任危机和障碍，都是正待解决的内部挑战；而就外部而言，中国在国际舞台上日益增加的影响和责任，同样使得中国政府、企业和社会组织面对转型的挑战。与此同时，技术的高速发展，使中国迅速进入了新媒体时代，信息的高度透明和即时流动，无论对政府、企业还是社会组织的治理、领导和管理都提出了更高的要求和挑战。

　　2010 年来，中国的改革被称为进入了"深水区"，而近年来的政府工作报告又提出了"社会管理创新""社会共治"（collegiality）[①] 的概念，以推动国家的全面深化改革。中国的全面深化改革需要全方位的创新，无论是在体制、组

---

　　* 　王超，博士，世界自然基金会（WWF）首席运营官。

　　① 　collegiality（共治）最早见于 1887 年，用于指代同僚之间相互尊重彼此的能力和义务，为了达成共同的目标而努力的关系。在社会学中共治指的是权利被身份平等的人所共有的一种组织形式。共治与官僚制的概念在社会学中是对照的。

织层面，全球和地方层面，还是适应新技术层面，都要求我们具备更加创新、更加综合、更加整体的领导模式，要求我们不再仅仅是被动的问题解决者（problem-solver），而且更应该成为主动的"游戏改变者"（game-changer）。

本文从社会组织的实践角度，为应对当前中国的形势，提出了"公益中国＋3.0"的模式。这种思维方式在很大程度上应对了"社会公治"的提法，倡导共享的治理和领导。

> "公益中国＋3.0"是一个场域的概念，在这个场域中，三大领域的界限被重新定义并开始出现融合，所有的选手（player），包括政府部门、企业、社会组织和公众，都被要求重新定位其所扮演的角色，在管理、领导和治理等层面实现全方位的转型（transformation），以应对当前和未来的社会变革。

一 从"中国"到"中国＋"（From China to China＋）

（一）体量的重要性（Size Matters）

从经济规模的角度来看，中国在2012年的GDP总量已经跃居世界第二，仅次于美国。据预测，中国GDP将在2025年前后赶超美国成为世界第一大经济体。随着中国经济社会的日趋国际化，如此巨大的体量将会使中国的改变对全球的社会经济走势产生举足轻重的影响。

（二）社会发展的巨大潜力

然而，硬币的另一面则是一个完全不同的图画。如果我们去做除法，中国2012年的人均GDP则被远远地抛在了80名以后。从社会发展的角度，其排名更加靠后，中国的人类发展指数（HDI）掉到了百名以外，仅为101名。一方面反映了中国的社会发展严重滞后于经济的发展，另一方面也折射出中国未来社会发展的巨大潜力。

（三）城镇化的巨大推动力和生态足迹

根据麦肯锡的研究预测，中国在2025年人口城市化程度将达到70%，在未来的十余年内，平均每年有一千三百万人从农村社群变为城市人群（相当于一个伦敦的人口），累计超过四亿人（远远超过美国的总人口）；2025 年将有 221 个超过百万人口的城市。高速且巨型的城镇化过程，不仅会对社会经济发展带来前所未有的推动力，同时也使中国在地球上的生态足迹一路飙升，成为未来地球环境的最大影响者和责任者。

（四）地缘影响的延伸（Expansion of Geopolitical Influence）

今天的中国已经成为世界的中国。中国不仅是在生产、消费和投资等方面，还在技术进步和运用、环境生态、人文关怀和人道援助（humanitarian aids）等方面对整个地球产生日益显著的影响。无论是对中国政府和国民本身而言，还是在国际社会上，成为"一个负责的大国"已经被中国提上日程。

综上所述，今天的中国已然成为"中国 +"。

二　从 2.0 到 3.0

1.0、2.0 和 3.0 的概念最初源于互联网技术领域，Web1.0、Web2.0 和 Web3.0，指互联网站规划与用户之间关系的三次革命。Web1.0 时代的网站只为用户提供经过网站编辑和处理过的信息内容，是一种单向的信息流动，如作为中国代表站点的新浪、搜狐和网易。Web2.0 则强调网站与用户的交互作用，用户既是网站的浏览者，也是网站内容的制作者和提供者，实现了网站与用户之间的双向交流与参与；然而用户只能在网站系统内拥有数据库，且完全基于 Web，只能通过浏览器实现所有的功能。Web3.0 则实现了更进一步的革命，用户不仅可以直接和其他网站进行信息交流和互换，以及数据库的共享，实现即时的通信，并能够通过第三方信息平台实现多家网站的信息整合与再交流。

Web1.0 到 2.0 再到 3.0 的革命，对社会治理创新有着极为重要的启示。1.0 时代的社会治理和公益，属于威权政府的给予与社会的被动接受（可以是欢迎的，但仍然是被动的）。2.0 则是中国目前的社会治理，特别是公益事业发展的格局，基本上走完了 1.0 时代，有着明显的 2.0 特征；尽管目前社会治理结构中还保留了大量的 1.0 时代的构成，如政府有关事业单位、政府编制的非政府部门和人民团体等（GONGOs）。3.0 时代的社会治理与公益是三大部门在一系列的共享平台上达成真正的战略伙伴关系，动员公众，实现社会共治。

今天的中国，社会治理与公益走向 3.0 时代的要求与条件已经日趋成熟。

（一）三大部门边界的重新界定与融合

三十多年的改革开放，尤其是近年来社会组织的发展，使中国的社会经济结构产生了深刻的变化，三大部门的格局已逐步形成。然而多年的高速经济发展与第三部门的相对落后和缺失，以及政府长期以来在社会领域的越位和包揽，加之国际、国内社会经济环境的改变，自然和人为的巨型突发事件的频繁发生，社会问题的不断积聚和发酵，使得我们现有的社会治理、管理和领导环境发生了根本的改变。原有的社会体制和运作机制已无法应对日益复杂多变的问题、挑战和风险，不管是看得见的手、看不见的手，还是社会组织，也无论他们如何努力和高效，都是在疲于奔命、忙于应付，更谈不上积极主动地成为游戏改变者了（Game-changer）。

有效应对日益复杂多变的挑战和风险，要求在社会结构和治理的层面去创新，这种创新则首先表现在三大部门边界的重新界定、打破和融合上。中国政府近年来提倡的"小政府、大社会"其实就是对三大部门边界的重新界定，企业社会责任的兴起则是对二三部门间的交互的努力。而要真正实现有效应对当前复杂多变局面，并能够带来根本性的变革，则是需要在三大部门间实现更高层次平台上的共享和融合。

（二）公众意识的崛起

随着中国改革开放的深入，特别是经历了近年来几个重大突发事件的洗礼，中国的公民意识已经开始崛起。非典、汶川地震、郭美美事件相继发生，起到了"多难兴邦"的作用，一波又一波地引爆了积蓄已久的公民意识，使得中国国民的公民意识在极短的时间内提升到了一个高度与公民社会相适应的程度，为中国进入3.0时代打下了重要的社会基础。

（三）新媒体时代的来临

3.0时代作为一种新的场域时代，对场域的媒介有着极高的要求。这种媒介需要有极高的通达性（accessibility）和透明度（transparency），以及使用界面的友好与便利性（user-friendliness and convenience）。后发先至的中国社交媒体发展，为中国踏入3.0时代打破了技术的障碍，铺平了道路。中国如今拥有超过7亿的微信、微博用户；而微信使得亿万公众的即时沟通在手指间实现。中国完全是一个新媒体时代的国家。

三 "公益中国 +3.0"

中国的巨大社会经济体量以及在国际社会日益增强的影响力，公益事业在国内和国际的发展潜力的不断激发，三大部门界限的再界定和融合，公众意识的崛起，加之新媒体时代的到来，预示着一个全新的场域正在形成。这个场域就是我们所说的"公益中国 +3.0"时代。这个新场域要求政府、企业和社会组织实现他们的观念范式的转变（paradigm shift）和创新性转型（transformation），充分利用新媒体技术，在一系列共享、透明的平台上实现战略联盟和公众的高度参与，共同应对日趋复杂和变幻的问题、挑战和风险，并成为这场纷繁莫测游戏的改变者。

"公益中国 +3.0"场域中的"选手"（player）有着以下的特征：

——国际化视野和影响（Global Perspective and Impacts）

——高透明度（Transparency）

——高公众参与度（Public Engagement）

——新媒体平台（Social Media Platform）

——三大部门的联合与战略伙伴关系（Strategic Partnership of All Three Sectors）

——应对迫切且复杂问题（Dealing with Complicated Issues）

四 "公益中国 +3.0"案例

实际上，一些社会组织、企业及政府在践行"公益中国 +3.0"上已经开始了探索。这里提供世界自然基金会（WWF）、可口可乐公司和国家林业局的实践案例以供参考。

（一）可口可乐——WWF 长江美丽家园计划（CocaCola-WWF Living Yangtze Program）

这是一个由世界自然基金会、可口可乐公司以及国家林业局和地方政府合作的项目，其目的是保护长江及流域的生态环境：具体目标包括回馈地球 10 亿升洁净淡水、携手保护长江流域 30 万公顷湿地以及使 200 万公众提高水资源保护意识、参与长江环境和重要物种江豚的保护并直接受益。在合作中，可口可乐不再仅仅是一个项目的资助者和企业社会责任的实践者，而且把长江保护作为其企业与WWF、政府及社区的共享价值，与后者结成战略伙伴（也是WWF与可口可乐全球战略合作伙伴的一部分），直接参与到项目中去；对国家林业局和地方政府也一样。项目同时建立了一个共享的平台，使得公众特别是当地社区，其他企业（如H&M）都能够有效地参与进来。

（二）WWF 地球一小时 （WWF EarthHour）

地球一小时是人类历史上迄今为止规模最大的自发性环保行动。而该行动自2009年来已成为中国最大的自发性环保公益行动平台，具有极为典型的3.0特征。在这个平台上，政府、企业、媒体和公众自发积极参与和响应平台所倡导的低碳环保生活和创新。目前，在中国已有数十个城市自发组织和举办该活动，成为每年一度的环保盛会。

（责任编辑：李勇）

社会价值

——我们共同的选择

王　平[*]

20 世纪 90 年代以来，以互联网、大数据、3D 打印、合成生物等为代表的第三次工业革命深刻改变着社会的生产方式、思维方式乃至生存的方式。一方面，金融创新与科技创新为人类物质财富的创造提供了前所未有的手段，为人类共享丰富的物质财富提供了空前的可能；另一主面，以开放、对等、参与、共享为主要特征的互联网时代，为民族和解与文化共融提供了更大可能。然而它同时也带来了更大的不确定性，全球范围内的贫富分化、社会动荡、环境污染、生产过剩、经济停滞等危机随之而来，人们的无价值感、无幸福感、无道德感、无意义感也愈加强烈。如果这般高速的经济发展并不能带来人们生活满意度的提升，我们是不是该停下来反思：我们究竟要什么，是选择不顾一切地向外攫取，还是回归原本十分简单的价值认定？

一　新宇宙观下对"人性"的回归

关于人最根本的、内在的追求有很多不同的说法，有的人说是"利益"，认定"人不为己，天诛地灭"；也有科学研究（如量子力学）认为，宇宙万物的本质是能量，微观粒子以不同的频率振动旋转形成一种能量场，变成一个五

---

* 王平，友成企业家扶贫基金会创始人、理事长。

彩斑斓的世界，而"仁爱"是宇宙最高的能量，所以，世界的本源不是利己的、自私的，而应该是利他的，是从爱出发的。

这个宇宙观直接影响对人性的认识。其实从古至今就有人性善还是性恶论之争，欧洲中世纪的神学对人性的否定最终走到禁锢人性的极端。文艺复兴则是对人性的解放，但这种对人性的解放并没有直接回归完整的人本、从宇宙大爱出发、天人合一的那个根本，而只是回归了人性当中"自我"的部分。实际上，人的个体和整个宇宙是不可分的，也就是说人的神性和动物性是并存的。文艺复兴回归了人的动物性，也就是人个性、个体的需要，因此个体与整体，人性中的动物性与爱的神圣性相互对立的那一面一直被放大。尽管欧美新教资本主义试图将二者的矛盾统一在世俗的经济扩张上，经过工业革命、市场经济和公司的力量（公司其实是公司化、拟人化了的个体），释放出前所未有的生产力，然而随之而来的个体与整体的对立（比如环境问题、社会矛盾等等）也被放大到了极致，然后渐渐发现走不通了。于是在这个过程中，市民社会产生出各种制约人性之恶的制度安排，企业也被动地调整出了一种改良方法，就是强调企业社会责任，让企业做慈善，去赎买良心和社会责任，但这种方法并没有触及根本。

现在中国传统文化的复兴其实也是因为更根本地看到人性内在的完整性，从向神性的异化走向对动物性的异化再走向回归，这个回归在中国当前社会发展过程中也体现得很奇妙，也就是我们说的三个三十年。

二 第三个三十年对"社会价值"的回归

第一个三十年，我们实现了民族独立和人民解放，初步建立起社会主义基本制度，为国家未来的发展打下了坚实的政治基础；那时候可能偏重于公平、社会、国家集权，用道德感召代替物质激励，忽视了人的个体差异和基本需求而盲目追求制度上的一大二公和道德上的高大全。

第二个三十年，我们把工作中心转移到经济建设上，改革开放发展经济，进入社会主义现代化建设新时期；在这一阶段我们偏重效率，让一部分人先富起来，暂时在公平性上做了妥协。这一时期经济的飞速发展把人的动物性调动到极致，把对物质财富的崇拜推到极致，从一个极端走向另一个极端。

无论如何，这两个三十年最终是为建设更美好的社会打下了政治和经济基础。

第三个三十年，大家都觉得美好社会还远远不够，应该是把公平和效率结合起来，比如在更加关注经济发展的同时，怎样将发展的成果为全体社会成员共享？"社会价值"在这个背景下提出来有其必然性。从社会形态上来讲，我们的重点从国家到市场再到社会。实际上第三个三十年，应该是真正进入一个以"社会"为主题的三十年，是倡导社会价值的三十年——这既是对前两个三十年的继承和发展，也是一种螺旋式上升的转型升级。

回归的最终目标是什么？"大道之行，天下为公"，也就是人尽其力、货尽其用、公平正义、永续发展，这是古今中外人们的共同追求。国家独立、经济发展都是手段，我们追求美好社会的目标、我们内心的理想才是最终的目标。所以，我们在经历每一个阶段的时候要牢记而不是违背这个目标，那就是：以人为本，让人更幸福，让人类社会更美好。

三　发挥"社会价值"在社会发展中的价值引领作用

社会价值是组织和个人通过物质和精神成果的创造，为全体社会成员带来的共同利益。如何衡量社会价值量？我们认为对任何一个有执行力的组织机构而言，社会议题的公共性和解决方案的系统性两个要素决定了其创造的社会价值"量"（如图1所示）：议题公共性越强，公益性越大；解决方案强调制度、

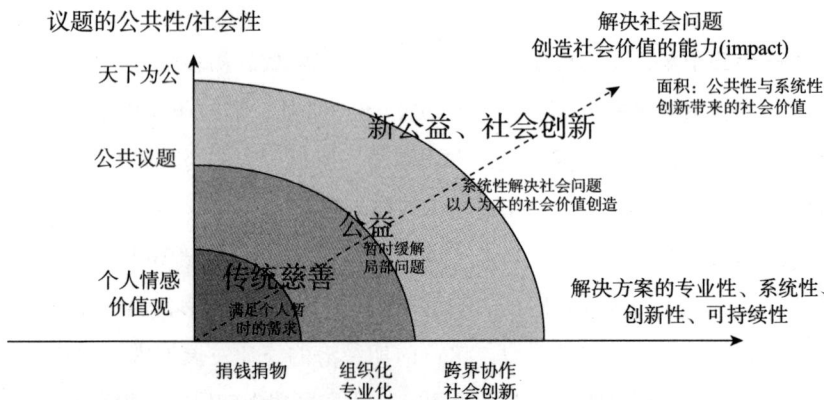

图1　社会价值创造量对比图

体制、机制和商业模式的设计越是具有系统性，越能最大限度满足各利益相关方，其产生的效率就越高。二者相乘所得区域越大，其产生的社会价值越大。

社会价值同时也是一种理念，倡导参与社会生活的所有成员以有利于促进社会公平、资源有效利用、环境可持续发展、实现人类身心健康、和谐共处为目标，以其对社会价值的贡献作为衡量个人价值的终极指标。

（一）倡导社会价值引领发展模式

社会价值强调一切物质和精神财富的创造要为全体社会成员带来共同的利益，要让改革和发展的成果惠及所有的国民，否则这个改革开放和发展就失去了公平性和合法性。早期欧美极端市场条件下原始资本主义的贪婪和掠夺，如今全球化时代日益扩大的贫富差距和日渐衰竭的资源、环境都使我们看到，社会的公平正义仅靠丛林法则下野蛮生长的资本是不可能自发实现的，因此才需要社会主义的制度建设。

如果没有明确而坚定的社会价值选择，我们的理论将会沦为口号，而失去彻底性，口号和概念给人民带来了无尽的想象和期待，但是梦想和现实之间却形成了巨大的反差。如果没有明确而坚定的社会价值选择，我们的制度设计将会缺乏系统性，我们会把发展社会主义市场经济简单理解为简政放权，而不是机会平等、民主法治；如果没有明确而坚定的社会价值选择，我们的社会治理也将沦为行政命令和运动的形式，导致一管就死、一放就乱；如果没有明确而坚定的社会价值选择，我们的社会评价体系就只有单一的量化指标——经济用量来衡量，甚至公益也要量化——捐了多少款、盖了多少学校，而不是用社会价值和对社会形成的长远而积极正向的改变来衡量。

因此，社会价值不应停留在理念的层面，而应嵌入在社会发展各个层面进行多维度的社会价值生态体系建设。

（二）倡导社会价值引领商业价值

资本对于市场的引导和撬动作用不可小觑，我们提倡社会价值引领商业价值，需要从根本上倡导主流资本驱动力的转型升级，将社会价值植入主流投资理念中去，通过资本市场，影响和引导实体经济走向可持续发展。

追逐利润最大化是资本的天性。若没有"社会价值"这一根本理念的导向，我们将会在狭隘的利益、恐惧（害怕失去）和贪婪（渴望更多）的路上渐行渐远。

当我们被雾霾包围、连呼吸的空气都变得污浊不堪的时候，当青年人沉溺于网络游戏而荒废学业、放弃理想的时候，当我们的资本市场无视创新、乐此不疲地制造　个又　个泡沫的时候，谁又能说"这就是我要的美好社会"？所以，社会价值引领商业价值就是倡导投资者做真正的美好社会的天使，不做见利忘义的魔鬼。

四　搭建社会价值投资平台，打通 社会创新价值链

自成立之日起，友成一直致力于成为社会价值的倡导者、孵化者和平台搭建者，其英文名"YouChange"的天然使命就是对社会创新的尝试和支持，特别是支持那些有理想没有机会、有创新能力没有资源的青年人。七年来，友成用1.58 亿元资助了 150 多个社会组织和社会企业，其中有许多是经过我们首次发现并支持的，后来得到更广泛的社会关注和支持，成长为在业内非常成功的社会企业，比如乐朗乐读、残友、科学松鼠会、多背一公斤、金羽翼、益多公益、善淘网、一加一、剪爱等等。作为一个支持社会创新的公益基金会，友成形象地把自己定位为硅谷早期投资 3F（3F 是指 Family，Friends 和 Fool）之外的第四个 F——Foundation，我们用公益性支持填补社会创新创业者在最早期缺乏资金支持的空白，让商业投资者有可能承接他们未来在创业期、成长期和成熟期的成长——友成用公益的天使资助打通社会创新的价值链。

然而，承接社会创新项目未来发展的商业投资基金在哪里？商业投资如何与公益资助形成完美对接？如何保证早期公益组织项目的质量和成长？这将是友成发起成立中的"社会价值投资联盟"这一跨界平台所要探索的重点。

2014 年 9 月 19 日，友成联合四十家跨界合作伙伴（其中包含公益基金会、商业投资机构、研究机构、咨询公司等）共同发起成立"社会价值投资联盟"，聚焦教育、健康、环境、养老、反贫困等领域，以增进人类公共福祉为目标，关注公共性、长远性的重大社会议题，以社会价值引领商业价值，它是政府、市场、社会跨界合作的桥梁，也是践行社会价值投资理念的投资者的组织网络和服务平台。

联盟将促进资本关注和解决社会创新型企业的融资和发展瓶颈问题，同时

将社会公益资金引向更具创造性的社会问题的解决，为缺乏资源的社会创新创业者提供实现梦想的机会。

五 社会价值投资的三 A 三力原则

真正的社会价值实现必定是社会目标、解决方案和行动能力的完美统一。为此我们提出"**社会价值投资的三 A 三力原则**"（见图 2）。三 A 中的第一个 A 是 Aim，强调以关注社会发展和解决社会问题为出发点、具备社会理想的内在**驱动力**；第二个 A 是 **Approach**，是寻求解决方案的**创新力**；第三个 A 为 **Action**，是实现目标的**行动力**。所谓社会创新就是持之以恒地瞄准目标、创新模式、打造执行力的过程，就是在三 A（Aim、Approach、Action）之间循环往复的探索与实践过程，三 A 三力必须三位一体、有机统一。也就是说凡是没有效果、不可持续、非系统性的解决方案与盲目的行动，不管号称是什么样的目标，其结果都将不可持续，更难以创造真正的社会价值。建立驱动力、创新力、行动力三位一体的评价体系将是社会价值投资联盟最重要的使命之一。

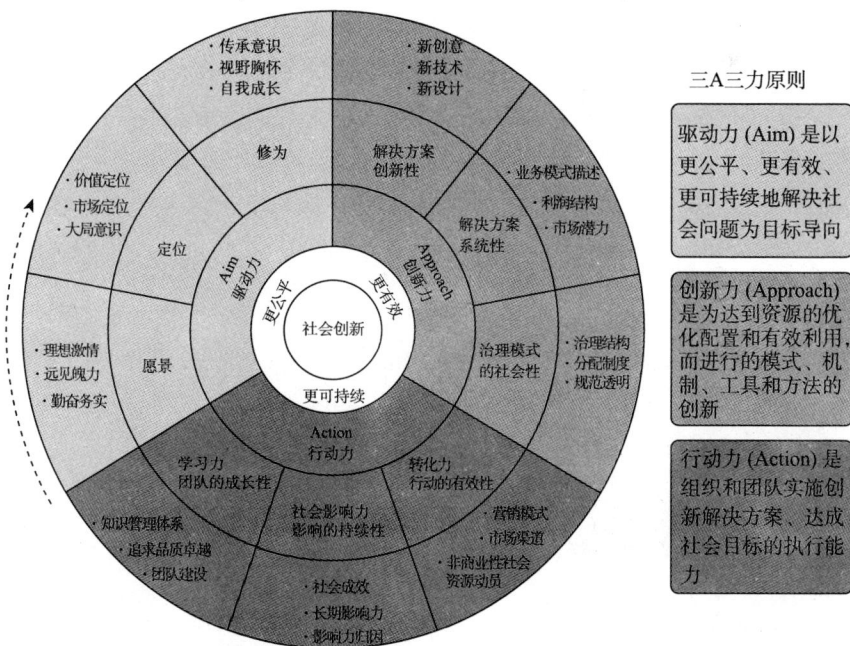

图 2　社会创新三 A 三力原则

六　结语

　　未来的创新，一定是发端于对社会价值整体的关注，一定是极具包容性地将政府、企业、社会组织等各部门有机囊括其中，也一定会带来社会生态系统的整体演进发展。在社会价值理念的引领下，每一个人都是创新的参与者，而每一个人也都将从中受益，让我们一起去寻找、发现那些超越企业与社会、有可能引爆系统变革的社会创新引擎！

（责任编辑：林志刚）

稿　　约

1. 《中国非营利评论》是有关中国非营利事业和社会组织研究的专业学术出版物，暂定每年出版两卷。《中国非营利评论》秉持学术宗旨，采用专家匿名审稿制度，评审标准仅以学术价值为依据，鼓励创新。

2. 《中国非营利评论》设"论文"、"案例"、"研究参考"、"书评"、"随笔"等栏目，刊登多种体裁的学术作品。

3. 根据国内外权威学术刊物的惯例，《中国非营利评论》要求来稿必须符合学术规范，在理论上有所创新，或在资料的收集和分析上有所贡献；书评以评论为主，其中所涉及的著作内容简介不超过全文篇幅的四分之一，所选著作以近年出版的本领域重要著作为佳。

4. 来稿切勿一稿数投。因经费和人力有限，恕不退稿，投稿一个月内作者会收到评审意见。

5. 来稿须为作者本人的研究成果。作者应保证对其作品具有著作权并不侵犯其他个人或组织的著作权。译作者应保证译本未侵犯原作者或出版者的任何可能的权利，并在可能的损害产生时自行承担损害赔偿责任。

6. 《中国非营利评论》热诚欢迎国内外学者将已经出版的论著赠予本刊编辑部，备"书评"栏目之用，营造健康、前沿的学术研讨氛围。

7. 中国非营利评论英文刊将委托 Brill 出版集团在全球出版发行，中文版刊载的论文和部分案例及书评，经与作者协商后由编辑部组织翻译交英文刊采用。

8. 作者投稿时，电子稿件请发至：nporeviewc@ gmail. com。

9.《中国非营利评论》鼓励学术创新、探讨和争鸣，所刊文章不代表本刊编辑部立场，未经授权，不得转载、翻译。

10.《中国非营利评论》集刊以及英文刊所刊载文章的版权属于《中国非营利评论》编辑部所有；本刊已被中国期刊网、中文科技期刊网、万方数据库、龙源期刊网等收录，为适应我国信息化建设的需要，实现刊物编辑和出版工作的网络化，扩大本刊与作者知识信息交流渠道，在本刊公开发表的作品，视同为作者同意通过本刊将其作品上传至上述网站。作者如不同意作品被收录，请在来稿时向本刊声明。但在本刊所发文章的观点均属作者个人观点，不代表本刊立场。本声明最终解释权归《中国非营利评论》编辑部所有。

由于经费所限，本刊不向作者支付稿酬，文章一经刊出，编辑部向作者寄赠当期刊物 2 本。

来 稿 体 例

1. 各栏目内容和字数要求：

"论文"栏目发表中国非营利和社会组织领域的原创性研究，字数以 8000 - 20000 字为宜。

"案例"栏目刊登对非营利和社会组织实际运行的描述与分析性案例报告，字数以 5000 - 15000 字为宜。案例须包括以下内容：事实介绍，理论框架，运用理论框架对事实的分析。有关事实内容，要求准确具体。

"研究参考"栏目刊登国内外关于非营利相关主题的研究现状和前沿介绍、文献综述、学术信息等，字数在 3000 - 15000 之间。

"书评"栏目评介重要的非营利研究著作，以 3000 - 10000 字为宜。

"随笔"栏目刊发非营利研究的随感、会议评述、纪行及心得，不超过 4000 字。

2. 稿件第一页应包括如下信息：（1）文章标题；（2）作者姓名、单位、通信地址、邮编、电话与电子邮箱。

3. 稿件第二页应提供以下信息：（1）文章中、英文标题；（2）不超过 400 字的中文摘要；（3）2 至 5 个中文关键词。书评和随笔无须提供中文摘要和关键词。

4. 稿件正文内各级标题按"一"、"（一）"、"1."、"（1）"的层次设置，其中"1."以下（不包括"1."）层次标题不单占行，与正文连排。

5. 各类表、图等，均分别用阿拉伯数字连续编号，后加冒号并注明图、表名称；图编号及名称置于图下端，表编号及名称置于表上端。

6. 本刊刊用的文稿，采用国际社会科学界通用的"页内注 + 参考文献"方式。

基本要求：说明性注释采用当页脚注形式。注释序号用①，②，③……标识，每页单独排序。文献引用采用页内注，基本格式为（作者，年份：页码），外国人名在页内注中只出现姓（容易混淆者除外），主编、编著、编译等字眼，译文作者国别等字眼都无须在页内注里出现，但这些都必须在参考文献中注明。

文末列明相应参考文献，参考文献中外文分列（英、法、德等西语，可并列，日语、俄语等应分列）。中文参考文献按照作者姓氏汉语拼音音序排列，外文参考文献按照作者姓氏首字母排序。基本格式为：

作者（书出版年份）：《书名》（版次），译者，卷数，出版地：出版社。

作者（文章发表年份）：《文章名》，《所刊载书刊名》，期数，刊载页码。

author（year），book namebook name，edn.，trans.，vol.，place：press name.

author（year），"article name"，vol.（no.）journal namejournal name，pages.

《中国非营利评论》征订单

　　《中国非营利评论》是由清华大学 NGO 研究所和社会科学文献出版社合作发行的学术期刊，清华大学 NGO 研究所所长王名教授担任主编。2013 年 12 月成功入选中文社会科学引文索引（CSSCI）收录集刊（2014－2015）。

　　《中国非营利评论》是一份有关中国非营利事业与非营利组织研究的专业学术出版物，每年出版两卷。出版时间为 1 月 15 日和 7 月 15 日。

　　《中国非营利评论》秉持学术宗旨，采用当今国际学术刊物通行的匿名审稿制度，提倡严谨治学，鼓励理论创新，关注实证研究，为中国非营利事业与非营利组织的研究提供一个高品位、高水准的学术论坛。本刊开设四个主要栏目，一为"主题研讨"，二为"论文"，三为"案例"，四为"书评"，五为"研究参考"，六为"随笔"。为提高刊物的学术品位和水准，本刊聘请国内外相关领域的 30 多位知名学者组成学术顾问委员会，其中海外（含港台地区）学术顾问比例不低于 1/3。本刊英文刊 *China Nonprofit Review*（ISSN 1876－5092；E－ISSN 1876－5149）已出版五卷。

· ·

▷ ［征订单］

订购单位：				
邮寄地址：			邮编：	
联系人：			职位：	
电话：		传真：	邮箱：	
第一卷	数量：		总额：	
第二卷	数量：		总额：	
第三卷	数量：		总额：	
第四卷	数量：		总额：	
第五卷	数量：		总额：	
第六卷	数量：		总额：	
第七卷	数量：		总额：	
第八卷	数量：		总额：	
第九卷	数量：		总额：	
第十卷	数量：		总额：	
第十一卷	数量：		总额：	
第十二卷	数量：		总额：	
第十三卷	数量：		总额：	
第十四卷	数量：		总额：	
第十五卷	数量：		总额：	
发票要求：□是　□否		发票抬头：		
附言：				

付款	**汇款请至如下地址：** 账户名称：社会科学文献出版社 开户银行：中国工商银行北京北太平庄支行 银行账号：0200010019200365434	**征订单请寄至：** ◇北京市西城区北三环中路甲 29 号院 3 号楼华龙大厦　社会科学文献出版社 邮编：100029 联系人：闫红国　　电话：010－59367156 ◇清华大学公共管理学院 NGO 研究所 邮编：100084 联系人：刘彦霞　　电话：010－62773929

图书在版编目（CIP）数据

中国非营利评论. 第 15 卷,2015. No.1/王名主编. —北京：
社会科学文献出版社,2015.1
ISBN 978 - 7 - 5097 - 7091 - 7

Ⅰ.①中… Ⅱ.①王… Ⅲ.①社会团体 - 中国 - 文集
Ⅳ.①C232 - 53

中国版本图书馆 CIP 数据核字（2015）第 027853 号

中国非营利评论（第十五卷）

主　　办／清华大学公共管理学院 NGO 研究所
　　　　　明德公益研究中心
主　　编／王　名

出 版 人／谢寿光
项目统筹／刘骁军　芮素平
责任编辑／梅　玫　关晶焱

出　　版／社会科学文献出版社·社会政法分社(010)59367156
　　　　　地址：北京市北三环中路甲 29 号院华龙大厦　邮编：100029
　　　　　网址：www. ssap. com. cn
发　　行／市场营销中心（010）59367081　59367090
　　　　　读者服务中心（010）59367028
印　　装／北京季蜂印刷有限公司

规　　格／开本：787mm × 1092mm　1/16
　　　　　印张：19　字数：318 千字
版　　次／2015 年 1 月第 1 版　2015 年 1 月第 1 次印刷
书　　号／ISBN 978 - 7 - 5097 - 7091 - 7
定　　价／45.00 元